本书为海南省哲学社会科学规划一般课题"海南省服务贸易和跨境贸易人民币结算的互动关系研究"〔HNSK(YB)18-27〕的阶段性研究成果

跨境贸易

人民币结算与服务贸易的互动关系研究

——以海南省为例

KUAJING MAOYI
RENMINBI JIESUAN YU FUWU MAOYI DE
HUDONG GUANXI YANJIU
——YI HAINAN SHENG WEI LI

杨碧琴　著

西南财经大学出版社

四川·成都

图书在版编目(CIP)数据

跨境贸易人民币结算与服务贸易的互动关系研究:以海南省为例/杨碧琴著.—
成都:西南财经大学出版社,2021.6

ISBN 978-7-5504-4844-5

Ⅰ.①跨… Ⅱ.①杨… Ⅲ.①人民币—国际结算—研究②国际贸易—服务贸
易—研究—海南 Ⅳ.①F822.2②F752.866

中国版本图书馆 CIP 数据核字(2021)第 071272 号

跨境贸易人民币结算与服务贸易的互动关系研究——以海南省为例
杨碧琴 著

策划编辑:高小田
责任编辑:高小田
封面设计:墨创文化
责任印制:朱曼丽

出版发行	西南财经大学出版社(四川省成都市光华村街 55 号)
网　　址	http://cbs.swufe.edu.cn
电子邮件	bookcj@swufe.edu.cn
邮政编码	610074
电　　话	028-87353785
照　　排	四川胜翔数码印务设计有限公司
印　　刷	四川新财印务有限公司
成品尺寸	170mm×240mm
印　　张	13.25
字　　数	251 千字
版　　次	2021 年 6 月第 1 版
印　　次	2021 年 6 月第 1 次印刷
书　　号	ISBN 978-7-5504-4844-5
定　　价	82.00 元

前　言

　　随着国际经济合作的深入发展，服务贸易在国际贸易中的重要性与日俱增，甚至呈现出赶超货物贸易之势，服务贸易成为世界经济增长的新动力，是经济全球化的新重点和新焦点。改革开放以来，我国从以货物贸易为重心的传统发展模式逐渐转向以服务贸易为核心的新型对外开放模式。我国服务贸易虽然起步较晚，但总体发展速度快、潜力大。2019 年我国服务贸易额达到 7 499 亿美元，连续 6 年位居世界第二，仅次于美国，约占世界服务贸易总额的 14%。

　　2019 年 11 月 19 日，《中共中央 国务院关于推进贸易高质量发展的指导意见》提出，大力发展服务贸易，推进贸易高质量发展。2020 年 12 月 16 日，2020 年中央经济工作会议召开，会议部署 2021 年经济工作应以推动高质量发展为主线，要利用好宝贵的时间窗口，集中精力推进改革创新，以高质量发展为"十四五"开好局。服务贸易成为当前我国打造高水平对外开放新格局、打造制度开放新高地和推进双边区域自由进程的重点。2020 年全球新冠肺炎疫情肆虐，数字经济却获得空前发展，跨境电商、跨境线上服务等服务贸易新业态蓬勃发展，成为我国当前构建以国内大循环为主体、国内国际双循环相互促进的新发展格局和培育外贸发展新动能的强劲动力。

　　海南省服务业和服务贸易发展独具特色，在全国各省市服务经济发展中具有鲜明的典型性和代表性。以海南为研究案例，分析我国跨境贸易人民币结算与服务贸易的互动关系具有重要借鉴意义。

　　一、海南省服务业和服务贸易发展思路日渐清晰和成熟

　　1988 年 4 月 13 日，第七届全国人民代表大会第一次会议审议通过了《关于设立海南省的决定》和《全国人民代表大会关于建立海南经济特区的决议》，海南成为我国最年轻的省份和最大的经济特区。从建省建特区开始，海南经历了各种起伏跌宕，1985 年的"汽车事件"，1989 年的"洋浦风波"，

1992 年的房地产"泡沫经济"以及接踵而至的金融信用危机，使海南深陷困境之中。海南各方痛定思痛，深刻认识到海南的发展必须结合自身资源优势，明确定位，才能探索出一条适合海南省情的可持续发展之路。1996 年新春伊始，海南省委、省政府提出"一省两地"发展战略，即努力把海南建设成为我国新兴工业省、热带高效农业基地、海岛休闲度假旅游胜地。自此，海南省逐步明确"生态立省""海洋强省"的发展思路，重点发展热带高效农业、海洋经济和旅游业等绿色、可持续发展产业。

2009 年 12 月 31 日《国务院关于推进海南国际旅游岛建设发展的若干意见》（以下简称《意见》）发布，海南国际旅游岛建设上升为国家战略，这是海南继建省建特区后的新一轮重大发展机遇。《意见》指出，充分发挥海南的区位和资源优势，建设海南国际旅游岛，打造有国际竞争力的旅游胜地，是海南加快发展现代服务业，实现经济社会又好又快发展的重大举措，对全国调整优化经济结构和转变发展方式具有重要示范作用；将海南打造成为我国旅游业改革创新的试验区、世界一流的海岛休闲度假旅游目的地、全国生态文明建设示范区、国际经济合作和文化交流的重要平台、南海资源开发和服务基地、国家热带现代农业基地。2016 年 1 月，2016 年全国旅游工作会议在海口召开，海南省被原国家旅游局确定为全国首个"全域旅游"创建省份。2017 年 3 月，海南省委、省政府制定《海南省全域旅游建设发展规划（2016—2020）》。2017 年 11 月中国人民银行海口中心支行紧密围绕这一决策部署，牵头印发了《关于金融支持海南省全域旅游发展的指导意见》，推动全省金融机构不断完善信贷管理机制，创新开发适合区域旅游特点的融资模式和金融产品，加快建设旅游风险保障体系，着力为全省旅游业发展营造良好的金融环境。

2016 年 3 月 16 日，《海南省国民经济和社会发展第十三个五年规划纲要》（以下简称《纲要》）经海南省第五届人民代表大会第四次会议审议通过。《纲要》提出，要牢固树立创新、协调、绿色、开放、共享五大发展理念，发展壮大旅游产业，热带特色高效农业，互联网产业，医疗健康产业，现代金融服务业，会展业，现代物流业，油气产业，医药产业，低碳制造业，房地产业，高新技术、教育、文化体育产业 12 个重点产业，落实"互联网+"战略，实施"国际旅游岛+"计划，促进各产业深度融合、跨界发展。2017 年，海南省这 12 个重点产业增加值同比增长 10.1%，占全省地区生产总值的 73.8%。应继续深化对外交流合作，致力于将海南打造成"一带一路"国际交流合作大平台、海洋发展合作示范区、中国（海南）—东盟优势产业合作示范区。

2016 年 2 月 22 日，国务院发布《国务院关于同意开展服务贸易创新发展试点的批复》（以下简称《批复》），海南省被国务院确定为 15 个服务贸易创新发展试点地区之一。《批复》提出旅游、运输、文化服务、保险服务、服务外包、中医药服务 6 大领域 8 个方面的创新任务，试点为期两年。作为全国唯一的省域服务贸易创新发展试点地区，海南省立足自身优势和产业特色，提出"旅游+"的概念统筹发展，包括旅游+运输、旅游+医疗健康、旅游+文化教育等，探索出一条以旅游国际化为核心的服务贸易创新发展之路。海南省政府 2016 年印发了《海南省服务贸易创新发展试点工作方案》，共确定 68 项任务，除了中央事权没有下放的 5 项外，剩下的 63 项任务全部顺利完成。

2018 年 4 月 11 日，中共中央、国务院发布《中共中央 国务院关于支持海南全面深化改革开放的指导意见》，明确提出在海南全岛高标准、高质量建设自由贸易试验区，探索建设中国特色自由贸易港，这是由习近平总书记"亲自谋划、亲自部署、亲自推动"的重大国家战略，力争将海南打造成我国全面深化改革开放试验区、国家生态文明试验区、国际旅游消费中心、国家重大战略服务保障区。在现代化经济体系建设方面，该意见提出：支持海南传统产业优化升级，加快发展现代服务业，培育新动能；推动旅游业转型升级，加快构建以观光旅游为基础、休闲度假为重点、文体旅游和健康旅游为特色的旅游产业体系，推进全域旅游发展；瞄准国际先进水平，大力发展现代服务业，加快服务贸易创新发展；以发展旅游业、现代服务业和高新技术产业为主导，更加强调通过人的全面发展，充分激发发展活力和创造力，打造更高层次、更高水平的开放型经济。自此，海南省具备了生态环境、经济特区、国际旅游岛、"一带一路"倡议支点和自由贸易区（港）五大独特发展优势。2018 年 4 月 13 日，习近平总书记在庆祝海南建省办经济特区 30 周年大会上的讲话中提出：现代服务业是产业发展的趋势，符合海南发展实际，海南在这方面要发挥示范引领作用。要瞄准国际标准提高水平，下大力气调优结构，重点发展旅游、互联网、医疗健康、金融、会展等现代服务业，加快服务贸易创新发展，促进服务业优化升级，形成以服务型经济为主的产业结构。

2018 年 6 月 8 日，国务院发布《国务院关于同意深化服务贸易创新发展试点的批复》，该批复同意在海南等 17 个省市（区域）深化服务贸易创新发展试点，深化试点期限为 2 年，自 2018 年 7 月 1 日起至 2020 年 6 月 30 日止。2018 年 11 月海南省政府办公厅印发了《海南省深化服务贸易创新发展试点实施方案》（以下简称《方案》），确定并要求抓紧落实 107 项试点任务，涉及完善管理体制、扩大对外开放、培育市场主体、创新发展模式、提升便利化水平等方面。《方案》提出，将服务贸易创新发展试点与自由贸易试验区建设的政策效应叠加，突破重点、试出成效，力争全省服务贸易增速高于货物贸易、国内生产总值（GDP）和全国服务贸易的增速。2020 年 5 月海南省商务厅通报，海南已全部完成深化服务贸易创新发展的 107 项试点任务，总结出一批海南服务贸易创新发展的典型案例。2020 年 8 月，海南省两个案例入选全国深化服务贸易创新发展试点最佳实践案例。2020 年 8 月 11 日国务院发布《国务院关于同意全面深化服务贸易创新发展试点的批复》，同意在海南等 28 个省市（区域）全面深化服务贸易创新发展试点，全面深化试点期限为 3 年。

中国（海南）改革发展研究院院长、中国（海南）自由贸易试验区（自由贸易港）咨询委员会专家迟福林 2019 年 4 月撰文指出，海南加快推进旅游、互联网、医疗健康、金融、会展等现代服务业项目下的自由贸易进程，实现现代服务业项目下的人员、资本、信息、技术、货物等要素的自由高效流动，不仅能加快形成以服务型经济为主的产业结构，而且能走出一条以服务贸易创新发展为主导的中国特色自由贸易港建设的新路子。海南探索建设中国特色自由贸易港，要以服务贸易为主导，突出特色，实施全球最高开放标准的市场准入政策与贸易投资自由化、便利化政策。2019 年 12 月习近平总书记在 2019 年中央经济工作会议的重要讲话中提出，要发挥好自贸试验区改革开放试验田作用，推动建设海南自由贸易港，健全"一带一路"投资政策和服务体系；要重点打好蓝天、碧水、净土保卫战，完善相关治理机制，抓好源头防控。

相对于传统制造业而言，服务业具有低能耗、高附加值、高技术含量、促进就业等优点。中央历次对海南经济的重要战略部署都明确了海南必须建立以服务业为主导的经济结构体系，海南自建省以来也一直把服务业的发展放在首位，稳定形成以第三产业为主的"三二一"产业结构。1988 年海南第三产业增加值占地区生产总值的比重为 31.62%，低于第一产业的占比 49.95%；到了 2018 年，海南省服务业增加值远超第一产业和第二产业，占地区生产总值的56.6%，远高于第一产业、第二产业所占比重 20.7%、22.7%，对全省经济增长的贡献率为 66.9%。服务业优势带动了海南省服务贸易的发展，2018 年海南省服务贸易额达 187.59 亿元人民币，同比增长 16.84%，占全国服务贸易总额的 3.58%，高于海南省货物贸易额占全国的比重 2.78%。

2019 年，海南省服务贸易进出口额达 219.7 亿元人民币，同比增长20.3%，服务贸易伙伴达 123 个；服务进口额 106.56 亿元人民币，同比增长9.18%；服务出口额 113.09 亿元人民币，同比增长 33%；实现顺差 6.53 亿元人民币，旅游、加工服务、电信、计算机和信息服务等领域均为顺差，在全国服务贸易"大逆差"的背景下，形成了海南亮点、海南特色。海南服务贸易创新发展试点新一轮 107 项试点任务已全部完成，总结出"打造'留学海南'国际品牌"等 15 个海南服务贸易创新发展典型案例；实施服务贸易先导性行动计划，该计划被列入海南全面深化改革开放先导项目，积极扩大特色服务出口，加快建设数字服务、航空维修、中医药等特色服务出口基地；探索服务贸易开放路径，起草《海南跨境服务贸易特别管理措施（负面清单）》，这将是中国跨境服务贸易的第一张负面清单，谋划在内地与香港关于建立更紧密经贸关系安排（CEPA）框架下扩大琼港澳服务业进一步合作。2019 年 7 月，《海南跨境服务贸易特别管理措施》初稿基本完成，海南省商务厅正在制订服务贸易先导性行动计划。根据商务部国际贸易经济合作研究院发布的《全球服务贸易发展指数报告（2019）》，海南省服务贸易结构指数和服务贸易综合环境指数在全国分别排名第三和第八（排名不含香港、澳门、台湾）。

2020 年是海南省自贸区建设的开局之年，海南将创新服务贸易发展，加快培育数字游戏、融资租赁、保税维修等新兴服务贸易业态；努力扩大服务出口，着力推动海南特色服务贸易出口基地、服务外包示范基地建设；争取实施海南版跨境服务贸易负面清单，分步取消或放宽对跨境交付、境外消费及自然人移动的限制，率先在医疗、教育、互联网、会展、商务服务等领域取得突破；进一步扩大对港澳服务业的开放，探索在粤港澳大湾区先行措施的基础上，充分考虑自由贸易港政策，提出海南先行先试的措施。2020 年 10 月 26 日，海南省委、省政府发布了《海南自由贸易港制度集成创新行动方案（2020—2022 年）》（以下简称《行动方案》）和《海南自由贸易港制度集成创新任务清单（2020—2022 年）》（以下简称《任务清单》），文件围绕贸易自由便利、投资自由便利、跨境资金流动自由便利、人员进出自由便利、运输来往自由便利和数据安全有序流动的要求，按照"首创性、已实施、集成式、效果好"的原则，提出 18 项行动任务，有针对性地制定了 60 项具体任务，并设置了相应的完成时限，以促进各项任务高效扎实推进。

二、海南省服务型经济的金融需求强劲

随着海南省服务贸易的发展，一方面，要求金融业进一步深化改革、扩大开放以提供必需的金融服务支持；另一方面，金融领域的对外贸易本身就是服务贸易的一个重要分支，金融服务贸易提升国际竞争力可以直接带动服务贸易的发展。因此，金融发展与服务贸易发展既是"局部"与"整体"的关系，也是"实体经济"与"金融支持"的关系。中共中央和国务院以及海南省委和省政府的各项政策文件也充分体现了"服务贸易"和"金融发展"的内在互动关系。《国务院关于推进海南国际旅游岛建设发展的若干意见》中提出，将设立跨境贸易人民币结算试点，改善结算环境，完善外汇支付环境，开展居民个人本外币兑换特许业务试点等金融建设作为海南国际旅游岛建设的重要内容。《海南省2015年金融改革创新指导意见》提出，海南省各级政府要挖掘跨境人民币业务和离岸金融试点的政策潜力，开展跨境贸易人民币结算试点创新工作，探索发展离岸人民币存款、贷款、结算和兑换业务。《国务院关于同意深化服务贸易创新发展试点的批复》指出，重点在金融、电信、旅游及专业服务4个领域落实开放便利举措，金融服务领域将推动允许外商独资银行、中外合资银行、外国银行分行在提交开业申请的同时申请人民币业务等开放便利举措。

金融改革与发展也是海南省自由贸易区和中国特色自由贸易港的重要组成部分。如果在金融开放领域没有突破性的举措，那么建成海南自由贸易区（港）无异于纸上谈兵。2018年5月8日，海南省委副书记、省长沈晓明在中国人民银行海口中心支行主持召开的省政府、省金融监管机构和金融机构负责人参加的座谈会上表示，金融创新改革是海南自贸区（港）建设的重中之重。同时，他也客观地指出，金融是海南最大的短板，金融改革也是海南自由贸易区（港）建设最大的难点。2019年4月11日，海南自由贸易试验区发布第二批5项制度创新案例，沪琼自由贸易账户联动业务成为入选案例之一，该业务是海南FT项下首笔融资性风险参与业务，实现了FT账户下业务叙做模式创新，为进一步扩大沪琼两地自由贸易试验区合作，继续探索自由贸易账户功能的拓展创新奠定基础，有助于自由贸易试验区银行业扩大优质资产规模，参与海外市场的竞争，提升国际化水平。在海南经济社会发展和大改革、大开放背景下，怎样更好地发挥金融的支撑作用，成为海南经济发展过程中的重大课题。

2019年11月5日，商务部等18部门联合印发了《关于在中国（海南）自由贸易试验区试点其他自贸试验区施行政策的通知》，决定将其他自贸试验区施行的30项政策用于海南自贸试验区。这些政策包括四大方面的内容：一是在提升投资贸易便利化水平方面，提出支持设立首次进口药品和生物制品口岸、允许境外律师事务所与中国律师事务所实行联营等12项内容；二是在扩大金融领域开放方面，提出支持民营资金进入金融业、加强与境外人民币离岸市场战略合作等7项内容；三是在加快航运领域发展方面，提出允许特定条件下租用外籍船舶从事临时运输、进一步便利国际船舶管理企业从事海员外派服务等7项内容；四是在其他方面，提出探索建立公共信用信息和金融信用信息互补机制、探索建立土地节约集约利用新模式等4项内容。该通知给予海南充分吸收其他先行自贸区先进经验的政策保障，有利于海南发挥后发优势，加快推进海南自由贸易港建设，打造开放新高地。

为持续对海南建设自贸区、自贸港提供金融支持，海南省外汇与跨境人民币业务自律机制各成员单位积极研究区域化方案，于 2019 年 11 月 21 日成功发布《海南省自律机制企业跨境人民币结算便利化方案》。海南省 40 余家企业被列为首批跨境人民币便利化优质企业客户，优质企业名单制进一步便利了企业在海南地区开展经常项目及资本项目下的跨境人民币结算支付，极大地提高了跨境人民币资金使用效率。

2020 年 4 月 29 日，第十三届全国人大常委会第十七次会议表决通过了全国人大常委会关于授权国务院在中国（海南）自由贸易试验区暂时调整适用《中华人民共和国土地管理法》《中华人民共和国种子法》《中华人民共和国海商法》的有关规定，暂时调整适用的期限至 2024 年 12 月 31 日，以避免海南未来在相关领域的改革创新与国家上位法产生冲突。实践证明可行的，修改完善有关法律；实践证明不宜调整的，恢复施行有关法律规定。该决定自 2020 年 5 月 1 日起施行。该决定赋予了海南自贸区（港）在相关领域改革创新的巨大空间，也为海南省更好地发展房地产业、运输业、商业等服务产业提供了法律保障。

2020 年 6 月 1 日，中共中央、国务院印发《海南自由贸易港建设总体方案》（以下简称《总体方案》），标志着海南自贸港建设正式启航。《总体方案》提出，海南自由贸易港建设应坚持符合海南定位的基本原则，聚焦发展旅游业、现代服务业和高新技术产业，加快培育具有海南特色的合作竞争新优势。制度设计以推动贸易投资便利化为重点，在推动服务贸易自由化方面，实施跨境服务贸易负面清单制度，破除跨境交付、境外消费、自然人移动等服务贸易模式下存在的各种壁垒，给予境外服务提供者国民待遇；实施与跨境服务贸易配套的资金支付与转移制度；在告知、资格要求、技术标准、透明度、监管一致性等方面，进一步规范影响服务贸易自由便利的国内规制。在推动跨境资金流动自由便利化方面，重点围绕贸易投资自由化便利化，通过分阶段采取资本项目、构建多功能自由贸易账户体系、便利跨境贸易投资资金流动、扩大金融业对内对外开放、加快金融改革创新等金融开放措施，坚持金融服务实体经济，有序推进海南自由贸易港与境外资金自由便利流动。

《总体方案》指出，在推动贸易自由便利的制度集成创新方面，应推动跨境货物贸易、服务贸易和新型国际贸易结算便利化，实现银行真实性审核从事前审查转为事后核查，提升金融服务水平，促进跨境贸易各要素的自由便捷流动。

三、本书的主要研究内容

本书立足于海南省发展服务贸易的比较优势、中央政策红利和金融改革迫切任务，以跨境贸易人民币结算为金融改革突破口，系统论证海南省服务贸易和跨境贸易人民币结算的互动关系。

本书各部分内容安排如下：第一章为相关理论和文献综述。本章系统梳理了国内外学者关于国际贸易货币选择理论、服务贸易结算货币选择、海南省服务贸易和跨境贸易人民币结算关系的相关研究，并对已有研究文献进行综述。

第二章为服务贸易概述。本章系统梳理了国内外各界人士对"服务贸易"的概念，结合世界贸易组织《服务贸易总协定》（GATS）的划分标准，介绍跨境交付、境外消费、商业存在和自然人流动这四种服务贸易模式的内涵、经济实例等，同时结合制造业企业服务化的客观经济趋势和相关研究成果，介绍"货物贸易的服务品附加"作为服务贸易的第五种提供模式，并结合海南服务贸易状况介绍不同模式下的经济案例。

第三章为海南省服务业发展现状。本章利用相关宏观统计数据考察海南省服务业发展态势，运用横向对比方法总结海南省服务业发展的优势和存在的不足，指出当前海南省服务业发展的困境。

第四章为海南省服务贸易发展现状。本章运用宏观统计数据分析海南省国际服务贸易的发展现状，以及新形势下海南省发展国际服务贸易的机遇，并对海南省服务贸易模式进行GATS分类视角下的SWOT分析。

第五章为海南省跨境贸易人民币结算现状。本章总结海南省推行跨境贸易人民币结算政策后所呈现出的特征，基于海南省对外贸易结构分析跨境贸易人民币结算需求和前景，明确海南省跨境贸易人民币结算在服务贸易领域大有可为。

第六章为海南省服务贸易的外汇便利化需求。本章分析了海南省整体的外汇便利化需求现状、影响外汇便利化需求的因素。

第七章为海南省国际旅游贸易的跨境贸易人民币结算需求。本章运用事实数据分析海南省国际贸易旅游的发展现状，利用模糊评价法实证考察海南省国际旅游贸易的跨境贸易人民币结算需求的影响因素，并进一步分析原因和改进措施。

第八章为海南省国际会展业的跨境贸易人民币结算需求。本章分析了海南省国际会展业的发展现状、海南省国际会展业的成功案例、海南省国际会展业的跨境贸易人民币结算规模、海南省国际会展业的跨境贸易人民币结算需求和前景。

第九章为海南省国际运输业的跨境贸易人民币结算需求。本章分析了海南省国际运输业的发展现状及其存在的问题，海南省国际运输业的跨境贸易人民币结算规模、海南省国际运输业的跨境贸易人民币结算需求和前景。

第十章为跨境贸易人民币结算对服务贸易的推动作用。本章运用 2014—2020 年的月度数据检验我国服务贸易和跨境人民币结算的格兰杰因果关系，并提出下一步将要深入研究的课题。第十一章为结语。

此外，面对 2020 年来势汹汹的新冠肺炎疫情，全球服务贸易受到极大挑战，旅游、建筑、餐饮、交通运输、线下文化娱乐等传统服务业几近停滞。与此同时，可采取远程在线提供的远程教育、远程医疗问诊、知识产权转让、技术服务、专业管理和咨询服务、委托研发服务等新兴服务业则出现井喷式增长。但我国整体上以及海南省的服务贸易仍然高度集中在交通运输、旅游等传统领域，因此本书在第四章中讨论了新冠肺炎疫情下海南省分行业、分地区服务贸易所受的影响及其应对方式。

本书得益于海南经贸职业技术学院李艳波和三亚学院初玉玲的阶段性研究支持，两位课题成员为本书完成做出重要贡献；感谢海南师范大学本科生薛恩景、谢丽萍、吴益方、徐琴、熊文婷、薛俏俏、向苗香、严永燕、张晓青、吴志钦为本书搜集和整理基础研究资料。

杨碧琴

2021 年 6 月

目　录

第一章　相关理论和文献综述

　　国际贸易结算货币选择问题伴随着汇率波动现象而兴起。在国际货币史上，国际金本位制为各国汇率提供了天然的稳定器，布雷顿森林体系建立初期"双挂钩"制度也为各国汇率提供了人为的稳定机制。直至20世纪60年代末期美元面临"特里芬难题"，货币危机频发，布雷顿森林体系难以为继，各国汇率频繁大幅波动，才引起学者关于国际贸易汇率问题和货币选择问题的思考，提出市场厚度和外部性网络理论、Grassman法则、Mckinnon假说等经验理论。1976年IMF（国际货币基金组织）理事会"国际货币制度临时委员会"通过"牙买加协议"后，浮动汇率制合法化，各国汇率史无前例地进入剧烈频繁波动通道，日元国际化、德国马克国际化以及欧元的诞生激起各国学者对国际贸易结算货币选择的研究热潮，并通过不同研究方法、不同研究视角，探究影响国际贸易结算货币选择的因素，相关研究成果丰硕。

　　我国从新中国成立到改革开放初期，实行高度集中的计划经济体制，汇率长期保持固定，且在两大阵营"冷战"对立形势下，我国只与社会主义阵营国家有国际贸易往来，对外结算货币以英镑为主，采取官方协定汇率结算。我国从1981年1月到1984年12月实行汇率双轨制，不过虽然1994年之后人民币汇率几经改革，以建立一个由市场供求关系决定的浮动汇率制，但IMF在《汇兑安排与汇兑限制年报》（2018）中也仍将中国自2010年6月以后的汇率制度归为"类爬行安排"（crawl-like arrangement），以篮子货币为货币锚。无论如何，不可否认的是，当前人民币汇率已经走上不可逆的市场化改革轨道。伴随着我国外汇体制的改革进程，我国学者也对国际贸易结算问题给予持续关注，1997年亚洲金融危机之后我国学者开始思考能否推动人民币在国际结算舞台扮演更重要的角色，以缓解部分亚洲经济体美元储备不足、汇率波动剧烈、区域金融危机等问题。2008年国际金融危机之后，国内外学者对人民币国际化给予高度关注，相关研究成果颇为丰富。

　　由于货物贸易长期在国际贸易市场中占据主导地位，且统计数据易得，因此国内外对结算的货币选择的有关研究也高度集中在货物贸易领域，对服务贸易结算的货币选择问题却鲜有研究。虽然从 20 世纪 80 年代起国际服务贸易发展迅猛，成为全球经济发展的重要引擎，但是国内外学者对服务贸易及其结算货币选择的研究仍然匮乏，有影响力的成果更是寥寥无几。当前，国内外学者研究关注得更多的是服务贸易的汇率敏感度、汇率波动对服务业企业经营能力的影响、服务贸易对汇率变动是否存在 J 曲线效应等问题。虽然，目前国内外学者较少研究国际服务贸易货币选择的相关问题，但关于国际货物贸易货币选择的研究却可谓硕果累累。服务贸易和货物贸易虽然在商品形态、市场结构、行业特征、定价方式等方面存在显著差异，但仍然具有很多共性，因此国际货物贸易货币选择理论也能为国际服务贸易货币选择提供重要借鉴和启示。遵循文献时间脉络，我们按照一定逻辑主线对相关研究文献进行梳理和评述。

第一节　相关理论

一、国际贸易结算货币选择的经验理论

Swoboda（1968）基于国际货币交易成本的角度，分析国际贸易由美元等少数主权货币主导计价结算市场的原因。他认为，国际贸易结算过程中货币兑换存在高额交易成本，为了降低这一成本，很多进口商会大量持有外币；与其使用每个出口方货币进行结算，不如在所有贸易中选择最广为接受和认可的货币，以实现交易成本最小化。而且，在外汇市场上高度流动的货币通常具有交易成本优势，帮助该货币在国际市场上形成"厚度市场外部性"（thick market externalities），从而使得在对外贸易中使用该货币具有规模经济效益①。Krugman（1980）基于规模经济效应假设，指出交易成本最低的货币亦即交易规模最大的货币，该货币自然成为国际贸易主要的计价结算货币；一旦这种货币建立具有厚度的市场网络之后，该货币的使用就形成市场惯性，存在自我强化效应。同时，在差异化程度低、具有高度替代性的行业，出口商为了避免因汇率波动引起出口商品实际价格的变化，倾向于使用与竞争者相同的结算

---

① SWOBODA A K. The euro-dollar market: an interpretation essays in international finance［D］. Princeton：Princeton University，1968.

货币①。

Sven Grassman （1973） 对 1968 年丹麦和瑞典双边贸易商业发票的结算货币进行统计分析后发现：双方贸易中以出口方货币结算的比重约为 65%，以进口方货币结算的比重约为 25%，只有少部分贸易以第三方货币结算。② 贸易双方都倾向于使用出口方货币作为结算货币，尤其在工业制成品贸易上这种倾向更为明显，此即 Grassman 法则。Page （1977）③、Van Nieuwkerk （1979）④ 和 Carse et al. （1980）⑤ 分别考察了英国、荷兰等欧洲发达国家的对外贸易结算货币经验数据，他们的研究结果进一步支持了 Grassman 法则的适用性。

Mckinnon Ronald （1979） 提出产品结构和产业特性对国际结算货币的选择具有重要影响。他将可贸易品分为两大类：I 类可贸易品 （tradables I） ——具有较强价格支配力的异质品，II 类可贸易品 （tradables II） ——不具有价格支配力的同质品。Mckinnon 认为，I 类可贸易品，比如机械产品、技术产品、知识密集型产品等异质品的国际贸易倾向于使用出口方货币结算，因为这些产品的出口商往往具有很强的合同谈判能力；II 类可贸易品，比如原油、矿产品、农产品等初级产品的国际贸易倾向于使用单一货币作为结算货币（当前主要使用美元），因为初级产品差异化程度低，交易市场竞争激烈，使用单一交易货币能有效降低交易成本⑥。Page （1981） 测算了 1976 年 9 个西欧国家在工业制成品和初级产品进出口贸易的计价结算货币数据，他发现，在工业发达国家对外贸易结算货币中，只有美元的结算比例超过各自本币结算份额，美元的国际结算比重远远超过美国的世界出口份额，这在初级产品上尤为明显，且在发达国家与发展中国家贸易时发达国家货币（尤其是美元）占据绝对主导地

---

① PAUL KRUGMAN. vehicle currencies and the structure of international exchange ［J］. Journal of money, credit and banking, 1980 （12）：513-526.

② SVEN GRASSMAN. A fundamental symmetry in international payments pattern ［J］. Journal of international economics, 1973 （3）：105-106.

③ S A B PAGE. Currency of invoicing in merchandise trade ［J］. National institute economic review, 1977, 81 （8）：77-81.

④ MARIUS VAN NIEUWKERK. The covering of exchange risks in the Netherlands´ foreign trade：a note ［J］. Journal of international economics, 1979, 9 （1）：89-93.

⑤ STEPHEN CARSE, JOHN WILLIAMSON, GEOFFREY E WOOD. The financing procedures of British foreign trade ［M］. Cambridge：Cambridge University Press, 1980.

⑥ MCKINNON RONALD. Money in international exchange：the convertible currency system ［M］. Oxford：Oxford University Press, 1979.

位[①]。Mckinnon 的假说得到初步验证。

Swoboda（1968）、Krugman（1980）等的研究说明，一种货币要想扩大国际结算影响力，必须努力培育该货币在国际市场结算中的惯性，以使进出口商在使用该货币结算时可享受到规模经济效应。Grassman 法则、Mckinnon 假说论述了行业特性、产品特性对结算货币的选择具有直接影响，这些影响事实上可追溯到不同行业、不同产品对汇率具有不同的敏感性和传递效应，从而选择符合自身利益最大化的跨境贸易结算货币。Grassman 法则意味着，具有更强市场谈判能力的企业将会选择本币结算以规避汇率风险（Bilson，1983；Hartmann et al.，1998）[②]。

二、垄断厂商利润最大化原则下国际计价结算货币选择数理模型

到了 20 世纪 80 年代后期，大量学者开始将国际贸易结算货币选择问题数理化和模型化，并运用数据对所得推论进行实证检验。出口商将产品销往海外时，可选择四种结算货币方式：①出口方货币，也称为生产者货币计价结算（producer's currency pricing，PCP）；②目标地货币，也称为当地货币计价结算（local currency pricing，LCP）；③第三方货币，也称为载体货币计价结算（vehicle currency pricing，VCP）；④以上三种货币组合计价结算。

Alberto Giovannini（1988）[③] 分析了汇率不确定情况下，垄断厂商选择不同结算货币最大化期望效用的决策过程。垄断地位保证了厂商在结算货币选择上拥有足够的主动权，从而有能力追求预期利润最大化目标。

假设垄断厂商面临的出口需求函数为 $h(P)$，P 为进口商所面临的价格；垄断厂商的成本函数为 $C(h)$。S 为直接标价法下出口方货币与进口方货币的兑换比率；P^m 为以进口方货币计价结算的产品价格；P^e 表示以出口方货币计价结算的产品价格；u 表示冯·诺依曼—摩根斯坦效用函数，$u' > 0$，$u'' < 0$，即该出口商是风险厌恶者。由于汇率波动具有随机性，因此垄断出口商选择以本币

① S A B PAGE. The choice of invoicing currency in merchandise trade [J]. National Institute Economic Review, Vol. 98, 1981 (1)：60-72.

② BILSON JOHN F O. The choice of an invoice currency in international transactions [M] // Bhandari J, Putnam B. (Eds.) Economic interdependence and flexible exchange rates. Cambridge：MIT Press，1983：384-401.

HARTMANN, PHILIPP. The currency of deno mination of world trade after european monetary union [J]. Journal of the japanese and international economics，1998 (12)：424-454.

③ ALBERTO GIOVANNINI. Exchange rates and traded goods prices [J]. Journal of international economics，1988 (24)：45-68.

或进口方货币计价结算所能获得的利润也存在不确定性。垄断厂商以本币和进口方货币所能获得的期望效用分别为

$$Eu(\pi^e) = Eu\{p^e h(p^e/s) - c[h(p^e/s)]\}$$

$$Eu(\pi^m) = Eu\{sp^m h(p^m) - c[h(p^m)]\}$$

当 $Eu(\pi^e) > Eu(\pi^m)$ 时，出口商选择以本币结算；当 $Eu(\pi^e) < Eu(\pi^m)$ 时，出口商会选择以进口方货币结算。根据 Giovannini（1988）的推导：

$$Eu(\pi^e) - Eu(\pi^m) = 0.5u' \cdot \frac{\partial^2 \pi^e}{\partial^2 s} \delta^2$$

由于 $u' > 0, \delta^2 > 0$，所以当垄断出口厂商的利润函数 π^e 是汇率 s 的凸函数时，即 $\frac{\partial^2 \pi^e}{\partial^2 s} > 0$ 时，有 $Eu(\pi^e) - Eu(\pi^m) > 0$，这意味着，此时该厂商面临的出口需求价格弹性较小，那么他将使用本币进行结算以规避汇率波动风险；反之，当利润函数 π^e 是汇率 S 的凹函数时，即 $\frac{\partial^2 \pi^e}{\partial^2 s} < 0$ 时，此时该垄断厂商面临较大的出口价格弹性，将选择进口方货币结算。

Giovannini（1988）建立了产量、价格、出口量同时决定的静态模型。Donnenfeld & Zilcha（1991）进一步将这些决策变量动态化，建立了厂商结算货币选择的动态化模型①。他们将垄断出口厂商的交易行为划分为三个时间节点：t_0 时刻垄断出口厂商做出产量决定；t_1 时刻垄断出口厂商综合内外部市场信息制定满足利益最大化的境内外销售价格；t_3 时刻垄断出口厂商和进口商达成交易。由于定价和交易达成之间存在时滞，汇率波动存在不确定性，所以当出口厂商的出口需求价格弹性较小，汇率波动造成境外市场价格波动较大时，出口商使用进口方货币结算比使用本币结算的预期利润更高。Friberg（1997）认为，企业最优计价货币选择与其产品的外国需求价格弹性紧密相关，次优计价货币选择则取决于进出口方汇率相对波动的情况。如果出口方货币相对于第三方货币的汇率波动率小于进出口双边汇率波动，则出口商会选择第三方货币结算②。

---

① S DONNENFELD, I ZILCHA. Pricing of exports and exchange rate uncertainty [J]. International economics review, 1991, 32 (11).

② FRIBERG RICHARD. In which curre ncy should exporters set their prices? [J]. Journal of international economics, 1998, 45: 59-76.

Goldberg & Tille（2008）[①] 将 Devereux et al.（2004）的两方两币模型扩展为三方三币模型，且假设生产技术不是规模报酬不变，而是规模报酬递减，因此产出增加在导致边际成本上升的同时可以保持工资水平不变。任何两方的交易商都可以从三种货币中选择结算货币，Goldberg & Tille（2008）专门讨论了出口商选择第三方货币所具备的条件和特征。

假设出口企业在为产品定价时，对市场正面临的冲击未知。该企业在 e 国（地区）生产产品 z，并销往目标国（地区）d。厂商只投入一种要素劳动，且生产技术具有规模报酬递减的特点：

$$Y_{ed}(z) = \frac{1}{\alpha}\left[H_{ed}(z)\right]^{\alpha}, \ 1 < \alpha \leqslant 1$$

其中，$Y_{ed}(z)$ 表示产品 z 的产量，H 表示劳动投入，α 是规模报酬指数。该厂商面临的 d 国（地区）市场需求函数为

$$Y_d(z) = \left[\frac{P_{ed}(z)}{P_d}\right]^{-\lambda}C_d, \ \lambda > 1$$

其中，C_d 是 d 国（地区）对产品 z 所属部门所有相关产品的总需求，$P_{ed}(z)$ 是用 d 国（地区）货币表示的 e 国所产产品 z 的价格，P_d 是以 d 国（地区）货币表示的由 d 国（地区）所有产品构成的价格指数。$\lambda > 1$ 表示不同产品之间富有替代弹性。

出口商在意识到市场面临各种冲击之前，将其产品 z 以货币 k 定价，记作 P_{ed}^{k}，$k = e, d, v$，出口商可使用三种货币的任意一种定价以最大化预期利润：

$$\prod{}_{ed}^{k}(z) = ED_e\left\{S_{ek}P_{ed}^{k}(z)\left[\frac{S_{ek}P_{ed}^{k}(z)}{S_{ed}P_d}\right]^{-\lambda}C_d - W_e(\alpha)^{\frac{1}{\alpha}}\left[\left[\frac{S_{ek}P_{ed}^{k}(z)}{S_{ed}P_d}\right]^{-\lambda}C_d\right]^{\frac{1}{\alpha}}\right\}$$

$$(1-1)$$

其中 S_{ek} 是货币 e 对 k 的直接标价法汇率，S 变大意味着货币 e 对货币 k 贬值；D_e 是与 e 国（地区）特定的折算因子；W_e 是名义工资。由于所有生产企业都面临相同的货币选择问题，我们把（1-1）式的 $P_{ed}^{k}(z)$ 直接写成 P_{ed}^{k}，则（1-1）式可转换为

$$\prod{}_{ed}^{k} = (P_{ed}^{k})^{1-\lambda}ED_e(S_{ek})^{1-\lambda}(S_{ed})^{\lambda}(P_d)^{\lambda}C_d - \frac{\lambda\alpha^{(1-\alpha)/\alpha}}{\lambda-1}(P_{ed}^{k})^{\lambda/\alpha}ED_eW_e(S_{ed})^{\lambda/\alpha}(C_d)^{1/\alpha}$$

$$(1-2)$$

① LINDA S GOLDBERG, CéDRIC TILLE. Vehicle currency use in international trade [J]. Journal of international economics, 2008（2）：177-192.

借鉴 Tille（2005）的做法，将（1-2）式围绕稳态点进行二次型展开，展开关系式为

$$X^a Y^b = X^{a^*} Y^{b^*} \left[1 + ax + by + \frac{1}{2}(ax + by)^2 \right]，其中 x = \ln X - \ln X^* 。$$

则（1-2）式可扩展为

$$\pi_{ed}^k = \frac{\lambda}{\lambda - \alpha(\lambda - 1)} \Big\{ (1 - \lambda)p_{ed}^k + Ed_e + (1 - \lambda)Es_{ed} + \lambda Ep_d + Ec_d$$

$$+ \frac{1}{2}E[d_e + (1 - \lambda)s_{ek} + \lambda s_{ed} + \lambda p_d + c_d]^2 \Big\}$$

$$- \frac{\alpha(\lambda - 1)}{\lambda - \alpha(\lambda - 1)} \Big\{ - \frac{\lambda}{\alpha}p_{ed}^k + Ed_e + Ew_e \Big\}$$

$$- \frac{\lambda}{\alpha}Es_{ek} + \frac{\lambda}{\alpha}Ep_d + \frac{1}{\alpha}Ec_d + \frac{1}{2}E[d_e + w_e - \frac{\lambda}{\alpha}s_ek + \frac{\lambda}{\alpha}s_{ed} + \frac{\lambda}{\alpha}p_d + \frac{1}{\alpha}c_d]^2$$

$$(1-3)$$

其中，$\pi_{ed}^k = (\prod_{ed}^k - \prod^*) / \prod^*$。经过代数转换后，（1-3）式可表示成：

$$\pi_{ed}^k = X_{ed} + \frac{\lambda}{\lambda - \alpha(\lambda - 1)} \Big[\frac{1}{2}E[s_{ek} - \lambda q_{ed}^k]^2 + E[s_{ek} - \lambda q_{ed}^k]c_d \Big]$$

$$+ \frac{\alpha(\lambda - 1)}{\lambda - \alpha(\lambda - 1)} \Big[- \frac{1}{2}E\Big[\frac{\lambda}{\alpha}q_{ed}^k\Big]^2 + \frac{\lambda}{\alpha}Eq_{ed}^k w_e + \frac{\lambda}{\alpha^2}Eq_{ed}^k c_d \Big] \quad (1-4)$$

其中，$q_e^k d = s_{ek} - s_{ed} - p_d$ 是 e 国（地区）厂商生产的产品 z 相对价格，

$$X_{ed} = Ed_e - \frac{\alpha(\lambda - 1)}{\lambda - \alpha(\lambda - 1)}Ew_e + \frac{1}{\lambda - \alpha(\lambda - 1)} \Big[\lambda(Es_{ed} + Ep_d) + Ec_d \Big]$$

$$+ \frac{\lambda}{2[\lambda - \alpha(\lambda - 1)]}E[d_e + c_d]^2 - \frac{\alpha(\lambda - 1)}{2[\lambda - \alpha(\lambda - 1)]}E\Big[d_e + w_e + \frac{1}{\alpha}c_d \Big]^2$$

$$+ \frac{\lambda}{\lambda - \alpha(\lambda - 1)}E(s_{ed} + p_d)d_e$$

（1-4）式边际收益项 $[s_{ek} - \lambda q_{ed}^k]$ 反映出汇率波动效应。汇率波动影响产品 z 的相对价格 q_{ed}^k，消费者可以在 z 及其替代品中进行选择。而且，如果产品固定以货币 k 定价结算，则 e 的贬值，即 s_{ek} 变大将增加出口商出售单位 z 而获得的以 e 货币计算的收益。当汇率波动带来更高的边际收益时，即 $[s_{ek} - \lambda q_{ed}^k]c_d > 0$，出口商的预期收益将会增加。

出口商以（1-4）式为目标函数制定结算货币方案，由于 s_{ek}、c_d、w_e、p_d 和 s_{ed} 对单个企业来说都是外生给定的，因此其决策变量是其在 e，d，v 三种货币的比重组合。假设 e 国（地区）出口商出口其商品 z 到 d 国（地区）进口商

所选择的三种计价结算货币的权重组合分别为 β_d^d、β_d^v 和 $1 - \beta_d^d - \beta_d^v$。货币 e 和货币 d、v 的汇率具备线性关系：

$$s_{ek} = \beta_d^d s_{ed} + \beta_d^v s_{ev} \qquad (1-5)$$

有些产品以货币 d 计价结算，因此 d 国（地区）消费者对这些产品的货币支付不受汇率波动影响。有些产品以货币 e 计价结算，以货币 d 支付的 d 国（地区）消费者则会因 s_{ed} 的波动而承受不同的购买支出。e 升值，则消费者将支付更高的价格。剩下的产品以第三方货币 v 计价和结算，因此当 v 升值时，d 国（地区）消费者要支付更高价格。

假设 e 的替代品以货币 d、e 和 v 计价结算的比重分别为 η_d^d，η_d^e 和 η_d^v。那么汇率波动对替代品价格指数的影响可表示为

$$p_d = -\eta_d^v(s_{ed} - s_{ev}) = -(1 - \eta_d^d)s_{ed} + \eta_d^v s_{ev} \qquad (1-6)$$

联立（1-5）、（1-6）式可以得到相对价格：

$$q_{ed}^k = (\beta_d^d - \eta_d^d)s_{ed} + (\beta_d^v - \eta_d^v)s_{ev} \qquad (1-7)$$

（1-7）式表明，要使相对价格完全固定，出口商应该选择能完全及时反映行业价格指数的计价结算货币组合，应使 $\beta_d^d = \eta_d^d$，$\beta_d^v = \eta_d^v$。出口商选择最大化预期利润的计价结算货币组合，对（1-4）式两边分别取权重变量的一阶导数：

$$\frac{\partial \pi_{ed}^k}{\partial \beta_c^{i=d,\,v}} = \frac{\lambda}{\lambda - \alpha(\lambda - 1)}\left[E\left[s_{ek} - \lambda q_{ed}^k\right]\left[\frac{\partial s_{ek}}{\partial \beta_d^i} - \lambda \frac{\partial q_{ed}^k}{\partial \beta_d^i}\right] + E\left[\frac{\partial s_{ek}}{\partial \beta_d^i} - \lambda \frac{\partial q_{ed}^k}{\partial \beta_d^i}\right]cd\right]$$

$$+ \frac{\alpha(\lambda - 1)}{\lambda - \alpha(\lambda - 1)}\left[-\left(\frac{\lambda}{\alpha}\right)^2 E q_{ed}^k \frac{\partial q_{ed}^k}{\partial \beta_d^i} + \frac{\lambda}{\alpha}E\frac{\partial q_{ed}^k}{\partial \beta_d^i}w_e + \frac{\lambda}{\alpha^2}E\frac{\partial q_{ed}^k}{\partial \beta_d^i}c_d\right] \qquad (1-8)$$

对相对价格（1-7）式取货币权重的导数：

$$\frac{\partial s_{ek}}{\partial \beta_d^d} = \frac{\partial q_{ed}^k}{\partial \beta_d^d} = s_{ed}, \quad \frac{\partial s_{ek}}{\partial \beta_d^v} = \frac{\partial q_{ed}^k}{\partial \beta_d^v} = s_{ev} \qquad (1-9)$$

联立（1-8）、（1-9），有

$$\frac{\partial \pi_{ed}^k}{\partial \beta_c^{i=d,\,v}} = \frac{-\lambda(\lambda - 1)}{\lambda - \alpha(\lambda - 1)}E\left[s_{ek} + \lambda\frac{1 - \alpha}{\alpha}q_{ed}^k - m_{ed}\right]s_{ei} \qquad (1-10)$$

其中，$m_{ed} = w_e + \dfrac{1 - \alpha}{\alpha}c_d$ 体现了 d 国（地区）的工资和需求变化。

令一阶倒数等于 0，即可得到均衡解

$$\beta_d^d = \Omega\eta_d^d + (1 - \Omega)\rho(m_{ed}, s_{ed})$$

$$\beta_d^v = \Omega\eta_d^v + (1 - \Omega)\rho(m_{ed}, s_{ev})$$

$$\beta_d^e = 1 - \beta_d^d - \beta_d^v \qquad (1-11)$$

其中，$\Omega = \dfrac{\lambda(1-\alpha)}{\alpha + \lambda(1-\alpha)}$。（1-11）式中，$m_{ed}$ 体现了外生变量对出口商货币选择的影响。$\rho(m_{ed},\ s_{ed})$ 和 $\rho(m_{ed},\ s_{ev})$ 反映出边际成本 m_{ed} 对汇率 s_{ed} 和 s_{ev} 的敏感性。

（1-11）式表明出口商会选择本方货币之外的币种作为结算货币，主要基于两个原因：羊群效应（herding effect）和套期保值。前者是出口商为了限制产品相对价格波动，选择与竞争对手相同的计价结算货币，比如当其竞争者更多地使用 d 国（地区）货币时，即 η_d^d 较大，则出口商更多使用 d 国（地区）货币计价结算，则 β_d^d 较大；后者是套期保值动机，体现在 $(1-\Omega)\rho(m_{ed},\ s_{ev})$ 和 $(1-\Omega)\rho(m_{ed},\ s_{ev})$。出口商会选择边际成本波动对其预期利润削弱作用最小的一种货币。

Goldberg & Tille（2008）进一步选取 24 个国家的进出口贸易结算货币数据对上述推论进行实证检验，发现美元在美国双边贸易中是比重最大的结算货币。他们认为，宏观经济波动和行业特征是影响结算货币选择的重要原因，且高需求弹性行业的生产者在结算货币选择上表现出明显的"羊群"特征，此时行业特征对出口商结算货币选择的影响比宏观经济特征更大。在一个产品高度替代的行业（农产品、矿产品），高度竞争的市场结构使厂商对价格波动特别敏感，为了不偏离行业竞争者价格，每个厂商都愿意选择同一种结算货币，久而久之，该行业就会出现一种主导性结算货币。某种货币汇率单独波动对国际贸易结算货币的选择影响不大，但汇率和出口商边际成本的联动性却对此具有重要作用。

第二节　相关文献回顾

一、国内外有关服务贸易结算货币选择问题的研究

国外学者几乎没有直接关于国际服务贸易结算货币选择的研究，而是更多地关注服务贸易的汇率敏感性、服务贸易相对于货物贸易的行业特性、市场竞争力等。鉴于汇率敏感性、市场特性（行业特性、市场竞争力、价格谈判权等）对结算货币选择策略有重要影响，我们对国内外有关服务贸易汇率敏感性、服务贸易行业特性、市场特性和国际竞争力、海南省服务贸易和跨境贸易人民币结算的研究的相关文献进行综述。

（一）服务贸易汇率敏感性研究

1. 国外研究

Hung & Viana（1995）运用协整—误差修正模型估计美国 1974—1993 年服务贸易流量的影响因素，他们认为，美国自 20 世纪 80 年代中期以来服务贸易盈余的主要原因是美国在海外市场稳健的经济增长和美元贬值。

Marquez（2005）利用美国 1987—2001 年服务贸易季度数据，将服务贸易分为旅游、境内运费输出、运输和其他私人服务（教育、金融、保险、通信、商业和其他）四大领域，设定对数线性模型分别估计美国四个领域服务进出口的收入和价格弹性。Marquez 的计量结果显示，美国服务出口收入弹性显著大于进口收入弹性，他称这个发现为 Houthakker & Magee（1969）研究结论[①]的逆转。Marquez（2005）进一步分析，服务贸易和货物贸易在以下三个方面的差异导致了服务贸易和货物贸易在进口和出口需求收入弹性之间的逆转现象：①服务商品设计更符合个性化需求，消费者面临更大范围内的差异产品，比如保险单设计远比原油桶制更具差异性；②服务商品的提供大多具有不可储存性，因此交付服务商品比交付货物更不可能延期；③信息技术的发展为服务业生产贸易提供更大的比较优势。从价格弹性来看，在工具变量法最小二乘估计参数中，美国整体服务出口和进口的需求价格弹性分别为 -0.27 和 -1.57，其中旅游出口和进口的需求价格弹性分别为 -0.77 和 -1.43，运输出口和进口的需求价格弹性分别为 -0.09 和 0.00，境内运费输出出口和进口的需求价格弹性分别为 -2.02 和 -1.53，其他私人服务出口和进口的需求价格弹性分别为 -1.14 和 -2.10，这些参数除了运输进口需求价格弹性估计值未通过统计显著性检验，其他参数均在 10% 的水平上通过显著性检验。由此可见，美国服务贸易进出口额和美元汇率具有显著的负相关关系，在其他条件不变的情况下，美元升值将导致美国服务出口额和进口额下降。

Sichei et al.（2005，2007）运用 Wild - Bootstrap 动态面板数据模型，研究 1994—2003 年南非和美国服务商品产业内贸易的影响因素。他们发现，南非和美国服务商品产业内贸易的影响因素与制造品产业内贸易相似，其中，南非

---

① Houthakker & Magee（1969）首次提出，美国货物贸易进口需求的收入弹性远远大于其出口需求的收入弹性，因此，如果每个国家具有相同的经济增长速度，那么美国在货物贸易领域中也会进口更多并出口更少，从而使得美国货物贸易收支逆差扩大。参考 HOUTHAKKER H, MAGEE S. Income and price elasticities in world trade [J]. Review of economics and statistics, 1969 (51)：111-125.

兰特名义汇率贬值对南非和美国之间的服务部门产业内贸易有正向推动作用①。Jen Baggs et al.（2008）较早研究了汇率波动如何影响服务业企业的生存概率、盈利能力和销售额。他们构建了以加拿大企业不同服务部门贸易份额为权重的有效汇率指数，以1990—2005年加拿大817 217个服务业企业数据为样本建立实证模型，研究结果表明，加拿大对美元实际有效汇率升值将降低加拿大服务业企业的生存概率、销售额和利润，反之则反是②。

Das et al.（2011）以印度1970—2008年度数据为样本，估计印度服务出口需求的收入和价格弹性，以此评估全球经济衰退对印度服务出口的影响。他们设定印度服务出口额是关于世界实际GDP和印度卢比实际有效汇率的双对数函数，运用最小二乘法和协整检验法进行参数估计，他们发现，印度服务出口需求的收入弹性远高于价格弹性，且二者均对印度出口额有显著影响。

Cheung & Sengupta（2013）以印度2000—2010年约4 000家服务业企业（金融业除外）的面板数据为样本，从描述性统计上看，印度企业在货物贸易和服务贸易的模式上存在差异，印度企业货物出口额占其销售总额的比重波动不大，大约25%，而服务出口额占销售总额的比重2000—2005年从25%上升到31%，即便经历2008年国际金融危机后这一比重也无明显下降，且服务出口额占销售额的比率波动性更大。他们建立面板数据固定效应模型，估计结果显示，印度卢比对美元实际有效汇率水平和波动率对出口额/销售额比率有显著负向影响，汇率上升一个百分点会导致出口额/销售额比率下降6.3个百分点，汇率波动率上升1个百分点将导致出口额/销售额比率下降2.6个百分点，且汇率对出口的影响具有不对称效应，汇率升值带来的负向效应大于汇率贬值带来的正向效应，服务业企业比制造业企业对汇率波动更为敏感③。

Mini Thomas P.（2015）以1997—2012年的季度数据为样本，运用自回归分布滞后模型估计印度服务业进口和出口需求的收入弹性和价格弹性。估计结果显示，印度服务出口需求的收入和价格弹性分别为8.26和-1.77，前者在1%的水平上通过显著性检验，后者未通过显著性检验；印度服务进口需求的

① MOSES MUSE SICHEI, CHRIS HARMSE, FRANS KANFER. Determinants of South Africa-Us intra-industry trade in services: a wild bootstrap dynamic panel data analysis [J]. South African journal of economics, 2007, 75 (3): 521-539.

② JEN BAGGS, EUGENE BEAULIEU, LORETTA FUNG. Are service firms affected by exchange rate movements? [J]. Department of Economics, 2008 (9).

③ YIN-WONG CHEUNG, RAJESWARI SENGUPTA. Impact of exchange rate movements on exports: an analysis of indian non-financial sector firms [J]. Journal of international money and finance, 2013, 39: 231-245.

收入和价格弹性分别为1.98和1.84，前者在1%的水平上通过显著性检验，后者在5%的水平上通过显著性检验。这表明，印度卢比升值会扩大服务业进口，而对服务业出口的负向影响不显著。作者总结了该研究蕴含的启示：①印度服务出口的增长高度依赖于发达国家的经济表现，因此发达国家经济衰退会严重影响印度服务出口贸易；②印度服务出口需求的收入弹性越高，服务出口贸易就越可以成为印度经济增长的引擎；③服务出口需求的价格弹性估计值小且不显著，这表明印度难以通过汇率贬值以提高价格竞争力的方式推动服务出口增长，当然这可能也是因为在劳动力成本低廉却具有较高技能、掌握英语的背景下，印度服务出口品在国际市场中已经拥有相当明显的价格竞争力，因此印度服务出口不易受汇率波动的影响。

Udo Broll et al.（2016）基于85个印度服务业出口企业（金融业除外）2004—2015年的面板数据，利用分位数回归方法，估计印度服务出口企业对汇率的风险—收益边际替代弹性系数，以此分析印度服务出口与汇率变动的相关关系。他们研究认为，印度卢比对美元汇率上升会刺激样本内所有印度服务业公司扩大出口，但印度服务业企业的出口与印度卢比对美元实际有效汇率波动率呈负相关关系。

牛津经济研究院（2016）首次以184个世界旅游业理事会成员的入境游来源地所占份额为权重，构建了这184个国家和地区的旅游业真实汇率指数，研究表明，汇率显著影响了旅游业经营绩效，但是汇率不是唯一或者主要的驱动因素。

Haider Mahmood & Tarek Tawfik Yousef Alkhateeb（2017）运用非线性分布滞后自回归模型（NADL）考察1970—2015年沙特服务贸易对汇率变动的反应程度。研究结果表明，沙特里亚尔升值将对除交通运输、建筑、旅游之外的所有服务部门的贸易收支产生不利影响，且沙特服务贸易对汇率变动存在J曲线效应①。

2. 国内研究

我国也有少量关于服务贸易汇率敏感性、服务贸易和跨境贸易人民币结算相关性的研究。戴翔、张二震（2014）利用1994—2013年中国的经济数据，实证检验了人民币实际有效汇率变动对中国服务出口增长的影响。结果表明，人民币实际有效汇率波动对服务出口增长具有显著负面的滞后影响；分部门来

---

① HAIDER MAHMOOD, TAREK TAWFIK YOUSEF ALKHATEEB. Testing Asymmetrical Effect of Exchange Rate on Saudi Service Sector Trade：A Non-linear Auto-regressive Distributive Lag Approach [J]. International Journal of Economics and Financial Issues, 2017（1）：73-77.

看，人民币实际有效汇率波动对新兴服务贸易部门出口增长的影响超过对传统部门出口增长的影响[①]。邓富华（2016）[②]、邓富华和霍伟东（2017）[③] 认为，由于服务贸易具有区别于货物贸易的无形性、不可储存等特征，原产地规则相对灵活，且服务贸易协定对区域外非成员方具有弱歧视性，尤其是引入"负面清单""非成员最惠国待遇"等条款后，服务贸易领域存在一种将特惠承诺由双边贸易安排向多边扩展的内在机制，因此服务贸易协定能够减弱"意大利面碗"的负面效应，提升区域贸易自由化水平，促进跨境贸易人民币结算。他们进一步利用 RCPMIS 数据库，以 2009—2014 年中国与 178 个经济体的跨境贸易人民币结算面板数据为样本，建立 Heckman 两阶段选择模型和倾向得分匹配法克服样本选择性偏误，实证结果表明，服务贸易协定比货物贸易协定更能促进跨境贸易人民币结算的发展，服务贸易协定虚拟变量与跨境贸易人民结算额的相关系数为 1.321 3，且该参数在 1% 的显著性水平上通过统计检验。

刘洪铎、陈晓珊（2018）基于 2009—2014 年中国对全球 100 多个国家（地区）的跨境服务贸易人民币结算数据，运用双边随机前沿模型（two-tier stochastic frontier model）研究中国跨境服务贸易人民币结算的实际水平相对于前沿水平的偏离程度。研究表明：中国跨境服务贸易人民币结算的下偏效应远大于上偏效应，对于不同收入类型和位于不同地域的贸易伙伴，中国的跨境服务贸易人民币结算水平均表现为下偏效应占主导地位，这说明中国跨境服务贸易人民币结算业务的发展潜力存在明显不足[④]。

在分行业服务贸易方面，我国学者较多地研究了我国国际旅游贸易的汇率敏感性问题。张凌云、房蕊（2011）指出，由于外汇制度的更替和国际旅游业的发展具有阶段性特点，汇率对国际旅游业的影响在各个时期具有不平衡性[⑤]。赵东喜（2011）以 2006—2010 年中国入境游的 13 个客源地的有关季度数据，建立面板数据模型进行实证分析。结果表明，入境旅游总需求的汇率弹性小于观光休闲旅游需求的汇率弹性，两者都显著为正但小于 1；而以会议/商务、探亲访友、服务员工等为目的的入境旅游需求对汇率的敏感度较低且不

① 戴翔，张二震. 人民币汇率变动是否影响了中国服务出口增长 [J]. 金融研究，2014 (11).

② 邓富华. 自由贸易区对人民币国际化的影响 [J]. 国际贸易论坛，2016 (10).

③ 邓富华，霍伟东. 自由贸易协定、制度环境与跨境贸易人民币结算 [J]. 中国工业经济，2017 (5).

④ 刘洪铎，陈晓珊. 中国跨境服务贸易人民币结算的发展潜力 [J]. 金融论坛，2018 (5).

⑤ 张凌云，房蕊. 日本出国旅游需求与人均 GDP 关系实证研究：兼议对我国出境旅游发展的启示 [J]. 旅游科学，2011 (3)：24-34.

显著，这不能完全由主流国际贸易理论解释①。邓爱民（2011）站在出境旅游需求的角度，以中国1993—2010年的数据为样本开展实证研究。结果表明，中国出境旅游人数和收入水平、实际汇率存在长期均衡关系；长期来看，人民币贬值将会减少中国出境旅游人数②。何元贵、胡晓艳（2014）以加拿大1986—2012年的旅游统计指标为样本，运用协整检验和VAR模型探讨加拿大旅游服务贸易的影响因素，发现影响加拿大旅游服务贸易逆差的主要因素是汇率弹性、汇率波动预期、本国居民收入弹性与旅游服务的"口碑效应"；进出口对于汇率变动的马歇尔条件成立，加元贬值，有利于加拿大旅游服务贸易收支的改善；短期内，影响入境旅游业发展的因素主要是需求层面的汇率因素和国外收入因素，而实证结果显示，加拿大入境旅游对于收入的敏感性要远远大于对于汇率的敏感性③。

（二）服务贸易行业特性、市场特性、国际竞争力研究

行业特性、市场特性和产品国际竞争力是结算货币选择的重要因素。

很长的一段时间里，服务部门被视为不可贸易的部门，因为许多服务商品要求生产和消费同时进行，但是随着现代通信技术的迅猛发展，尤其是互联网信息技术的革新，很多服务贸易的市场搜寻成本等急剧降低甚至接近于0，服务贸易开始在全球范围内迅猛发展。Bhagwati（1987）④、Nusbaumer（1987）⑤、Aharoni（1993）⑥、Daniels（1993）⑦、Dunning（1993）⑧、Roberts（1999）⑨等人有重要影响力的学术研究陆续探讨服务贸易在全球化进程中的角色和服务

① 赵东喜. 人民币汇率与中国入境旅游需求关系研究 [J]. 北京第二外国语学院学报, 2011 (9)：48-53.

② 邓爱民. 中国出境旅游需求决定因素的实证研究 [J]. 宏观经济研究, 2011 (12)：79-83, 88.

③ 何元贵, 胡晓艳. 实际有效汇率与"口碑效应"：加拿大旅游服务贸易逆差例证 [J]. 贵州财经大学学报, 2014 (3)：74-81.

④ BHAGWATI J. International trade in services and its relevance for economic development [M] //O GIARINI (ed.), The emerging service economy. Oxford：Pergamon Press, 1987.

⑤ NUSBAUMER J. Services in the global market [M]. Boston：Kluwer, 1987.

⑥ AHARONI Y. Coalitions and competition：the globalisation of professional business services [M]. London and New York：Routledge, 1993.

⑦ DANIELS P. W. Services industries in the world economy [M]. Oxford：Blackwell, 1993.

⑧ DUNNING J H. The internationalisation of the production of services：some general and specific explanations [M] //Y AHARONI. Coalitions and competition：the globalisation of professional business services, London and New York：Routledge, 1993.

⑨ ROBERTS J. The Internationalisation of business service firms：A Stages Approach [J]. The services industries journal, 1999, 19 (4)：68-88.

贸易如何作为国际贸易驱动力等问题。

L. Rubalcaba & D. Gago（2001）以服务国际市场份额对实际有效汇率的比率作为服务业国际市场价格对成本比率的代理变量，分析"卡尔多悖论"①在服务业中的表现如何区别于制造业以及不同服务行业各自具备的特点。他们认为服务贸易具有产品差异化、依赖商业信誉和口碑、经济外部性、提供者具有市场垄断地位、市场分割、信息存在不对称等经济属性，这解释了服务贸易区别于制造品定价规则的原因。服务品定价更多取决于市场结构、市场信息而非生产成本，因此一国（地区）服务贸易国际市场份额对价格或者成本的敏感度不高，而主要对市场竞争力、市场开放度高度敏感。这就是说，如果一国（地区）服务产品具有良好的商业口碑、品质上好、能满足个性化需求，消费目标国（地区）对该服务品市场开发度大，那么该国（地区）的服务产品就可以在消费目标国大量出口②。A. Maroto & L. Rubalcaba（2006）进一步指出，服务贸易与国际竞争力的关系有别于货物贸易与国际竞争力的关系，具体表现在：①由于服务贸易具有更强的特定性、市场分割程度高，且服务贸易的开放度更低，因此服务贸易比货物贸易更经常出现"卡尔多悖论"；②在去本土化的战略趋势下，服务外包行业更容易打破"卡尔多悖论"。他们发现，西班牙的旅游、运输和通信三大服务行业明显是"卡尔多悖论"的反例③。

Carolina Lennon（2009）认为，服务品具有高度异质性、无形性、不可储存性④等特点。服务品的异质性表现在：①服务品通常要求生产者和消费者在同一物理空间以使交易正常进行，因此，服务品通常因地而异（Grünfeld et al.，2003）⑤；②有些服务品通常需要满足消费者的特定需求，所以服务品因消费者需求而异，比如保险产品、咨询服务、运输服务；③服务品生产通常高度专业化，因此无论在经济上还是时间上要实现两种服务品的可替代性都具有很高的成本，相应地，服务品生产业绩要求更专业的教育、培训或者工作经验

---

① Kaldor（1978）认为，单位劳动成本和经济增长之间的关系并不明确，出口规模和 GDP 的增长往往伴随着单位劳动成本的更快增长，这被称为"卡尔多悖论"（Kaldor Paradox）。

② L RUBALCABA，D. GAGO. Relationships between services and competitiveness：the case of spanish trade ［J］. The service industries journal，taylor & francis journals，2001，21（1）：35-62.

③ ANDRÉS MAROTO SÁNCHEZ，LUIS RUBALCABA BERMEJO. Competitiveness and the Kaldor Paradox：The Case of Spanish Service Sector ［J］. Working papers，2006（35）.

④ 当然有些服务品是无形性和不可储存性的例外，比如计算机软件、文本翻译、咨询服务（书面报告形式）等。

⑤ GRÜNFELD L，A MOXNES. The intangible globalization：explaining the patterns of international trade in services ［J］. Working papers，2003，657.

（Markusen，1989，2000，2005）；④由于大多服务品是劳动力密集型、知识密集型和技术密集型产品，因此人力素质高度差异导致了服务品质量的高度差异。服务品的上述特性使得消费者在购买或者消费服务品之前无法鉴定服务品的质量，这就产生了信息不对称和委托—代理问题。因此签订服务贸易合同比货物贸易合同更具风险。服务品的这些性质产生了以下结果：①服务品通常没有参考价格；②服务产业具有明显的规模报酬递增效应；③在市场上努力寻找合适的贸易伙伴至关重要①。

Krishnan et al.（2011）将需要服务提供者付诸大量辛劳和给予细致关注的服务业定义为"消费密集型服务品"（customer-intensive services），比如教育业、保健业、法律和金融咨询业、私人设计业（发型设计、美容、服装设计等）。消费密集型服务品更容易得鲍莫尔所谓的"成本病"，因为这些服务品的质量对服务时间高度敏感，如果提高服务速度势必降低服务品质，因此服务提供者只能通过改善资本的投入来改善，而这又增加了服务提供成本。因此这些服务产品的跨境消费者往往倾向于到服务时间短且服务品质佳的生产所在地消费，一国（地区）在消费密集型服务业提高国际竞争力也应从这两个方向着手。

我国学者主要研究我国服务贸易的国际竞争力及其影响因素。康承东（2001）②、李晓钟和张小蒂（2004）③、万红先（2005）④、庄惠明等（2009）⑤通过测算我国服务贸易竞争力指数发现，中国服务贸易出口结构低级化，我国服务贸易竞争力没有取得实质性提升，甚至还出现下降趋势。庄惠明等（2009）进一步选取1982—2006年我国相关宏观数据为样本，讨论我国服务贸易竞争力的影响因素，实证结果表明，我国人口结构素质、货物出口总额、第一产业的劳动生产率对服务贸易出口额具有显著正向作用，我国的城市化水平、服务业劳动生产率对服务贸易出口额具有显著负向作用。李斌，段娅妮，彭星（2014）通过引入一套较为综合的贸易便利化评价体系，利用2007—2011年109个经济体的面板数据建立固定效应模型进行分析，研究结果表明，

---

① CAROLINA LENNON. Trade in services and trade in goods: differences and complementarities [J]. Working papers, 2009, 53 (4).

② 康承东. 我国服务贸易国际竞争力分析 [J]. 国际贸易问题, 2001 (11): 46-51.

③ 李晓钟, 张小蒂. 我国对外服务贸易国际竞争力分析 [J]. 福建论坛 (人文社会科学版), 2004 (7): 35-38.

④ 万红先. 入世以来我国服务贸易国际竞争力变动分析 [J]. 国际贸易问题, 2005 (5): 43-47.

⑤ 庄惠明, 黄建忠, 陈洁. 基于"钻石模型"的中国服务贸易竞争力实证分析 [J]. 财贸经济, 2009 (3): 83-89.

贸易便利化指标对服务贸易出口额的影响系数为 0.103，且该估计参数在 5%的显著水平下通过统计检验。我国服务贸易便利化指数排名第 51，这不利于提高我国服务贸易竞争力[①]。董直庆和夏小迪（2010）[②]、张雨（2012）[③] 通过指标测算发现，我国服务贸易整体技术水平较低且技术结构分布呈现出尖塔形特征，即技术含量高的金融保险业出口规模小，而技术含量低的旅游和运输等行业出口规模大。张雨（2012）进一步实证研究发现，人力资本积累、服务业外商直接投资、服务贸易开放度以及货物贸易出口规模均对我国服务贸易出口技术含量的提升具有显著正向影响。

此外，也有不少研究发现，服务贸易和货物贸易具有互补效应。Amiti 和 Wei（2004）利用美国制造业数据研究发现，在制造业生产中进行服务外包可以显著提高劳动力生产率[④]。Markusen（1989）认为，生产者投入服务中间品的多样性对货物成品生产具有正向技术溢出效应[⑤]。Feenstra et al.（2002）将研究关注点放在服务中间品对降低贸易信息壁垒的重要性。他们建立一个理论模型，分析货物进口方如何通过第三方的中介服务从购买商品中受益[⑥]。Francois & Wooton（2005）分析货物贸易和流通服务部门之间的互动关系，他们认为，一国（地区）具有比较劣势的服务部门将成为货物进口的贸易障碍[⑦]。李静萍（2003）的实证分析结果表明，货物出口对服务出口有显著的拉动效应，商品出口每增加 1 亿美元，将带动服务出口增加 1 800 万美元，货物贸易的发展过程蕴含着服务贸易的巨大机会[⑧]。郑吉昌、夏晴（2004）认为，服务贸易与货物贸易相互依存、相互促进，服务贸易对货物贸易起着支撑和促

① 李斌，段娅妮，彭星. 贸易便利化的测评及其对我国服务贸易出口的影响 [J]. 国际商务：对外经济贸易大学学报，2014（1）：5-14.

② 董直庆，夏小迪. 我国服务贸易技术结构优化了吗 [J]. 财贸经济，2010（10）：77-84.

③ 张雨. 我国服务贸易出口技术含量升级的影响因素研究 [J]. 国际贸易问题，2012（11）：111-121.

④ AMITI M，S WEI. Fear of service outsourcing：is it justified? [J]. IMF Working papers，2004（10）.

⑤ MARKUSEN J. Trade in producer services and in other specialized intermediate inputs [J]. American economic review，1989，79.

⑥ FEENSTRA R，G HANSON，S，LIN. The value of information in international Trade：Gains to outsourcing through Hong Kong [J]. NBER Working Paper，2002（11）.

⑦ FRANCOIS J，I WOOTON. Market structure in services and market access in goods [J]. CEPR Discussion paper，2005（7）.

⑧ 李静萍. 影响国际服务贸易的宏观因素 [J]. 经济理论与经济管理，2002（11）：14-17.

进作用①。殷凤（2007）认为，目前我国货物贸易和服务贸易的发展极不平衡，这种不平衡性如果进一步加强，将会有碍货物贸易的增长空间，削弱货物贸易的竞争力②。庄丽娟、陈翠兰（2009）运用脉冲响应函数法与方差分解法实证研究发现，我国货物贸易和服务贸易之间存在互为影响的动态关系，现阶段货物贸易发展对服务贸易有较大的促进作用，甚至大于服务贸易自身所产生的作用，服务贸易对制造贸易的促进作用主要源于生产性服务贸易部门③。吕云龙、吕越（2017）基于世界投入产出数据库（WIOD）对1995—2009年40个国家和地区制造业行业的样本进行实证分析，结果表明，服务品中间投入会显著提高制造品的国际竞争力④。

（三）海南省服务贸易和跨境贸易人民币结算的研究

有关海南服务贸易的研究大多集中于海南旅游服务贸易，这与海南省经济发展的定位高度相关。王健朴（1997a，1998a，1998b）较早探析了海南国际贸易出口战略、发展旅游服务贸易的优势。他通过比较海南和全国、夏威夷等地的国际旅游服务贸易收入占比等数据发现，海南虽然拥有丰富的旅游资源，但尚未被有效开发和利用。他认为，海南国际旅游业发展需要提高旅游服务质量、实施创名牌旅游产品战略、推动旅游企业规模经营管理等⑤。彭瑞林（2007）认为，海南省有发展热带农业和服务贸易的天然优势，应进行充分有效地发挥⑥。陈珂（2008）分析发现，海南省1998—2007年十年间旅游业总体投入和产出都有显著发展，但整体经济效益不高。在同等的旅游资源条件下，海南国际旅游服务收入是国内旅游收入的3.6倍。他提出，海南省政府应该控制旅游直接投资，围绕发展旅游业优化相关产业结构、改善旅游产品结构，加强国际市场营销等有利于促进海南旅游业发展的相关策略⑦。王晓莹（2011）认为中国—东盟自由贸易区正式建成、博鳌亚洲论坛、海南国际旅游

① 郑吉昌，夏晴.服务贸易国际竞争力的相关因素探讨［J］.国际贸易问题，2004（12）：16.

② 殷凤.世界服务贸易发展趋势与中国服务贸易竞争力研究［J］.世界经济研究，2007（1）：7.

③ 庄丽娟，陈翠兰.我国服务贸易与货物贸易的动态相关性研究［J］.国际贸易问题，2009（2）：54-60.

④ 吕云龙，吕越.制造业出口服务化与国际竞争力［J］.国际贸易问题，2017（5）：25-34.

⑤ 王健朴.发展海南特区国际旅游服务贸易的思考［J］.海南大学学报（人文社会科学版），1997（1）.王建朴.海南特区扩大开放与国际服务贸易［J］.特区展望，1998（3）：22-23.王健朴.海南特区国际服务出口贸易战略初探［J］.特区经济，1998（7）：37-39.

⑥ 彭瑞林.海南：在热带农业和服务贸易上做足文章［J］.WTO经济导刊，2007（C1）.

⑦ 陈珂.国际服务贸易与海南旅游业的发展［J］.新东方，2008（7）：28-30.

岛战略及免税免签政策等为海南国际旅游业发展提供机遇，但也存在旅游要素开发不充分、旅游需求消费层次和水平低、旅游环境退化、旅游服务企业管理水平低、旅游服务信息化不健全、旅游法制建设滞后等问题①。何智霞（2013a，2013b）从口岸出入境人数、外商直接投资和国际旅游收入三个方面，考察海南省服务贸易的发展状况②。杨延海（2013）认为，海南国际旅游业目前存在接待国际游客总量少、国际客源游客分布过于集中、内部旅游市场区域分布不均衡、外部市场竞争激烈和缺乏持续深入促销的工作机制等问题，并提出着力扩大入境游客的比重，培育旅游新产品新业态，创造富有国际竞争力旅游产品体系，加强旅游市场管理，切实提升旅游服务质量，加强海南的人文环境建设等提高海南旅游服务贸易国际竞争力的对策③。曹翔（2014）基于波特"钻石模型"理论，通过主成分分析和回归分析方法，实证研究2003—2011年海南旅游服务贸易国际竞争力的影响因素。研究结果发现，影响指标中只有汇率对海南旅游服务贸易的国际竞争力有负向影响，其余指标对海南旅游服务贸易的国际竞争力都有正向影响。人民币升值对海南入境旅游外汇收入的正向影响可以理解为人民币升值带来的收入效应超过替代效应，这从侧面反映出海南入境旅游业处于粗放式增长的初级阶段④。李智超（2017）分别测度了2006—2015年海南和台湾旅游服务贸易的TC指数、RCA指数、显示性竞争优势指数、国际市场占有率四个指标，研究结果显示海南旅游服务贸易整体上较缺乏竞争力。⑤ 翟羽（2018）初步分析了海南省服务贸易和旅游服务贸易的发展现状及对策、国际竞争力及其影响因素、机遇和挑战等问题⑥。

与全国范围内掀起跨境贸易人民币结算研究热潮形成鲜明对比，针对海南省跨境贸易人民币结算的研究并不多。目前，只有少数文章初步讨论了海南省跨境贸易人民币结算的经济效应、前景和推动措施。杨碧琴等（2017）基于海南省对外贸易结构的视角，分析了海南省跨境贸易人民币结算的需求和前景。他们发现，海南省在服务贸易领域的跨境贸易人民币结算具有广阔前景，跨境贸易人民币结算也可为海南服务贸易发展提供更多金融支持。邓昕，符瑞

---

① 王晓莹. 国际合作背景下海南旅游服务贸易的机遇与挑战 [J]. 产业与科技论坛，2011 (1).

② 何智霞. 国际旅游岛背景下海南发展国际服务贸易的策略 [J]. 现代经济信息，2013 (8). 何智霞. 海南旅游服务贸易的现状及对策 [J]. 当代经济，2013 (22).

③ 杨延海. 提升海南旅游服务贸易国际竞争力分析 [J]. 江苏科技信息，2013 (20).

④ 曹翔. 海南旅游服务贸易国际竞争力及其影响因素实证研究 [J]. 旅游研究，2014 (3).

⑤ 李智超. 海南和台湾旅游服务贸易国际竞争力测度比较分析 [J]. 经贸实践，2017 (3).

⑥ 翟羽. 海南旅游服务贸易的现状与对策探析 [J]. 农村经济与科技，2018 (6)：54-55.

武（2010）选取 27 家海南典型外贸企业，调查他们跨境贸易人民币结算意愿。调查结果显示，抽样企业中，超过 60% 的企业都有使用人民币结算跨境贸易的意向，而无此意向的企业仅为 14.8%，有 18.5% 的企业未确定意向①。唐潇丹（2013）认为，海南省国际旅游岛战略和金融发展之间具有内在的互动关系，海南省开展跨境贸易人民币结算具有市场优势、政策优势、金融合作优势等有利条件，且具有显著积极的经济效应②。文善恩，王永利（2011）较为详细地介绍了海南省旅游业对外汇便利化服务的需求③。学界尤其是海南学者对海南省跨境贸易人民币结算几乎无更多深层次、多视角、多方法的研究和思考。

第三节　文献评述和启示

通过前文的分析，本书的文献评述和启示如下：

（1）服务业和服务贸易的迅猛发展催生结算和外汇便利需求。

配第—克拉克定理④、刘易斯定理⑤、库兹列茨典型事实⑥等有关社会经济发展层次的规律揭示出服务业最终会发展成为现代经济产业结构的引擎。我国服务业尚有巨大潜力待挖掘，服务贸易规模也日益扩大，这势必催生国际结算需求和外汇便利需求，给跨境贸易人民币结算带来重要契机。海南省服务业占地区经济的比重高于全国整体水平，具备发展国际服务贸易的区位优势、政策优势和经济基础，客观上要求更便利、更高效、更符合市场诉求的国际结算方式，跨境贸易人民币结算是满足这种市场需求的一种可行方式。目前，只有文善恩，王永利，骆其武（2011）较为详尽地分析了海南国际旅游岛建设中

---

① 邓昕，符瑞武. 海南省跨境贸易人民币结算前景和推动措施［J］. 青春岁月，2010（5）.

② 唐潇丹. 对海南省跨境人民币结算试点的效应分析及创新思考［J］. 商，2013（25）.

③ 文善恩，王永利. 海南国际旅游岛建设中的外汇服务便利化研究［J］. 海南金融，2011（1）.

④ 配第—克拉克定理指出，随着经济的发展和人均国民收入水平的提高，第一产业国民收入和劳动力的相对比重逐渐下降，第二产业国民收入和劳动力的相对比重逐渐上升；随着经济更进一步发展，第三产业国民收入和劳动力的相对比重也开始上升。

⑤ 刘易斯针对发展中国家欠发达的现象，将经济发展概括为二元结构变迁的过程，即农村剩余劳动力从农业转移到城市的工业和服务业部门。当农村不再有剩余劳动力存在时，该经济体实现了经济发展，进入一元状态。

⑥ Kuznets（1973）进一步分析伴随人口增长、依赖于现代技术以及经济结构、制度与意识形态的变化而出现的生产能力长期增长，其典型表现就是快速劳动生产率增长和经济结构的显著变化。

的外汇服务便利化需求，但他们采用定性的研究方法，研究视角比较宏观，不利于得到更能反映微观企业经济行为的结论。

（2）海南省服务贸易国际竞争力虽然不高，但以旅游业、运输业、新兴服务业为主的服务贸易结构有助于海南省服务贸易以人民币结算。

有关海南服务贸易的相关研究一致认为，海南省服务贸易规模处于明显劣势地位，国际竞争力提高的空间比较大，但同时也发现，海南省旅游业具有较强的国际竞争力。已有相关研究只是从总体数据上考察海南省旅游业的国际竞争力，缺乏多维度的细化指标测度，因此所得结论说服力不足。基于此，我们将综合运用定量分析方法、实证分析方法、问卷调查法等，分析海南省旅游业、运输业、新兴服务业等服务贸易的国际竞争力及其对跨境贸易人民币结算发展的客观需求。

（3）服务贸易特有的性质、行业特征使得服务贸易结算货币更容易采用出口方货币结算。

以商业存在、跨境消费、自然人流动模式进行的服务贸易，由于所交易的服务产品大多具有不可移动、不可储存、生产和消费同时进行等特征，决定了这三种模式下的服务贸易通常以服务出口方货币结算。海南省服务贸易以旅游业、运输业和商业服务为主，显著带动了境外对人民币的持有需求，从而为跨境贸易人民币结算提供了机遇。已有研究几乎没有从服务贸易的模式及其行业特性的角度，探讨不同服务贸易的行业特性及其对跨境贸易人民币结算的启示，我们将借鉴国内外学者在国际货物贸易结算货币选择方面的丰硕成果，提炼出服务贸易结算货币选择的影响因素和经验规律，进而对海南省服务贸易的跨境贸易人民币结算的推动作用进行分析。

（4）跨境贸易人民币结算可为海南省服务贸易提供金融支持。

跨境贸易人民币结算作为一项金融业务，具有减少我国外贸企业汇兑成本、有效规避汇率波动风险、提高结算效率等积极经济效应，为我国外贸发展注入更多活力。跨境贸易人民币结算业务能为海南省自由贸易区（港）战略建设提供有力金融支持，推动海南省加强对入境客商的外汇服务，提高入境客商的体验满意度，进而推动海南省服务贸易的发展。目前，只有文善恩等（2011）的少数研究关注这一问题，其研究方法、视角还比较粗浅，有待进一步挖掘。

（5）对海南省在服务贸易国际结算货币选择问题的研究匮乏。

虽然跨境贸易人民币结算已成为国内学界的研究热点，但有关海南省跨境贸易人民币结算的研究却极其匮乏，成为国内学者亟待填补的研究空白。随着服务贸易在世界贸易中的地位不断提升，服务贸易对世界经济的影响与日俱增，服务贸易势必带动服务业强国的主权货币走出国门。海南省发展服务贸易具有得天独厚的经济条件，近年来海南省服务贸易发展势头强劲，研究海南省服务贸易和跨境贸易人民币结算的互动关系，不仅对海南省发展服务贸易和跨境贸易人民币结算有重要现实意义，而且能为我国突破当前跨境贸易人民币结算发展的瓶颈提供重要参考。

第二章　服务贸易概述

　　本章首先阐述了不同学者对服务和服务贸易的界定，表明不同学者、不同国家基于不同角度、不同利益立场对服务和服务贸易的内容和开放程度持着截然不同的立场和态度，观点存在分歧甚至对立，这也构成世界贸易组织在推动服务贸易自由化进程中举步维艰的客观背景，凸显乌拉圭回合谈判成果来之不易。继而，我们以世界贸易组织《服务贸易总协定》（GATS）的内容为基础，介绍跨境交付、境外消费、商业存在和自然人流动这四种服务贸易模式的内涵、交易模式和经济实例，同时结合国际制造业企业服务化的客观经济趋势和相关研究成果，介绍"货物贸易的服务品附加"作为服务贸易的第五种提供模式，并结合海南服务贸易状况介绍不同模式下的经济案例。

第一节　服务贸易的概念

　　西方学者对何谓"服务贸易"的探讨始于"服务"的概念。T. P. Hill（1977）提出了为学术界所公认的服务概念①。他指出：服务是指人或隶属于一定经济单位的物在事先合意的前提下由于其他单位的活动所发生的变化②。……服务的生产和消费同时进行，即消费者单位的变化和生产者单位的变化同时发生，且这种变化是同一的。服务一旦生产出来必须由消费者获得而不能储

---

　　①　T P HILL. On goods and services [J]. Review of income and wealth, 1977, 24 (4): 315 - 338.

　　②　该句原文为："A change in the condition of a person, or of a good belonging to some economic unit, which is brought about as the result of the activity of some other economic unit, with the prior agreement of the former person or economic unit." 见 T P HILL. On goods and services [J]. Review of income and wealth, 1977, 24 (4): 318.

存，这与其物理特性无关，而只是逻辑上的不可能①。J. Bhagwatti（1984）②、G. Sampson 和 R. Snape（1985）③ 相继扩展了 Hill（1977）的"服务"概念，他们把服务划分为两类：一类是需要物理上接近的服务，另一类是不需要物理上接近的服务。

根据上述概念，Bhagwatti 将服务贸易的方式分为四种：①消费和生产者都不移动的服务贸易；②消费者移动到生产者所在地进行的服务贸易；③生产者移动到消费者所在地进行的服务贸易；④消费者和生产者移动到第三方进行的服务贸易。桑普森和斯内普对服务贸易的分类同巴格瓦帝的基本相同，只是把服务消费者换成服务接收者，并且它既可以是人，也可以是物。与此相类似，H. G. Grubel（1987）则直接把服务贸易定义为人或物的国际流动。上述服务贸易的定义抓住了服务贸易的特征，即服务产品和贸易者的不可分，可以把服务贸易同传统的货物贸易清楚地区别开来。但是，关于服务贸易的定义，仅仅探讨至此是不够的，因为它存在明显的缺陷，即无法把服务贸易同生产要素的国际流动区分开。

"服务贸易"一词最早出现在 1972 年 9 月经济合作与发展组织的《高级专家对贸易和有关问题的报告》中，该报告用了不长的篇幅专设一章讨论了服务贸易问题，对"东京回合"多边贸易谈判的相关服务贸易问题进行论述。1974 年美国《1974 年贸易法》第 301 条款中使用了"世界服务贸易"的概念。1998 年《加拿大—美国自由贸易协定》（Canada-United States Free Trade Agreement, CUFTA）是世界上第一个在双边贸易协定上正式提出服务贸易定义的法律文件。该协议第 1408 条定义"服务贸易"：由或代表其他缔约方的一个人，在其境内或进入一缔约方提供所指定的一项服务。

我国学者从 20 世纪 90 年代开始关注服务贸易。汪尧田，周汉民（1992）认为，"国际服务贸易在概念上有广义与狭义之分。狭义的国际服务贸易是无形的，是指发生在国家（地区）之间的符合于严格服务定义的直接服务输出与输入活动。而广义的国际服务贸易既包括有形的劳动力的输出输入，也包括无形的提供者与使用者在没有实体接触的情况下的交易活动，如卫星传送与传

---

① 该句原文为"the fact that services cannot be held in stock is not in physical impossibility, but a logical impossibility."

② J BHAGWATTI. Splintering and disembodiment of services and developing countries [J]. The World Economy, 1984, 7 (2): 133-144.

③ G SAMPSON, R SNAPE. Identifying issues in trade in services [J]. The world economy, 1985, 2 (2): 171-182.

播、专利技术贸易等①。薛荣久，张汉林（1995）认为，服务贸易是指国家（地区）之间相互提供的作为劳动活动服务的特殊作用价值②。陈宪（1995）对国际服务贸易的理解为：一般都将无形贸易划分为要素贸易和非要素贸易……在无形贸易中扣除要素贸易即为通常所说的服务贸易……服务贸易是国（地区）与国（地区）之间服务业的相互往来……各国（地区）服务的总出口构成了国际服务贸易③。

服务贸易的概念不仅是一个理论问题，而且是一个实践性和政策性很强的问题。在1986年关贸总协定第八轮"乌拉圭回合"谈判过程中，国际服务贸易议题首次被列入GATT多边回合谈判中，并成为该轮谈判的关键议题。谈判初期，发展中国家坚持认为服务贸易仅仅指越境服务贸易，即消费者和生产者物理接近才能发生的服务贸易。发展中国家之所以持这种观点，主要是由于发展中国家在服务贸易尤其是资本和技术密集型服务贸易上处于劣势地位，担心如果服务贸易和范围过宽会增加本国贸易自由化的负担，给国内经济和政治造成不利影响。发展中国家对服务贸易的定义过窄，明显不符合服务贸易的现实，因此遭到发达国家的反对。发达国家出于扩大本国在服务贸易尤其是资本和技术密集型服务贸易上的绝对优势的目的，强烈要求把涉及生产要素流动的服务贸易也包括在内，甚至把服务业的国际直接投资包括在服务贸易之内。

双方的观点严重对立，长期相持不下。为了打破僵局，印度曾经提出定义国际服务贸易的四个标准——服务和支付的过境流动、目的的具体性、交易的不连续性和有限的服务时间。1988年的蒙特利尔会议采纳了印度的意见，既肯定服务贸易包括生产要素的国际流动，但同时又明确规定，只有生产要素的跨境流动在目的明确、交易不连续和持续时间有限的前提下，才能视为服务贸易。这就明确把国际直接投资和移民排除在服务贸易的范畴之外。最终，乌拉圭回合协议把服务贸易定义为：

（1）在一缔约方境内向任何其他缔约方提供服务；

（2）在一缔约方境内向任何其他缔约方消费者提供服务；

（3）一缔约方在其他任何缔约方境内通过提供服务的商业存在而提供服务；

（4）一缔约方的自然人在其他任何缔约方境内提供服务。

在乌拉圭回合谈判成果的基础上，1995年1月世界贸易组织框架下第一

---

① 汪尧田，周汉民.关税与贸易总协定总论［M］.北京：中国对外经济贸易出版社，1992.

② 薛荣久，张汉林.国际服务贸易［M］.北京：中国大百科全书出版社，1995.

③ 陈宪.国际服务贸易［M］.上海：立信会计出版社，1995.

个有关国际服务贸易的多边贸易协定《服务贸易总协定》（General Agreement on Trade in Services，GATS）正式生效，该协定成为世界贸易组织（WTO）成员方开展服务贸易的基本法律规范，在规范国际服务贸易方面的影响力最为广泛和深远。2001年3月联合国统计委员会通过了《国际服务贸易统计手册》，该手册也以GATS规定的服务贸易模式为基础，介绍不同模式下服务贸易统计数据的搜集原则和方法。我们也以《服务贸易总协定》的内容为基础，介绍跨境交付、境外消费、商业存在和自然人流动这四种服务贸易模式的内涵、经济实例等，同时结合制造业企业服务化的客观经济趋势和相关研究成果，介绍"货物贸易的服务品附加"作为服务贸易的第五种提供模式，并结合海南服务贸易状况介绍不同模式下的经济案例。

第二节　《服务贸易总协定》的四种服务贸易提供模式及比较

《服务贸易总协定》第一条第二款界定了不同服务提供方式的含义，学者们将其概括为跨境交付、境外消费、商业存在和自然人流动。

一、跨境交付

跨境交付（cross-border supply）是指服务的提供者在一成员方的领土内向另一成员方领土内的消费者提供服务的方式。图2-1为跨境交付模式的交易示意图。

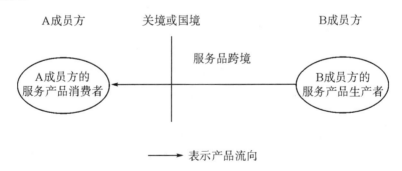

图2-1　跨境交付模式的交易示意图

跨境交付的特点是服务的提供者和消费者分处WTO不同成员方境内，服务产品的提供跨越了关境。它可以没有人员、物资和资本的流动，而通过电信、计算机的联网实现，如一成员的咨询公司在该成员境内向另一成员客户提供法律、管理、财务、信息、视听等专业性服务，例如在中国境内通过电信、邮政、计算机网络等手段实现对境外的外国消费者的服务；也可以有人员或物资或资金的流动，如一成员的租赁公司向另一成员的用户提供租赁服务、金融服务、运输服务等。跨境交付充分体现了国际贸易的一般特征，是国际服务贸易的基本形式。

　　跨境交付是典型的服务贸易模式，但跨境交付的服务产品并非典型的服务产品，它的历史要比典型的服务产品的历史短得多，因为它需要电话、传真、网络、其他计算机媒体的连接、电视等现代通信和电子手段的支持。这种服务产品（比如银行的异地结算、远程教育等）的非典型性是因为它是被分离的服务或长距离服务，即服务被运输了，并通过运输而交付。这就是说，这种服务贸易模式不需要服务供给者和服务需求者"面对面"交易。正因为服务被"运输"，供需双方才可以不直接接触而完成交易。服务产品的所谓"非贸易品"特征在跨境交付模式中并不存在，所以，跨境交付的国际服务贸易只要是部门间的，没有理由说明其动因与作为可贸易品的货物国际贸易是不一致的。可以认为，比较成本理论对国际货物贸易与跨境交付的服务贸易动因的解释力是一致的。之所以国际服务贸易与货物贸易适用于同样的动因理论，是因为服务可以被"运输"。据此，那些具有光盘、文件和其他物质载体的，而产品核心内容是服务的服务产品的国际贸易，包括正在蓬勃发展的大量离岸服务外包，也都作为跨境的服务贸易而适用货物贸易理论[1]。

　　【例2.1】海南华筑国际工程设计咨询管理有限公司2008年承接了利比亚旧城改造项目以及利比亚7 300套住房基建项目，积极开展以设计为龙头的总承包业务，为利比亚住房基建工程项目提供设计、管理等相关技术咨询与管理服务。

　　【例2.2】海南国际贸易信息咨询服务公司为越南某公司提供某个项目的招标咨询服务，并以计算机文档的方式提交咨询报告。

　　【例2.3】海南满桃李国际教育咨询有限公司利用互联网聘请新加坡某小学教师开展远程教育，为海口小学生教授数学课程。

二、境外消费

　　境外消费（consumption abroad）指服务提供者在一成员方的领土内，向来

---

　　[1] 李慧中. 比较优势与国际服务贸易动因：一个区分不同贸易模式的新研究 [J]. 国际贸易研究，2009（1）.

自另一成员方的消费者提供服务的方式。境外消费最能体现服务贸易过程中生产和消费的不可分离性，也反映了旅游、休闲养生、医疗等服务产品的不可移动性、不可储存性等特点（见图2-2）。典型的例子有：出境旅游、境外就医、出国留学进修、在境外港口对船舶进行维修和燃料补给等辅助性服务等。

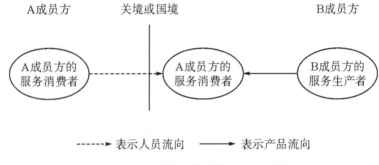

图2-2 跨境消费模式的交易示意图

【例2.4】2018年4月18日，国家移民管理局发布通报，经国务院批准，自2018年5月1日起，在海南省实施新的入境旅游免签政策，主要包括三个内容：一是扩大免签国家范围，适用入境免签政策的国家由26国放宽到59国；二是延长免签停留时间，免签入境后停留时间从15天或21天统一延长至30天；三是放宽免签人数限制。在保留旅行社邀请接待模式的前提下，将团队免签放宽为个人免签，满足外国游客个人出行的需求。国家移民管理局表示，近年来，26国免签团游客在外国游客中的占比大幅上升，拉动了海南入境旅游市场上扬。过去3年内，免签入境外国游客在入境外国人的占比由33%提高到去年的78%。新政策实施后，将有助于进一步扩大旅游业开放，对促进海南的经济、航运等发展，提升海南旅游国际化水平起到积极作用。

【例2.5】2018年8月19日，海南联合航空旅游集团与马印航空联合开通的海南三亚—马来西亚新山—吉隆坡航线首航。海南联合航空旅游集团相关负责人表示，三亚—新山—吉隆坡航线是目前海南与马来西亚间在运营的第二条航线，新航线的开通有助于海南的航空网络由新山辐射至新加坡，并覆盖马六甲海峡区域，进一步提高海南航空在东南亚航空旅游市场的份额。近年来，海南积极开发马来西亚旅游客源市场。2017年旅琼的马来西亚游客累计达到67 490人次，同比增长38.1%，稳居东南亚旅琼客源国第一位。马来西亚是海南免签入境的59个国家之一。新航线的开通将助力海南开拓入境旅游市场，促进入境游升温。

【例2.6】海南省留学中介服务机构估计，目前海南每年出国留学的人数约为 1 000 人，其中高中生占七成左右（包括高中毕业生），也就是说，这两年海南每年有 700 名左右高中生选择出国留学。据海南省留学服务中心负责人介绍，1992 年该服务中心成立时，海南外出留学者只有几十人，至 2015 年，这一数字已经翻了 20 多倍。

三、商业存在

商业存在（commercial presence）是指一成员方的服务提供者在另一成员方领土内设立商业机构，在后者领土内为消费者提供服务的方式。商业存在的典型表现是跨境直接投资，如境外服务类企业在中国大陆设立公司为中国企业或个人提供服务（见图 2-3）。它的特点是服务提供者（个人企业或经济实体）到境外开业，如投资设立合资、合作或独资的服务性企业（银行分行、饭店、零售商店、会计师事务所、律师事务所等）。

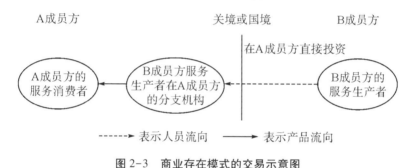

图 2-3　商业存在模式的交易示意图

【例 2.7】在海口银行业的发展史上，香港南洋商业银行海口分行是最早在海口设立的外资银行，也是海南第一家外资银行。之后，英国渣打（麦加利）银行海口分行于 1990 年 11 月 20 日正式开业，成为海口的第二家外资银行。2006 年年底，随着渣打银行海口分行及三井住友银行洋浦分行先后关闭，海南外资银行仅存 1 家，即有着中资背景的香港南洋商业银行海口分行。2008 年 3 月 18 日，由汇丰银行、渣打银行、东亚银行、东京三菱银行和瑞穗实业银行等 22 家外资银行代表组成的外资银行代表团到海南省考察投资环境，时任海南省省长罗保铭表示，经过多年的努力，海南省已经成功摘掉"金融高风险区"的帽子，欢迎外资银行来海南设立分支机构。2018 年 6 月 20 日，海南省政府与野村控股、汇丰集团、花旗银行、摩根士丹利国际银行、巴克莱银行等外资金融机构举行工作座谈。时任海南省省长沈晓明指出，我们欢迎外资金融机构超前布局、积极参与海南自贸区和中国特色自贸港建设。

【例 2.8】据《朝日新闻》网站报道，日本第一大券商野村证券日前向中国证监会提交了设立外商投资证券公司的申请材料，野村控股公司拟持股51%。这是日本首家证券公司申请设立掌有经营权的公司。2019 年秋天，中国放宽了证券公司外资持股比例上限，由原来的 49%提高至 51%。未来或将会出现外资独资证券公司。野村控股公司表示，正式进入中国市场之后，将迎合中国人的投资需求，瞄准富裕阶层开展资产管理业务。

【例 2.9】2017 年 12 月 25 日，中外合资企业海南优联医院有限公司经海南省商务厅批准设立，这标志着海航集团携手奥美德集团进军中国健康产业迈出坚实的一步。海南优联医院由海南海航健康医疗产业投资管理有限公司及奥地利共和国的奥美德医疗管理有限公司、奥美德医疗工程有限公司合资设立，注册资本 1 500 万欧元，投资总额 3 750 万欧元，是海南省首家外资综合医院。该医院的定位为特色专科突出的综合性高端国际医院，床位总数 300 张，牙椅4 张，引进国内外先进医疗设备，提供高水平、尊贵的综合性医疗保健服务，有望有力推海南省医疗卫生体制改革，显著提升国际旅游岛的医疗服务水平。

四、自然人流动

自然人流动（presence of natural persons）指一成员方的服务提供者以自然人的身份进入另一成员方的领土内提供服务的方式。如某境外律师作为境外律师事务所的驻华代表到中国大陆境内为消费者提供服务。世界贸易组织《服务贸易总协定》定义的"自然人"一般为商务访问者和销售人员、公司内部的调动人员、独立的职业人员和合同服务提供者。我国在《中国自贸协定服务贸易协议》中对"自然人"相关定义的规定表述虽然与《服务贸易总协定》不完全相同，但基本一致，具体包括商务访问者、公司内部的调动人员、合同服务提供者、技术工人、机器设备配套维修和安装人员五类。自然人流动模式的特点是服务提供者在外国境内向在该成员内的服务消费者提供服务，例如专家到境外讲学、作技术咨询指导，文化艺术从业者到国外提供文化、娱乐服务等。例如，张女士是 A 成员方的律师，她来到 B 成员方后，没有设立自己的律师事务所，而直接为 B 成员方居民提供法律咨询服务。自然人流动模式的交易示意图见图 2-4。

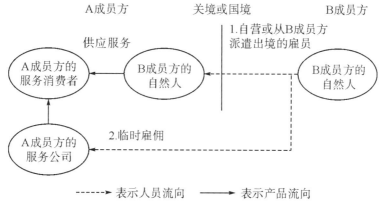

图 2-4　自然人流动模式的交易示意图

【例 2.10】2006 年 2 月，由澳大利亚新州海南同乡会组织编写、由九州出版社出版的《海南人在澳洲》一书出版发行，此书里有一篇题为《山沟里飞出的雄鹰——记苦学成才、成就骄人的李其芳医生》的文章，其主人公，便是一名海南学子。文章的题记是这样写的："李其芳是澳大利亚全科医生与皮肤癌医生，是澳大利亚青年医生中的精英。他以非凡的毅力，在悉尼市凌格地区（LAME COVE）创办了自己的医疗中心和皮肤癌治疗中心，并以超凡的医术与认真的态度为病人治病，获得病人的普遍赞扬，也得到当地政府与卫生主管部门的好评，完美体现了中华民族优秀的医德，获得澳洲医学界的高度赞许，成为海外医生移居澳洲的杰出人物。"

【例 2.11】海南万泉人力资源开发有限公司自 2006 年 12 月开始开展境外就业中介业务，截至 2009 年 8 月底，共向国外输出 100 多名海南人。新加坡是全世界最大劳务输入国，该国劳务制度较为宽松，门槛和费用较低，2009 年在新加坡的海南人有 30 多万人，约占其总人口的 10%，且大多是常住人口，主要集中在制造业、建筑业、农林牧渔业、交通运输业和餐饮业。《中国—新加坡服务贸易协议》也对自然人流动的内容进行了规定。中国作为劳动力输出大国，应努力与合作伙伴就劳务合作方面达成协议，帮助他们获取签证、工作条件、社会保障、失业补偿以及向国内汇款的权利等。与此同时，推动传统中医药、中餐厨师、普通话教师、武术指导等自然人流动，对于我国国际服务贸易的发展具有积极的促进作用。

【例 2.12】据海南省外事侨务办统计，2014 年海南省已引进境外专家 90 人次，服务省内 31 家单位的 90 个项目，涉及旅游、热带高效农业、海洋资源开发、生态环境保护、医疗卫生与保健、基础教育及科研等领域，有效解决了海南省经济建设及社会发展中的诸多技术和管理难题。海南省外侨办支持中国热带农业科学院、海南省香蕉协会等引进美国、越南等地专家来琼指导可可、杧果、甘蔗、椰子等热带作物病虫害生物防治，以及香蕉管理、育苗和保鲜储运；支持南海研究院、海南省水产研究所聘请瑞典、美国等国家和地区的专家来琼从事海洋法、水产养殖技术等研修和交流，特别是支持其引进外国专家开展海洋生物增值放流规划、珊瑚岛礁生态保护与恢复等研究，积极探索海洋生态保护新思路；支持海南医学院、海口市人民医院等邀请美国肿瘤学专家来访，探讨肿瘤学最新领域的研究成果，带动省内研究人员、教学人员和临床应用人员的参与。

【例 2.13】2018 年 6 月，海南省人民政府办公厅发布《提升海南旅游国际化水平三年行动计划（2018—2020 年）》，对于境外人员入岛务工出台相关政策，以满足酒店、民宿、景区、旅行社、高尔夫、邮轮、游艇、会展、购物商场等企业、社会团体和个人，对从事销售、管理、按摩师、服务管家、厨师、文秘、园艺、演艺、美发、康体、娱乐、休闲、户内外及海上运动等岗位的用工需求。可通过联合办学、劳务输入等方式重点引进菲律宾、老挝、柬埔寨、缅甸、尼泊尔、越南等具有一定英语教育背景的国际劳务人员，并为其发放工作签证。放宽对《外国人来华工作分类标准（试行）》中的 B 类人才和 C 类人员来海南工作许可的限制，为引进技能型人才提供便利。探索通过特区立法权，允许境外人士报考海南导游资格证（中文）、救生员证等资质，允许外籍人员在海南境内开办国际风味餐馆和国际特色酒吧，努力实现旅游全行业、全领域面向境外人员就业全开放，允许境外机构组织当地旅游团队直接到海南进行旅游活动，由境外导游全程陪同。

五、《服务贸易总协定》四种服务提供模式的比较

跨境支付的提供模式类似于传统货物贸易方式，服务产品跨境交付时服务的生产者和消费者从物理空间上分别在各自境内，在交付时需要依靠现代通信媒介进行服务产品的交付。境外消费模式则是服务消费者从物理空间上位移到服务生产者境内，消费服务产品。商业存在提供模式是服务生产者从物理空间上位移到服务消费者国境内，在服务消费地设立分支机构，通过生产要素移动到消费者居住地提供服务而产生贸易，最典型的方式是对外直接投资（FDI）。自然人流动模式和商业存在模式的区别在于，自然人流动模式中服务生产者没有在消费地设立企业组织形式，而是以自然人身份提供服务。由此可见，这四种提供模式的主要差异在于服务生产者和服务消费者物理空间的变换以及服务

产品传递方式的差异。一个服务部门可以根据自身企业组织特点、服务产品类型选择其中的一种甚至全部四种服务提供模式。

世界贸易组织发布的《2005 年国际贸易统计报告》（*World Trade Statistical Review* 2005）显示，WTO 估测的全球服务贸易供应模式构成中，以跨境交付模式提供的服务占比 35%，境外消费模式为 10%~15%，商业存在模式占 50%，自然人流动模式为 1%~2%。当然，Francois et al.（2009）的估计结果与 WTO 的估计存在一定差异（见表 2-1）①。我国也有学者对中国服务贸易发展进行定量分析，结果显示中国的跨境交付占中国服务贸易总额的 45% 左右，境外消费和商业存在各占 25% 左右，而自然人流动约为 1%②。我国商业存在服务提供模式所占比重低于国际整体水平，说明我国服务部门的对外开放水平有待进一步提高，应允许外资更多地进入我国服务行业以活跃我国服务贸易市场。自然人流动提供模式所占比重很低，主要原因在于 GATS 所界定的"自然人"范围狭小，事实上将大量低技术服务劳工的跨境流动排除在外（王亚菲，2008；师秀霞，2016）③。

表 2-1　1997 年和 2004 年国际服务贸易提供模式概况

项目	1997		2004	
	贸易额/10 亿美元	比重/%	贸易额/10 亿美元	比重/%
跨境交付模式	890	41	2 034	48.2
境外消费模式	430	19.8	620	14.7
商业存在模式	820	37.8	1 500	35.5
自然人流动模式	30	1.4	70	1.7
加总	2 170	100	4 225	100

资料来源：Francois et al.（2009）.

以往 WTO 发布的服务贸易统计数据并未涵盖所有四种服务供应模式，但是 2019 年 WTO 开发的实验数据集（experimental dataset）首次包含了 GATS

① JOSEPH FRANCOIS, OLGA PINDYUK, JULIA WOERZ. Trends in international trade and FDI in services [J]. IIDE Discussion paper, 2009 (8): 11.
② 陈岚，黄耀骧. GATS 框架下商业存在模式研究综述 [J]. 江西金融职工大学学报，2007 (12).
③ 王亚菲. GATS 模式 4 服务贸易的统计范围与数据来源研究 [J]. 统计研究，2008 (2).
　师秀霞. 论 GATS 服务供给模式四下临时移民的困境及出路 [J]. 法制与社会，2016 (3).

的第 3 模式，即商业存在的服务贸易数据，商业存在占 2017 年服务贸易的 58.9%，其次是跨境交付（GATS 模式 1），占比 27.7%。跨境消费占比 10.4%，其中国际旅游业所占的比重超过 60%。自然人流动所占比重最低，为 2.9%，但是该数额在国别之间、不同部门之间存在显著差异。商业存在模式 在金融和分销部门贸易中占有重要份额，2017 年达 70% 以上。当然数字化程 度的提高正在改变商业模式，为这些领域的跨境交付提供了更多可能性。 WTO 在《世界贸易报告 2019——服务贸易的未来》中对四种服务贸易提供方 式的份额做出最新估计，见图 2-5。

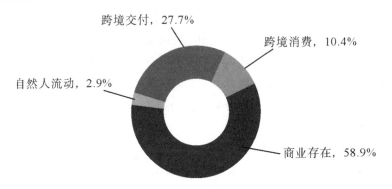

图 2-5　2017 年国际服务贸易提供模式结构

资料来源：WTO. *World Trade Report* 2019.

　　这四种服务提供模式之间存在替代关系还是互补关系是学术界尚存在争议 的话题。Fillat-Castejón et al. (2008) 通过构建 28 个 OECD 国家 1994—2004 年 的面板数据模型，考察 OECD 国家在短期和长期内服务业加总和分成数据是否 支持服务产品的跨境支付提供模式和商业存在提供模式具有互补或替代关系。 他们研究认为，服务业加总和分成数据在短期和长期上都支持这两种服务提供 模式，具有互补关系。东道国放宽对商业、通信和金融服务部门的市场管制使 得母国对东道国这些服务部门的商业存在增加，能有效促进母国相应服务产品 对东道国的跨境支付[1]。Moshirian (1997)、Kolstad & Villanger (2004) 则发现 服务跨境提供模式和商业存在模式之间呈现替代关系，而 Brenton et al (1999)、Bloningen (2001)、Pain & Wakelin (1998)、Fontagné & Pajot (2000) 则认为，二者不存在显著的替代或互补关系 (Castejón & Francois, 2008)。

---

　　① FILLAT-CASTEJóN, CARMEN, JOSEPH F FRANCOIS, et al. Cross-border trade and FDI in services [J]. Johannes kepler university of linz working paper, 2008 (8).

第三节　国际货物贸易中的服务产品附加

除了 GATS 划分的四种服务贸易提供模式之外，服务产品还会以中间投入品的方式承载于货物之中，伴随货物的进出口而产生国际贸易。比如农产品生产过程中凝结着耕种、施肥、浇灌、土壤化验、收割、储运等服务产品，制造品生产过程中的研发、广告、销售服务等投入品的价值甚至超过原材料的价值，但统计部门对有形商品贸易额的统计并没有进一步细分服务贸易和货物贸易的价值，而是笼统地将其纳入货物贸易额，因此现实经济统计实际上低估了服务贸易的数额和比重。进一步剥离国际货物贸易中的服务产品附加值，不仅有利于突出服务贸易在当今国际贸易中的重要性，也有利于各经济决策部门更加重视服务贸易的开放，促进全球贸易趋于自由化和一体化。

Daniels（2000）强调，服务活动和制造活动之间极具动态的协调联系，有时对二者进行分析和理解很困难[①]。Preissl（2007）指出，服务产品作为中间投入品在制造业部门的生产和组织过程中日益重要[②]。Gage & Lesher（2005）甚至认为，要区分一个企业是制造业企业还是服务型企业越来越困难，因为服务投入在整个价值链中的作用愈加重要。正如 OECD（1999）所述："服务品也充当重要的中介作用，虽然它很难在统计数据中反映出来。"例如，完善的金融、运输和物流分销系统对所有商业活动的正常运转都至关重要。

不少研究试图对各个行业总出口的直接和间接贡献加以统计，例如，统计发现澳大利亚服务部门对出口的贡献最大（IC，1986；Ho，1994；LEK Partnership，1994）。从表 2-2 可以看出，从澳大利亚 1996—1997 年的投入产出数据来看，约 42% 的服务产值用于货物和服务部门的中间投入品；要获得 100 美元的产出，农业部门平均需要投入 43.2 美元的中间投入品，其中，需要投入服务品 18.3 美元，占比 42%；服务品也为采矿业贡献了 20% 的产值，占采矿业中间品投入的比重超过一半；制造业所需中间投入品比重最高，约有 55%，其中服务投入品在所有投入品中占比 38%；服务部门的中间投入品中有超过 75% 的部门仍来自服务部门，主要是生产性服务部门。分析者认为，如果考虑

---

① DANIELS P W. Export of services or servicing exports？ ［J］. Geografiska annaler，2000，82（1）：1-15.

② PREISSL B. The German service gap or：re-organising the manufacturing services puzzle ［J］. Metro economica，2007，58（3）.

货物贸易中附带的服务品进出口，澳大利亚服务出口额占其总出口的比重将超过40%，不仅是直接统计服务出口所占的比重20%（McLachlan et al.，2002）。Escaith（2008）认为如果将服务品从制造业中的增加值中加以分离，那么当前服务贸易占国际贸易额的比重将从官方统计的20%上升到近50%。

表2-2　1996—1997年澳大利亚部门间的投入产出系数

行业		成品所在部门			
		农业	采矿业	制造业	服务业
投入品所在部门	农业	11.9	0.0	6.4	0.3
	采矿业	0.1	9.2	4.6	0.6
	制造业	12.8	9.7	23.1	8.9
	服务业	18.3	20.3	20.8	31.1
	批发服务	4.5	3.2	4.7	2.5
	零售服务	1.6	0.9	0.5	1.5
	运输和仓储服务	3.8	4.0	5.2	3.8
	通信服务	0.9	0.9	0.8	2.4
	金融保险服务	2.3	1.8	0.9	3.6
	产权和商业服务	2.5	4.6	4.7	12.5
	餐饮服务	0.9	0.9	1.1	1.2
	文化服务	0.0	0.0	0.1	0.6
	私人服务	0.1	0.4	0.3	0.3
	行政管理服务	0.2	0.5	0.3	0.8
	教育服务	0.0	0.1	0.1	0.2
	保健服务	0.2	0.5	0.1	0.1
	水电气服务	0.9	1.9	2.0	1.4
	建筑服务	0.5	0.5	0.0	0.3
总投入比重		43.2	39.2	54.9	40.9
总产出		100.0	100.0	100.0	100.0

资料来源：McLachlan et al.（2002），第18页。

由此可见，当前普遍基于最终产品形态区分国际贸易商品的属性，这低估了国际服务贸易的规模，不利于多哈回合的谈判进程，不利于各国开放服务市场。基于投入—产出表，对货物贸易中的服务产品附加值进行剥离，将其纳入国际服务贸易统计体系，能更精准地反映国际货物贸易和国际服务贸易的发展态势，从而为各国制定更合理的对外贸易政策提供统计依据。由于相关统计数据严重缺失，我们仍然只能根据GATS划分的四种服务贸易提供模式，分析海南省服务贸易发展和跨境贸易人民币结算需求之间的互动关系。

此外，不少研究发现，服务贸易开放对服务型制造企业的生产率提高、货物贸易发展具有显著推动作用。Arnold et al（2011）①、Arnold et al.（2015）②通过外资比例、私有化程度和竞争程度衡量服务开放度，运用捷克和印度企业微观数据实证考察服务对外开放对较多倚赖服务品投入制造业生产率的影响。研究表明，二者存在显著的正相关关系，尤其是允许外资以商业存在形式进入服务行业能显著提高一国服务型制造企业的生产率。Ariu et al.（2019）以比利时1995—2005年期间企业微观数据为样本建立分散选择模型，研究认为，货物贸易和服务贸易具有互补性。单独开放服务（或者货物）部门不仅可以促进开放部门的贸易发展，而且可以带动未开放部门的贸易发展。当然，同时开放货物和服务部门比单独开放一个部门更能带来福利改善③。

博鳌亚洲论坛《亚洲经济前景及一体化进程2020年度报告》通过亚洲开发银行（ADB）编制的2019年版世界投入产出表，测算出亚洲25个经济体④服务直接出口额和间接出口额（部分数据见表2-3）。报告发现，除了新加坡和中国香港外，亚洲其余经济体的服务业增加值出口规模都已超过服务业出口额。服务业总的增加值出口超过或与其出口额相近（比如国际收支平衡表统计的服务贸易出口值），主要是因为服务业存在很多的间接增加值出口。对比2018年和2010年的数据我们还可以发现，中国、印度尼西亚、印度、日本、马来西亚等亚洲经济体的服务业间接增加值出口的年均增长率高于其出口额甚至总增加值出口的年均增长率。

---

① ARNOLD J M, JAVORCIK B S, MATTO, A. Does services liberalization benefit manufacturing firms? Evidence from the Czech Republic［J］. Journal of international economics, 2011, 85（1）: 136-146.

② ARNOLD J, BEATA M, JAVORCIK S, et al. Services reform and manufacturing performance: evidence from India［J］. The economic journal, 2015, 126: 1-39.

③ ARIU A, BREINLICH H, CORCOS G, et al. The interconnections between services and goods trade at the firm-level［J］. Journal of international economics, 2019, 116: 173-188.

④ 这25个亚洲经济体包括：中国、印度尼西亚、印度、日本、韩国、中国台湾、孟加拉国、马来西亚、菲律宾、泰国、越南、哈萨克斯坦、蒙古国、斯里兰卡、巴基斯坦、老挝、文莱、不丹、吉尔吉斯斯坦、柬埔寨、马尔代夫、尼泊尔、新加坡、中国香港和澳大利亚。

表 2-3 2018 年和 2010 年亚洲主要经济体的

服务业出口：出口额和增加值出口额　　单位：百万美元

国家或地区	2018				2010			
	出口额	总增加值出口额	间接增加值出口额	间接增加值占比/%	出口额	总增加值出口额	间接增加值出口额	间接增加值占比/%
中国	474 792	887 799	636 248	71.7	288 834	445 148	304 011	68.3
印度尼西亚	11 129	35 301	29 103	82.4	14 915	31 745	24 098	75.9
印度	129 211	196 299	101 706	51.8	139 418	148 302	49 898	33.6
日本	162 345	303 259	201 127	66.3	191 875	305 759	192 476	63.0
韩国	88 131	151 662	103 874	68.5	54 087	107 242	80 525	75.1
中国台湾	80 630	80 928	33 416	41.3	50 940	59 164	30 092	50.9
马来西亚	34 892	52 543	35 516	67.6	32 257	42 028	25 980	61.8
菲律宾	34 750	33 565	13 630	40.6	19 068	21 230	10 200	48.0
泰国	95 038	97 361	47 241	48.5	35 866	44 033	26 836	60.9
越南	31 803	33 687	17 073	50.7	10 912	11 401	6 140	53.9
新加坡	237 717	147 917	53 535	36.2	136 396	88 599	30 478	34.4
中国香港	188 877	144 998	59 670	41.2	127 033	96 698	39 690	41.0
澳大利亚	76 349	122 834	82 018	66.8	57 291	91 893	62 226	67.7

数据来源：博鳌亚洲论坛《亚洲经济前景及一体化进程 2020 年度报告》，第 95-96 页。

表 2-4 分行业考察了 2018 年亚洲主要经济体制造业最终产品或服务产品单位出口额中其他经济体服务业增加值及其份额，多数经济体的制造业出口中其他经济体服务业增加值比例要高于其他行业的比例。即使是服务业较强的中国香港，其制造业出口中外国（外地）服务业增加值比例（48.9%）也要高于其服务业的该比例（17.8%）。

表 2-4 2018 年亚洲主要经济体最终产品或服务品出口中

包含的其他经济体的服务业增加值和份额

国家或地区	行业	增加值/百万美元	份额/%
中国	制造业	63 425	5
	服务业	58 979	2.5
印度	制造业	6 463	6
	服务业	1 391	2.1

表2-4(续)

国家或地区	行业	增加值/百万美元	份额/%
日本	制造业	20 671	6.9
	服务业	2 325	3.2
韩国	制造业	25 698	11.5
	服务业	1 932	7.3
中国台湾	制造业	9 628	14.9
	服务业	2 570	10.6
马来西亚	制造业	13 179	16.6
	服务业	1 077	9.4
泰国	制造业	6 136	13.1
	服务业	2 861	6.6
新加坡	制造业	22 120	24.4
	服务业	12 997	29
中国香港	制造业	3 591	48.9
	服务业	15 813	17.8
澳大利亚	制造业	2 010	8.2
	服务业	985	5.1

数据来源：博鳌亚洲论坛《亚洲经济前景及一体化进程 2020 年度报告》，第 98-104 页。

从上述分析可以看出，由于服务贸易统计工作复杂、技术难度大，且尚在起步阶段，因此各个经济体和各经济组织对国际服务贸易的统计被严重低估。近年来，WTO 以及联合国贸易与发展会议（UNCTAD）也尝试建立和完善国际服务贸易统计数据库，各经济体也不断完善和调整服务贸易统计口径，这使得制造业附带的服务产品贸易可以从货物贸易中分离出来。科学的统计可以推动各经济组织正确地理解、把握和制定相关政策，提高各经济体对发展服务贸易的重视程度。

第三章　海南省服务业发展现状及竞争力分析

服务业相对于传统制造业来说有着低能耗、高附加值、低排放、促就业等优点。近年来，随着开放经济的发展，服务业在全球产业发展中的地位不断提高，在世界各国 GDP 和就业当中的比重也不断上升。一个地区服务业的对外开放程度依赖于该地区服务业的发展。受岛屿环境、原材料和产品运输成本制约，海南自成立以来一直把服务业的发展放在首位。海南自 1988 年建省以来，经历 1992 年的房地产泡沫之后，服务业发展回归理性。

第一节　海南省服务业发展现状

一、海南省服务业占海南省 GDP 的比重

服务业占据海南产业结构的"半壁江山"。海南省可谓"服务业大省"。建省 30 余年以来，海南省服务业占地区生产总值的比重稳步上升。从图 3-1 可以看出，1988 年海南第三产业的总产值为 24.35 亿元人民币，占其地区生产总值的比重为 31.62%，低于第一产业产值的比重 49.95%；2018 年，海南省服务业产值远超第一产业和第二产业，达到 2 736.2 亿元人民币，同比增长 6.8%，对全省经济增长的贡献率为 66.9%，海南省第三产业占比 56.6%，远高于第一、第二产业所占比重 20.7%、22.7%，也高于全国整体的服务业比重 52.2%。

二、海南省服务业从业人员

海南省服务业就业吸纳能力随着服务业的发展也在不断提升，不仅吸收了大量新增劳动力，而且吸收了部分农业转移劳动力。如表 3-1 所示，2010—2017

年，海南服务业从业人员从 165.87 万人增加到 279.87 万人，与建省初期相比，增加了 224.32 万人，服务业从业人员比例从 37.73% 增加到 47.93%，增长了 10.2 个百分点。批发零售、餐饮和住宿业是海南服务业吸纳能力最强的行业。

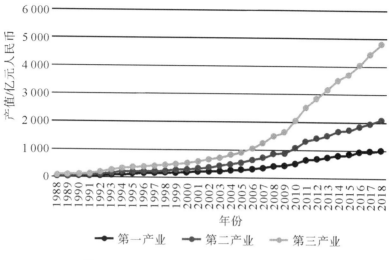

图 3-1　1988—2018 年海南省三大产业产值

数据来源：国家统计局。

表 3-1　海南省 2010 年与 2017 年服务业从业人员分布比较

行业	2010 年		2017 年	
	从业人员/万人	比重/%	从业人员/万人	比重/%
服务业就业人员	165.87	100	279.87	100
批发零售业	45.49	27.43	68.54	24.49
住宿餐饮业	21.54	12.97	40.43	14.45
交通运输、仓储和邮政业	16.16	9.74	17.11	6.11
传统服务业合计	83.19	50.15	126.08	45.05
金融保险业	2.23	1.34	5.03	1.80
租赁和商务服务业	7.61	4.59	19.17	6.85
信息传输、软件和信息技术服务业	4.02	2.42	22.16	7.92
水利、环境和公共实施管理业	2.48	1.50	3.92	1.40

表3-1(续)

行业	2010 年		2017 年	
	从业人员/万人	比重/%	从业人员/万人	比重/%
文化、体育和娱乐业	2.29	1.38	3.83	1.37
教育业	11.87	7.16	13.80	4.93
房地产业	7.74	4.67	19.17	6.85
居民服务、修理和其他服务业	27.74	16.72	12.21	4.36
公共管理、社会保障和社会组织	9.72	5.86	14.96	5.35
卫生和社会工作	4.46	2.69	7.33	2.62
科学研究和技术服务业	2.50	1.51	5.31	1.90
其他服务业	—	—	26.90	9.61
现代服务业合计	82.66	49.85	153.79	54.95

数据来源：海南省 2011 年和 2018 年统计年鉴。

但是，从表3-1可以看出，海南在金融保险业、租赁和商务服务业、信息传输、软件和信息技术服务业、科学研究和技术服务业等知识和资本密集型服务业的从业人员少，而推动服务业快速发展的关键力量是具有较高附加值的技术和人才密集型服务业，可见海南省现代服务业缺乏关键技术和人才，人才短缺成为制约海南省新兴服务业发展的突出问题。根据北京立言创新科技咨询中心发布的《中国高技术产业创新能力评价报告2018》，2016 年海南高新技术产业创新能力在全国32个省、自治区、直辖市（不含香港、澳门特别行政区）中排名第16位，被划入高技术产业创新能力低于一般水平的地区。

三、海南省服务业分行业情况

当前海南省已形成了行业体系相对综合的服务体系，其中主要服务行业包括交通运输和仓储邮政业、住宿餐饮业、批发零售业、金融和保险业、房地产业等。由图3-2可见，2017 年全省批发零售业实现增加值496.72亿元，占全省第三产业增加值的20%，是海南最大的服务行业；其次是房地产、金融保险、交通运输仓储和邮政、住宿餐饮业，分别实现增加值434.90亿元、308.94亿元、248.94亿元、221.44亿元，在第三产业增加值的比例分别为17%、12%、10%、9%。这表明海南服务业发展水准相对较低，依然集中在传统低端服务业。

当然，海南现代服务业也趋于稳定增长。在2010—2017年的八年时间里，金融保险业占第三产业的比重从8.7%上升到12%，住宿餐饮业从7.7%增长到9%，房地产业从20.6%下降到17%，减少了3.6%，其他行业趋向稳定发展。传统服务业增加值达967.1亿元，占服务业的39%；现代服务业增加值达1 536.25亿元，占服务业的61%，现代服务业占比高于传统服务业22%，海南现代服务业开始向先进升级，虽然升级步伐并不大，但是行业内部结构日趋优化。

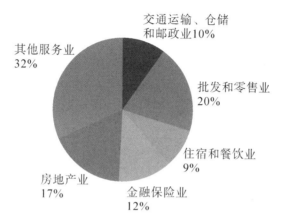

图3-2　2017年海南省服务业分行业增加值情况

数据来源：海南统计年鉴2018。

四、海南省服务业 FDI 情况

近年来，海南省第三产业的外商直接投资产业中房地产、批发零售以及租赁和商业服务居多。2017年海南省服务业外商投资企业工商登记数量为69个，其中房地产业占28.99%，批发和零售业占21.74%，租赁和商业服务占19.12%，信息传输、计算机服务和软件业占11.6%。此外，其他行业的比例相对较小（见表3-2）。但是，海南在金融保险业、软件和信息技术等高端服务业吸引外资的能力仍然不强。

2017年，全球有90个项目在海南投资，合同外资额1 282 021万美元。其中亚洲地区香港投资海南的金额居于首位。海南于1988年成立省政府后，香港成为海南最大外商投资者和对外贸易伙伴。海南建省的最初10年，香港在海南共投资项目5 328个，占全省外商投资总数的64.08%。然而随着内地的全面开放，海南特区的政策优势相对减弱，对香港投资的吸引力下降。2017年香港在海南投资了31个项目，占比全省外商投资总数的34.44%。目前，香港在海南省的外商投资比例已由80%下降至34%。海南省外商直接投资的水平因政策波动而有很大差异，主要原因是海南省经济基础薄弱、投资环境较差。

表3-2　2017年海南省服务业FDI分行业分布情况

行业	项目数量/个	比重/%
总计	69	100
交通运输、仓储和邮政业	0	0
信息传输、计算机服务和软件业	8	11.60
批发和零售业	15	21.74
住宿和餐饮业	3	4.35
金融业	0	0
房地产业	20	28.99
租赁和商务服务业	13	18.84
科学研究、技术服务和地质勘查业	6	8.70
水利、环境和公共设施管理业	1	1.45
居民服务和其他服务业	0	0
教育	1	1.45
卫生、社会保障和社会福利业	1	1.45
文化、体育和娱乐业	1	1.45

数据来源：2018年海南省统计年鉴。

2018年11月9日至18日，以"开放的海南，共赢的商机"为主题的合作交流会在海口喜来登温泉度假酒店召开，"跨国公司中国行·走进海南"活动在海口拉开序幕。活动共邀请了36家跨国公司共68名企业嘉宾参与，其中世界500强企业15家，有西门子中国有限公司、甲骨文中国软件系统有限公司、丸红中国、SK中国、泰科国际、博世、施耐德电气、普莱克斯、哈雷、美国ADP、惠普、百安居、如新、百胜餐饮、可口可乐等。2018年11月底以来，海南省新增外资企业60户，同比增长185.71%，新增外资企业按国民经济行业分类，文化、体育和娱乐业、金融业、建筑业、交通运输、仓储和邮政业、教育等行业企业数量同比增幅均达到100%。

第二节　海南省服务业竞争力分析

一、与发达省市相比，海南服务业增加值占 GDP 比重偏低

根据产业经济理论，当经济水平发展到更高水平时，服务业发展将成为保持经济可持续发展的支柱。尽管海南服务业占 GDP 的比例从建省之初的 31.62% 上升到现在 2018 年的 56.1%，高于全国的平均水平，然而与北京、上海、天津及广东等地区相比，仍存在一定差距（见表 3-3）。上海和北京服务业占 GDP 比重分别高达 69.2% 和 80.6%，天津占比 58.2%。

表 3-3　2018 年四省市服务业增加值占 GDP 比重

项目	北京市	上海市	天津市	海南省
地区生产总值/亿元	28 014.94	30 632.99	18 549.19	4 462.54
服务业增加值/亿元	22 567.76	21 191.54	10 786.64	2 503.35
服务业占 GDP 比重/%	80.6	69.2	58.2	56.1

数据来源：2018 年中国统计年鉴。

二、居民整体收入水平较低，缺乏服务消费能力

恩格尔定律表明，随着家庭和个人收入的增加，用于食品的收入比例将逐渐减少，用于教育、娱乐等消费支出会增加。恩格尔系数越低表示居民生活越富足。我国 2017 年城镇居民人均可支配收入和农村居民人均可支配收入分别为 36 396.2 元和 13 432.4 元，恩格尔系数分别为 28.6%、31.2%。从表 3-4 可以看出海南是经济欠发达省份，2017 年海南城乡居民人均可支配收入均低于全国平均收入水平，城乡居民恩格尔系数均超过国家水平 10% 左右，这表明海南城乡居民生活水平比全国平均水平低。由于海南城乡居民收入水平低，恩格尔系数高，城乡居民注重消费食物和日用品，缺乏服务消费能力。

表 3-4　2017 年五省市恩格尔系数比较

省市 指标	城镇居民人均 可支配收入 /元	城镇居民 恩格尔系数 /%	农村居民人均 可支配收入 /元	农村居民 恩格尔系数 /%
北京市	62 406.3	19.8	24 240.5	24.7

表3-4(续)

省市指标	城镇居民人均可支配收入/元	城镇居民恩格尔系数/%	农村居民人均可支配收入/元	农村居民恩格尔系数/%
上海市	62 595.7	24.7	27 825.0	33.8
天津市	40 277.5	31.2	21 753.7	29.6
广东省	40 975.1	32.2	15 779.7	40.2
海南省	30 817.4	37.2	12 901.8	41.9

数据来源：2018年中国统计年鉴。

三、城市化率低，限制服务业发展

一个地区的服务业发展水平与城市化进程密切相关。纵观全球，发达国家的城市化率超过70%，其服务业占总GDP的近60%~70%；中等收入国家的城市化率约为60%，其服务业约占总GDP的50%。如图3-3所示，2017年北京、上海、天津城市化率在80%以上，而海南的城市化率仅为58.04%，远低于目前我国城市化率最高的上海。

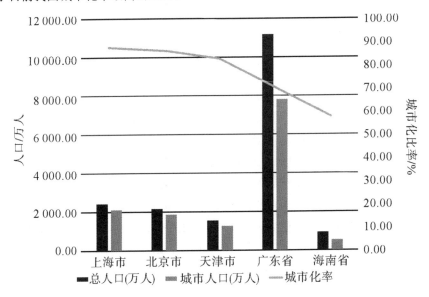

图3-3 2017年五个省市城市化率

数据来源：2018年中国统计年鉴。

四、服务业发展缺乏智力支持

自海南省建立以来，经济薄弱、财政紧缺和高等教育基础薄弱的状况长期存在。在校研究生和本科生数量反映了海南人力资源的潜力。2017年海南省在校本科生 11.04 万人，比全国平均在校本科生数少 3.6 万人，有 0.59 万在校研究生（图3-4）；全国有 2 631 所普通高校，名义上海南有 19 所，严格来说只有 3 所普通高校符合规模，"双一流"大学 1 所。相较于北京、上海、天津和广东，差距非常大。根据全国学位与研究生教育新划类标准，海南被列为教育不发达的 IV 类领域。

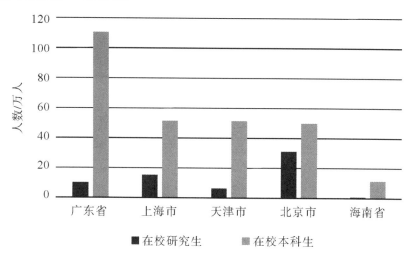

图 3-4　2017 年五个省市研究生及本科在校生数
数据来源：2018 年中国统计年鉴。

现代服务业以信息技术为基础，具有高技术含量、高附加值和对人力资源高要求的特征，因此，人才和科技是海南现代服务业发展不可或缺的条件。如表3-5 所示，2017 年海南有教育经费 306.88 亿元人民币，相对于北京、上海、天津和广东省的教育经费投入而言，数量仍然很少。虽然近年来海南政府对教育加以重视并增加了投资，但海南教育基础薄弱，总体水平相对落后，与建设国际旅游岛对教育和人才的需求相比，目前的教育投资远远不够。

表 3-5　2017 年全国及五个省市普通高校数和教育经费

项目	全国	北京市	上海市	天津市	广东省	海南省
普通高校/所	2 631	92	64	57	151	19

表3-5（续）

项目	全国	北京市	上海市	天津市	广东省	海南省
教育经费/亿元	38 888.39	1 193.47	1 121.89	536.51	3 367.54	306.88

数据来源：2018 中国统计年鉴。

五、海南各市县服务业发展不均衡

2000 年以后，海南省各市县服务业呈现方兴未艾之势。表 3-6 列出 2017 年海南省各市县服务业增加值指数，除了昌江县之外，其他 18 个市县服务业增加值的名义增长率均高于 GDP，其中洋浦和澄迈县服务业增长率高于 GDP 的 10%以上。

虽然服务业是海南的支柱产业，但海南服务业的发展总体呈现城乡发展差异较大、东中西部地区差异较大的特点。东部城市如海口、三亚、琼海等服务业比较发达，2017 年三个城市服务业增加值占全省服务业增加值的 3/5，比重高达 61.8%，而昌江、屯昌、保亭、白沙、琼中、五指山 6 个市县服务业发展水平位于全省末尾。服务业区域的不平衡发展，不单限制了全省服务业的快速发展，也加大了区域间的经济差距，对海南区域间协调发展不利。

表 3-6　2017 年海南各市县 GDP 及服务业增加值指数统计

地区	GDP/%	第三产业/%	地区	GDP/%	第三产业/%
海口市	107.5	108.4	儋州市	108.2	113.4
三亚市	107.6	108.8	洋浦	100.8	110.9
五指山市	107.4	109.5	东方市	102.5	103.2
文昌市	107.3	110.9	乐东县	106.0	107.0
琼海市	107.5	110.1	琼中县	106.3	108.8
万宁市	107.8	110.8	保亭县	106.6	105.6
定安县	107.2	109.5	陵水县	108.3	112.5
屯昌县	107.5	110.1	白沙县	106.2	107.9
澄迈县	108.2	122.8	昌江县	108.3	106.5
临高县	103.1	112.3			

注：2016 年的基数为 100%。

数据来源：2018 年海南省统计年鉴。

第四章 海南省服务贸易发展现状及分析

　　随着国际经济合作的深入发展，服务贸易在国际贸易中的重要性呈现出赶超货物贸易的趋势。据联合国贸易与发展委员会统计，1980—2017年，世界服务贸易规模由8 434.32亿美元增长至105 328.65亿美元，年均增长率为7.1%，超过同期货物贸易规模年均增长率6.05%，服务贸易成为世界经济增长的新动力，是经济全球化的重点和焦点。2019年10月，WTO发布报告《2019世界贸易报告》，报告的主要观点有：①服务贸易作为国际贸易中最具活力的组成部分，已成为全球经济支柱。2017年全球服务贸易额占跨境贸易总额的比重约为20%，远高于1970年的9%，自2005年以来服务贸易迅速扩张，年均增长5.4%，2011年之后服务贸易的发展速度超过商品贸易。WTO预计2040年全球服务贸易额将比现在增长50%，占全球跨境贸易额的三成。开放服务贸易可带来2%~7%的收益，2000—2014年服务贸易帮助148个经济体获得了6.3%的人均GDP平均增长。②技术发展使服务贸易更加便捷。不久前许多服务贸易仍要求生产者和消费者之间保持相对较短的物理距离，但现在服务贸易正变得越来越便捷，这在很大程度上要归功于技术的发展进步。③发挥服务国际化的潜力，需要寻找新途径推进国际贸易合作。尽管技术在扩大服务贸易方面发挥着重要作用，但仍远远不够，因为仍然存在各种障碍阻挠服务贸易的发展。该报告同时指出，服务贸易对一国经济社会发展具有十分重要的作用，具体表现为：①帮助经济体实现更快的贸易增长，增强国内公司的竞争力。②允许国人获得更多外国服务，提高经济效率，为经济带来丰厚回报。③提高普通消费者的福利水平。④提高企业竞争力。⑤为劳动力市场提供更多机会。⑥减少经济不平等现象。

　　改革开放以来，我国由以制造业为中心的传统发展模式逐渐转向以服务业为核心的新型对外开放模式，我国的国际服务贸易虽然起步较晚，但总体发展速度快、潜力大（见图4-1），2010—2018年我国服务贸易的年均增速高于货物贸易近1倍，服务贸易成为我国扩大开放的重中之重，我国服务贸易占对外贸易的比重从2012年的11.1%，提高到2018年的14.7%。2018年我国服务贸易进出口额达到了5.24万亿元人民币，同比增长11.5%，连续5年位居世界第二，仅次于美国，占世界服务贸易总额的比重为14.1%。从图4-1可以看出，自1992年开始中国的服务贸易出现逆差，且逆差规模连年扩大，2018年达到最大值2 582亿美元。根据世界贸易组织数据测算，2008—2013年中国对全球服务进口增长的贡献为21.5%，累计拉动全球服务进口增长4.4个百分点，超过美国、日本、欧盟（28国）贡献率的总和；中国市场支撑了许多受危机冲击国家的服务出口；据中国商务部服务贸易司介绍，2013—2017年中国服务进口对全球服务进口增长的贡献率达25.8%，是推动全球服务进口增长的最大贡献者。

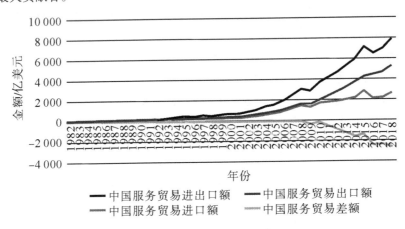

图4-1 1982—2018年中国服务贸易情况

数据来源：1982—2014年的数据来源于《中国服务贸易统计2015》；2015—2018年的数据由作者根据中国商务部网站资料整理。

2014年世界服务贸易前十大出口和进口国家（地区）如表4-1所示。

表4-1 2014年世界服务贸易前十大出口和进口国家（地区）

服务贸易出口				服务贸易进口			
排名	国家（地区）	金额/亿美元	世界份额/%	排名	国家（地区）	金额/亿美元	世界份额/%
1	美国	6 860	14.1	1	美国	4 540	9.6
2	英国	3 290	6.8	2	中国	3 820	8.1
3	德国	2 670	5.5	3	德国	3 270	6.9
4	法国	2 630	5.4	4	法国	2 440	5.1

表4-1(续)

服务贸易出口				服务贸易进口			
排名	国家 （地区）	金额 /亿美元	世界份额 /%	排名	国家 （地区）	金额 /亿美元	世界份额 /%
5	中国	2 222	4.6	5	日本	1 900	4.0
6	日本	1 580	3.3	6	英国	1 890	4.0
7	荷兰	1 560	3.2	7	荷兰	1 650	3.5
8	印度	1 540	3.2	8	爱尔兰	1 420	3.0
9	西班牙	1 350	2.8	9	新加坡	1 300	2.7
10	爱尔兰	1 330	2.7	10	印度	1 240	2.6

数据来源：《中国服务贸易统计2015》，第21页。

中国已经与全球200多个国家和地区建立了服务贸易往来，特别地，2018年中国与"一带一路"沿线国家和地区的服务进出口额达到了1 217亿美元，占中国服务贸易总额的15.4%。近年来，中国分别与中东欧国家和金砖国家签订了《中国—中东欧国家服务贸易合作倡议》《金砖国家服务贸易合作路线图》，已有14个国家与中国建立服务贸易双边合作机制。

在这样的国内外形势下，海南省大力发展国际服务贸易已是大势所趋，结合海南省自身的情况看，海南省的岛屿经济生态具有脆弱性，走传统的工业化道路行不通。海南省拥有丰富的旅游资源和得天独厚的地理交通优势，在发展国际服务贸易产业上明显优势，发展国际服务贸易是助力海南省经济更好更快发展不可或缺的新引擎。从国际经验来看，服务贸易是国际自由贸易港转型的基本方向，例如2005—2017年，新加坡服务贸易总额占对外贸易总额的比重从19.2%提高到32.4%。国家给予海南省建设中国特色自由贸易区（港）的巨大政策优惠，为海南省服务贸易的发展提供了空前的历史契机（迟福林，2009)[1]。海南省大力发展国际服务贸易有助于扩大国际经济交流合作，实现生产要素的重新整合，促进省内产业结构的调整，提升综合竞争实力和国际知名度。

---

[1] 迟福林. 实行服务业项下的自由贸易 [N]. 海南日报，2019-04-03.

第一节 海南省服务贸易发展现状

一、海南服务贸易规模

根据海南省商务厅发布的统计数据，2018 年海南省服务贸易进出口总额187.59 亿元，同比增长 16.84%，其中，进口额 99.62 亿元，同比增长19.22%，出口额 87.97 亿元，同比增长 14.25%；2018 年海南服务贸易额占其对外贸易总额的比重为 18.1%，高于全国平均水平 3.4 个百分点。2019 年，海南服务贸易进出口总额 219.65 亿元，同比增长 20.27%，在全国服务贸易总体逆差情况下，海南服务贸易实现顺差 6.53 亿元，形成了海南特色。服务贸易主体持续快速增长，市场活跃度逐渐提升，2019 年海南全省累计注册服务企业 21 544 家，同比增长 59.62%。

2019 年海南省各方认真落实国务院深化服务贸易创新发展试点工作部署，全部完成 107 项试点任务，并总结出 15 个海南服贸创新发展典型案例，其中博鳌超级医院共享模式、应用大数据优化服务贸易统计、服务贸易月报制度等均属全国首创。两项深化服务贸易改革成功进入全国优秀实践案例，将"实施服务贸易先导性计划"列入海南全面深化改革开放先导项目，积极扩大特色服务出口，推动三亚市中医院成为国家首批中医药服务出口基地。探索服务贸易开放路径，海南省商务厅起草《海南跨境服务贸易特别管理措施（负面清单）》，这将成为我国第一张跨境服务贸易的负面清单，谋划在 CEPA 框架下扩大琼港澳服务业进一步开放合作。

二、海南服务贸易结构

从服务贸易结构来看，2018 年海南省服务贸易结构指数在全国排名第三，仅次于上海和北京（见图 4-2）。2018 年，海南服务进出口排名前五的行业是旅游、运输、其他商业服务、知识产权使用、加工服务业，这五个行业进出口额合计 178.40 亿元，占服务进出口总量的 95.10%。旅游服务是海南省服务贸易中占比最高的行业，在国际旅游岛战略和中国（海南）自由贸易试验区建设双带动下，2018 年海南旅游服务进出口额 79.22 亿元，同比增长 8.85%，占全省服务进出口额的 42.23%，其中，海南旅游进口贸易额 26.18 亿元，同比下降 6.94%；旅游出口贸易额 53.04 亿元，同比增长 18.81%，实现贸易顺差26.86 亿元，同比增长 62.79%。旅游服务出口是海南省服务贸易收入的主要来源，占服务贸易出口的 64.18%。全年入境过夜游客 126.36 万人次，增长 12.9%；客源地排名前五位的国家（地区）是俄罗斯、中国台湾、中国香港、印度尼西亚、韩国。

运输服务是海南省服务贸易的另一个主要增长点。2018 年海南运输进出口额达 46.17 亿元，同比增长 38.59%。其中，进口 26.08 亿元，同比增长 63.16%；出口 20.10 亿元，同比增长 15.94%。运输服务的主要增长点是航空运输，其进出口额达 36.95 亿元，增长 43.03%，客运、货运分别增长 39.83%、49.41%。

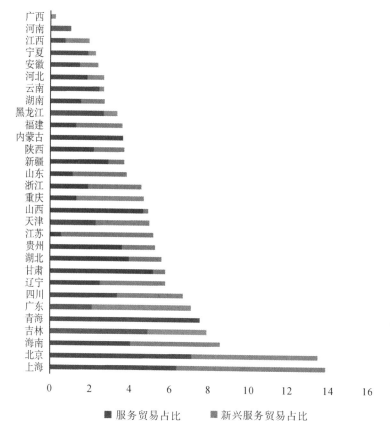

图 4-2　2018 年全国省级地区服务贸易结构指数

数据来源：国家高端智库商务部研究院《全球服务贸易发展指数报告 2019》。

三、海南服务贸易合作伙伴

2019 年海南省服务贸易伙伴达 123 个，新拓展了与阿曼、波多黎各、卢旺达、萨摩亚、塞内加尔、瓦努阿图等多个国家（地区）建立的服务贸易关系。从国别上看，海南省服务贸易的贸易伙伴的分布主要集中在发达地区，2019年排前五位的国家（地区）均是发达经济体，分别为美国、中国香港、新加坡、英国、韩国，合计占海南省服务贸易总额的45.96%。与此同时，海南省还将扩大与"一带一路"沿线国家和地区的服务贸易合作，建设"网易联合创新中心"和"中国（海南）·东盟青年创新创业园"，完善服务贸易综合政务服务平台功能；深化琼港、琼澳、琼台合作，探索建设琼港、琼澳服务业合作园区。

优化创新服务贸易数据统计方法是海南自贸区第三批制度创新案例。2020年，海南省统计局开始发布海南省服务贸易月度数据，在我国率先实行服务贸易全口径统计月报制度。图4-3为海南省2020年1—10月服务贸易伙伴的分布情况。从图中可以看出，海南省服务贸易市场集中度较高，中国香港、美国、欧盟、东盟和日本占海南省服务贸易出口额的72.2%。

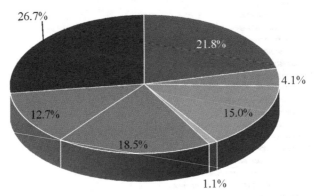

图4-3 2020年1—10月海南省服务贸易伙伴分布情况

数据来源：海南省2020年10月统计月报。

四、海南各市县服务贸易发展现状

海南的服务贸易已形成以海口为核心的北部综合服务贸易、以三亚为核心的南部旅行服务贸易、以洋浦为核心的西部运输加工服务贸易的三极支撑，值得一提的是，随着互联网服务的快速增长，澄迈县2019年服务贸易额大涨163.01%，向全省第四支点发展的趋势明显。从表4-2可以看出，海口市、三亚市、洋浦、澄迈县四地服务贸易总额所占比重高达97.1%，其他市县服务贸易基本处于起步阶段，尤其是中部地区的服务贸易更是几乎空白。区域发展严重失衡的状态，不利于海南省做大服务贸易基本盘。

表 4-2　2020 年 1—10 月海南省各市县服务贸易总额及比重

地区	进出口总额 /万元	全省占比/%
东部地区	1 073 824	78.22
海口市	944 731	68.81
三亚市	102 930	7.50
文昌市	4 389	0.32
琼海市	9 988	0.73
万宁市	4 766	0.35
陵水县	7 021	0.51
中部地区[a]	255	0.02
西部地区	298 804	21.76
儋州市	6 976	0.51
洋浦	177 651	12.94
东方市	2 392	0.17
澄迈县	107 732	7.85
临高县	3 648	0.27
乐东县	—	—
昌江县	406	0.03

注 a：海南中部地区包括五指山市、定安县、屯昌县、琼中县、保亭县、白沙县。
资料来源：海南省 2020 年 10 月统计月报。

　　国际旅游方面，从表 4-3 可以看出，2017 年海南接待过夜游客数量超百万人次的市县有 8 个，其中三亚和海口依旧是热门旅游目的地。2017 年三亚市过夜游客人数最多，共计 1 830.83 万人次，同比增长 10.9%。海南过夜游客人数逼近 1 500 万人次，达到 1 488.08 万人次，同比增长 12%。相比之下，万宁市、琼海市、陵水县、文昌市、儋州市、澄迈县逊色不少，六市县接待旅游过夜游客数量的总和仍不敌三亚一个城市。万宁市接待过夜游客数量排名第三，共计 423.4 万人次。澄迈县相对较少，接待过夜游客数量 127.51 万人次。海南旅游区域发展不平衡，屯昌县、临高县、白沙县接待过夜游客数量不足 50 万人次。

表 4-3   2017 年海南各市县接待过夜游客人次数

排名	地区	过夜游客人次数/万人次	同比增长/%
1	三亚市	1 830.83	10.9
2	海口市	1 488.08	12.0
3	万宁市	423.40	7.0
4	琼海市	334.94	5.8
5	陵水县	224.00	27.8
6	文昌市	218.28	9.6
7	儋州市	213.73	17.9
8	澄迈县	127.51	11.5
9	定安县	95.44	7.6
10	保亭县	92.72	31.9
11	昌江县	91.40	6.3
12	东方市	89.51	25.0
13	乐东县	84.10	50.6
14	五指山市	77.91	11.6
15	琼中县	65.52	14.0
16	屯昌县	47.33	13.3
17	临高县	46.52	17.4
18	白沙县	40.23	21.2

数据来源：中商产业研究院大数据库。

五、海南省服务贸易分行业现状

2016 年海南省服务贸易主要集中在商业服务、旅游及运输服务等行业，分别占服务进出口的 31.73%、27.08%、24.53%。服务出口主要集中在运输服务、加工服务和商业服务领域，占比分别为 43.36%、28.93%、15.31%；服务进口主要集中在商业服务、旅行及运输服务领域，占比分别为 39.61%、36.81%、15.50%。增速较快的分别为维护和维修服务、建设服务及知识产权使用等领域，同比增长幅度分别为 6.39 倍、2.84 倍及 83.89%。海南在金融服务、知识产权使用费及建筑等服务出口的增速较快，增速分别为 4 585 倍、19 倍和 1.36 倍（见表 4-4）。

表 4-4　海南省 2016 年服务贸易分行业进出口情况

行业	进出口		出口		进口	
	金额/万美元	同比/%	金额/万美元	同比/%	金额/万美元	同比/%
运输	38 523.40	31.15	22 076.06	16.31	16 447.34	58.26
旅游	42 528.42	18.23	3 469.85	23.33	39 058.56	17.80
建筑服务	496.53	284.15	256.61	136.92	239.92	1 045.75
保险服务	11 400.00	4 587.97	257.33	69.88	66.87	−27.07
金融服务	523.39	−11.67	45.86	458 500.00	477.53	−19.41
计算机和信息服务	1 786.34	51.66	707.74	97.84	1 078.61	31.52
其他商业服务	49 829.13	7.53	7 795.71	−10.89	42 033.42	11.82
文化和娱乐服务	1 866.29	13.91	28.07	−37.30	1 838.23	15.35
别处未涵盖的维护和维修服务	2 528.72	638.99	10.06	−54.58	2 518.66	686.98
别处未涵盖的知识产权使用费	3 296.62	83.89	1 534.43	1 903.17	1 762.20	2.69
别处未涵盖的政府货物和服务	155.62	21.88	0.76	−68.33	154.86	23.61
加工服务	15 165.77	9.46	14 726.3	7.77	439.46	130.68
合计	157 024.50	19.34	50 908.78	13.21	106 115.66	22.52

数据来源：海南省商务厅。

第二节　新形势下海南省发展国际服务贸易的机遇

一、国际旅游岛建设

2009 年 12 月 31 日，国务院印发《国务院关于推进海南国际旅游岛建设发展的若干意见》，标志着海南国际旅游岛建设上升为国家战略。2017 年 12 月，海南省人民政府办公厅印发《海南省旅游发展总体规划（2017—2030）》，要求近期以中国旅游业改革创新试验区、国际旅游岛建设、全域旅游示范省创建建设为目标，中期以建成世界一流的海岛休闲度假旅游胜地为目标，远期以将海南打造成世界一流的国际旅游目的地为目标。

2018 年 4 月，中共中央、国务院印发的《中共中央 国务院关于支持海南全面深化改革开放的指导意见》（以下简称《指导意见》），《指导意见》对海南旅游业更明确的定位是"国际旅游消费中心"，大力推进旅游消费领域对外开放，积极培育旅游消费新热点，下大力气提升服务质量和国际化水平，打造业态丰富、品牌集聚、环境舒适、特色鲜明的国际旅游消费胜地。从 2010 年提出建设国际旅游岛至今，中央政府不断出台新的文件和政策优惠并给予落实，成为海南省发展国际旅游业的重要推动引擎。

二、国务院开展服务贸易创新发展试点工作

2016 年 2 月，海南与天津、上海等 15 个地区一起获国务院批复开展服务贸易创新发展试点工作，试点期为 2 年。海南省政府率先出台《海南省服务贸易创新发展试点工作方案》，选定旅游、教育、医疗健康、运输、文化体育娱乐、保险、服务外包、中医药服务 6 大重点领域的 8 个方面开展创新试点，力争通过两年试点实现贸易额翻番。2016 年 4 月 21 日，海南省人民政府向各市、县、自治县人民政府和省政府直属各单位印发了《海南省服务贸易创新发展试点工作方案》，其中提到了"推动服务外包做大做强，提升服务跨境交付能力"：依托海口高新区、海南生态软件园、三亚创意产业园和清水湾国际信息产业园等园区，建立服务外包集聚基地，带动全省服务外包产业的发展。海口高新区重点围绕海洋经济、生物医药、生命健康、电子信息、软件应用开发、新能源、新材料、现代物流、文化创意等方向发展服务外包；海南生态软件园以软件研发、互联网、文化创意等为主导产业，打造软件、游戏、人才等特色服务外包产业集群；三亚创意产业园发展以工业设计、高端旅游装备、海洋生物技术、产品创意、虚拟设计等为主的设计创意产业，以影视制作、文艺创作等为主的文化创意产业和以软件、离岛金融、大数据、互联网+热带农业及网络信息服务等为主的网络与信息创意产业；清水湾国家信息产业园重点发展软件研发、外包服务、IT 培训等，建设国际化的创新创意产业基地。

2018 年 6 月，《国务院关于同意深化服务贸易创新发展试点的批复》同意在海南等十五省市（区域）深化服务贸易创新发展试点，深化试点期限为 2 年。为做好海南省深化服务贸易创新发展试点工作，海南省政府办公厅印发了《海南省深化服务贸易创新发展试点实施方案》，将服务贸易创新发展试点与自由贸易试验区建设的政策效应叠加，突破重点、试出成效，力争全省服务贸易增速快于货物贸易、GDP 和全国服务贸易的增速。抓紧落实 107 项试点任务，涉及完善管理体制、扩大对外开放、培育市场主体、创新发展模式、提升便利化水平等方面。

2020 年 8 月 11 日国务院发布《国务院关于同意全面深化服务贸易创新发

展试点的批复》，同意在海南等 28 个省市（区域）全面深化服务贸易创新发展试点，全面深化试点期限为 3 年。

三、自由贸易试验区和中国特色自由贸易港建设

2018 年 4 月 13 日下午，习近平在庆祝海南建省办经济特区 30 周年大会上郑重宣布，党中央决定支持海南全岛建设自由贸易试验区，支持海南逐步探索、稳步推进中国特色自由贸易港建设，分步骤、分阶段建立自由贸易港政策和制度体系。海南省自由贸易试验区、中国特色自由贸易港和海南省服务贸易创新发展的内容高度契合，在发展目标、主要任务、涉及领域等方面存在内洽机制（李世杰 等，2020)①。一方面，服务贸易创新发展不仅符合经济全球化新趋势，而且是国际自由贸易港发展的新趋势，符合我国扩大开放的新趋势；另一方面，加快服务贸易创新发展符合国家赋予海南的发展定位，海南也完全有条件在服务贸易创新上推出重大举措，以服务贸易为重点成为建设海南自由贸易港的突出特色[中国（海南）改革发展研究院课题组，2019]②。

四、以博鳌亚洲论坛为代表的国际会展业

2019 年 3 月 26 日至 29 日，博鳌亚洲论坛 2019 年年会将在海南博鳌举行。"18 年来，海南与论坛共成长、同发展，为推动论坛可持续发展贡献了海南智慧和海南力量，也为推动论坛由单纯的经济论坛向综合性论坛转型发挥了重要作用。"海南省委外事工作委员会办公室主任王胜表示。借助博鳌论坛的平台和品牌优势，近年来，海南精心策划和组织实施了 70 多场次海南主题活动，打造了"中国—东盟省市长对话""21 世纪海上丝绸之路岛屿经济分论坛""南海合作分论坛""华商领袖与华人智库圆桌会议"等一系列参与"一带一路"建设的对外交往平台体系，搭建了海南与沿线国家和地区交流合作的新桥梁，为海南省国际服务贸易的发展提供了更好的平台。举办 2011 年海南（香港）经贸旅游文化周、开展"央企海南行"、举行第 14 届"冬交会"等；组团参加了第八届东盟博览会、第七届泛珠合作论坛等。金砖五国峰会、博鳌亚洲论坛年会、中非合作圆桌会议等重大国际会议在海南成功举行。

海南自由贸易试验区、中国特色自由贸易港建设与服务贸易创新发展试点

---

① 李世杰，余升国. 服务贸易创新发展试点与海南自由贸易港建设内洽机制探讨 [J]. 南海学刊，2020（2）：20-29.
② 中国（海南）改革发展研究院课题组. 海南探索建设中国特色自由贸易港的初步设想 [J]. 改革，2019（4）：27-38.

与内容分析与比较如图 4-4 所示。

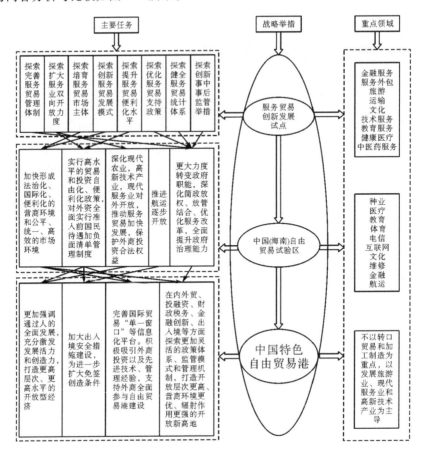

图 4-4 海南自由贸易试验区、中国特色
自由贸易港建设与服务贸易创新发展试点内容分解与比较

资料来源：李世杰，余升国. 服务贸易创新发展试点与海南自由贸易港建设内洽
机制探讨［J］. 南海学刊，2020（2）：25.

五、"一带一路"倡议

海南位于我国最南端，毗邻东南亚，北邻珠三角，南接马六甲海峡，在
"一带一路"经济带上有着不可替代的区位优势，发挥着战略支点作用。海南
国际航线已由 2014 年的 37 条增加到 2018 年的 74 条，预计到 2020 年将开通
100 条国际航线，这些航线绝大多数与"一带一路"沿线国家和地区相连接。
随着航线的互联互通，海南与"一带一路"沿线国家和地区的经贸与人文往

来更为便捷，"朋友圈"也不断壮大。截至 2019 年，海南国际友城数量增至 57 个，其中省级友城 33 个，岛屿友城近半，覆盖东盟绝大多数国家。在这样的大背景下，沿线的服务贸易必会与我国的服务贸易对接，这时海南省依靠自身得天独厚的区位优势必然获益较大；此外，文化交流是"一带一路"倡议的重要组成部分，海南省利用自身的区位优势和丰富的旅游资源与沿线国家加深文化交流联系，对海南省文化服务产业和国际旅游产业的发展起到了很好的宣传作用。

第三节　GATS 分类视角下海南省服务贸易模式的 SWOT 分析

一、跨境交付

（一）优势（S）

海南服务贸易具有广阔的发展潜力是海南跨境交付最大的优势，无论是国际旅游岛战略还是中国（海南）自由贸易区（港）战略，都说明了国家对海南发展服务贸易的重视，对海南发展服务贸易的扶持，对海南服务贸易发展的期待。举个例子，海南建设国际旅游岛，那么对于岛内居民的英语要求越来越高，而增强英语教育的其中一个方式就是互联网，英语学习者通过互联网与母语为英语的教师远程进行交流，由境外教师对其进行网上辅导、网上教学，这就是跨境交付方式的服务贸易。

（二）劣势（W）

相对于沿海的发达地区，海南还是存在劣势。首先，跨境交付的需求不大，其主要原因是服务型跨国公司的数量不多；其次，在北上广和港澳台，都有大型的金融公司实行跨境交付的交易，而海南缺乏大型金融公司提供配套服务；最后，海南对跨境交付并不重视，甚至连有关统计数据都没有。

（三）机会（O）

国际旅游岛和自由贸易区是海南最大的发展机会，只要抓住这个机会，海南的服务贸易肯定比国内的其他地区发展得更快更好。

（四）威胁（T）

"北（京）上（海）广（州）"等沿海发达地区已经建立起相对完善的服务品跨境交付市场网络，海南要独辟蹊径分得市场份额的阻力较大。

二、境外消费

（一）优势（S）

海南省是我国唯一被热带气候覆盖的岛屿省份，拥有风景如画的海岸和椰林风光与以及独特的黎、苗少数民族文化。海南岛夏无酷暑，冬无严寒，海域环境良好，浴场、滨海和海下热带景观构成了别具特色的旅游资源，旅游产业发展迅速且已具备一定规模。在地理上，海南岛地处热带北缘，属热带季风气候，素来有"天然大温室"的美称，这里长夏无冬，年平均气温22℃～27℃，大于或等于10℃的积温为8 200℃，最冷的一个月温度仍达17℃～24℃，非常适合境外游客前来旅游、观光、养生、休闲、康养，从而吸引了大量游客入境消费。

（二）劣势（W）

首先，缺乏高水平的专业外语人才是制约海南境外消费模式服务贸易进一步发展的主要因素之一。其次，离岛免税政策宣传不到位、旅游产品开发不够深入、旅游设施不够完善、跨境支付金融产品等便利措施开发不足、海南省旅游从业人员服务意识比较差、服务行业制度不完善等降低了入境游客的消费满意度。海南本地居民平均收入水平低，离岛意愿不强，也限制了海南居民出境消费水平。

（三）机会（O）

在政策上，国际旅游岛战略、离岛免税政策、免签政策扩大实施和自由贸易区战略等是海南省发展境外消费服务贸易模式最大的机会。首先，这些优惠政策可以吸引更多的国外游客入岛旅游并且进行消费；其次，自由贸易区的设立吸引大量外来投资者进入岛内考察，在这一过程中也增加了非居民对海南的境外消费，同时，岛内投资者也会到国外考察，这增加了海南境外消费模式下的服务品进口。

（四）威胁（T）

虽然海南热带海洋风光方面的旅游资源在我国具有独一无二的地位，但是对于境外游客而言，东南亚地区不仅在自然环境、民族风情、特色旅游、养生医疗等方面的旅游资源开发比海南更为深入、更具特色，而且境外游客在东南亚地区的旅游开销更小。使境外游客入琼，在机票价格、酒店住宿费用、物价等方面都要付出比在东南亚更为高昂的费用，这就极大地削弱了境外游客来海南岛旅游的兴趣。

三、商业存在

（一）优势（S）

从地理位置上看，海南省位于我国最南端，近傍香港，遥望台湾，内靠珠江三角洲，外邻东南亚。如今，从海南出发，4 小时的飞行时间可以覆盖亚洲 21 个国家和地区约占世界 47% 的人口、所达经济体 GDP 约占世界的 30%；8 小时飞行时间可以覆盖亚洲、大洋洲和欧洲、非洲等 59 个国家和地区约占世界 67% 的人口、所达经济体 GDP 约占世界的 41%。更重要的是，海南扼守海上丝绸之路要冲，南海航道更是名副其实的世界"黄金水道"。海南省拥有这样的区位优势对于吸引外商直接投资是绝无仅有的优势。

（二）劣势（W）

海南省第二产业发展薄弱，服务业、农业发展规模普遍较小，附加值较低，技术含量不足。在行业规模经济效应尚未有效培育的情况下，很难吸引大量外商直接投资；海南省教育相对落后，人才智力不足以吸引国际大公司入驻海南；交通不便也是限制海南商业存在发展的主要原因之一，目前，进入海南岛主要有航空和水运两种方式，虽然汽车和火车可以进岛，但要借助轮船运输，增加了外商直接投资的交通成本。海南省本土除了少数龙头企业具备较强国际竞争力之外，大多数企业没有实力"走出去"。

（三）机会（O）

有利的外商投资环境、优惠的政策支持是海南省扩展商业存在服务贸易模式的机会。2018 年 11 月 30 日召开的海南省引进外资工作会议推出了大力引进外资十大举措，从各层面营造法治化、国际化、便利化的营商环境，加快建设与国际投资和贸易规则相衔接的制度体系，以高水平开放推动全岛自由贸易试验区和中国特色自由贸易港建设，全力把海南打造为对外开放新高地。《中国（海南）自由贸易试验区总体方案》提出，要大幅放宽外资市场准入、提升贸易便利化水平、创新贸易综合监管模式、推动贸易转型升级、加快金融开放创新、加强"一带一路"国际合作等方面的建设。

（四）威胁（T）

随着中国的国际影响力越来越大，一些国家开始忌惮中国的发展，对其国内的公司落户中国有各种限制或者阻挠，一些大型公司可能会因此不愿意在海南落户，而海南公司想走出去，进入发达国家市场，也会受到各种政策性的限制。因此，国际形势的变化是海南商业存在发展的威胁。

四、自然人流动

自然人流动的 SWOT 分析和商业存在的 SWOT 分析大部分是一样的，因为只有商业存在的发展，才会带动自然人流动，而自然人流动多的地方往往也是商业存在繁华的地方。这两者相辅相成，缺一不可。一个缺乏商业存在的地方，必定没有吸引人才流动的优势，同理，一个没有自然人流动的地方，也没有商业存在的必要。

第四节　2020 年新冠肺炎疫情对海南省服务贸易的影响

2020 年 1 月新冠肺炎疫情突如其来，海南 1 月 22 日最先发现 4 个确诊病例，2 月 13 日现存确诊病例达到高峰 123 例，之后有零星境外输入病例，海南省的疫情防控走势和全国走势基本吻合。但是，就在中国疫情得到全面控制的同时，疫情在全球迅速蔓延。根据世界卫生组织的统计数据，截至北京时间 2020 年 12 月 17 日 0 时，全球累计确诊新冠肺炎的病例超过 7 200 万例，累计死亡病例超过 160 万例。其中，美国累计确诊病例超过 1 700 万例，印度、巴西、俄罗斯、法国、土耳其、英国、意大利、西班牙、阿根廷、哥伦比亚、德国、墨西哥、波兰、伊朗等地的确诊感染病例均处于百万级水平，多地已经进入第二波疫情大爆发阶段。海外疫情大流行，导致各国生产、消费萎缩，股市频繁震荡，贸易活动骤减。

（一）新冠肺炎疫情对全球和中国整体服务贸易的影响

根据世界贸易组织 2020 年 3 月 11 日最新发布的世贸组织服务贸易晴雨表（见图 4-5），2020 年第一季度该指数为 96.8，而且该指数尚未完全反映新冠肺炎疫情的不利影响，在未来几个月里该指数还将进一步走低。从世贸组织服务贸易晴雨表的构成上看，旅客航空旅行指数为 93.5，集装箱运输指数为 94.3，全球金融交易指数为 97.7，ICT 服务业指数为 97.0，建筑业指数为 99.8，全球服务采购经理人指数 96.1，均低于 100，且处于下行趋势。

2020 年第二季度该指数继续降至 95.6，为该指数发布以来的最低值，其中旅客航空旅行指数为 49.2，集装箱运输指数为 92.4，全球金融交易指数为 100.3，信息和通信技术（ICT）服务业指数为 94.6，建筑业指数为 97.3，全球服务采购经理人指数为 97.0。可以看出，2020 年第二季度，旅客航空旅行指数陡降，这与全球疫情大爆发下各国纷纷采取严厉的入境措施直接相关。最为乐观的是全球金融交易指数,这是因为借助互联网和现代通信技术,国际金融可以实现跨境交付。

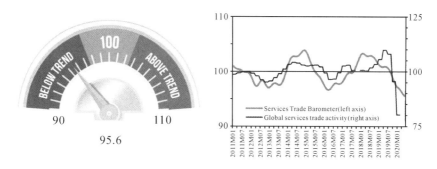

图 4-5　2011 年以来世界服务贸易晴雨表指数和世界服务贸易活动指数

数据来源:WTO 网站。

2020 年 5 月 2 日,商务部服贸司介绍了 2020 年第一季度我国服务贸易发展情况。受新冠肺炎疫情等因素影响,2020 年第一季度我国服务贸易规模下降,服务进出口总额 11 523.0 亿元(人民币,本段下同),同比下降 10.8%。其中,出口 4 442.8 亿元,下降 4.1%;进口 7 080.2 亿元,下降 14.5%。2020 年一季度我国服务贸易发展情况主要呈现两个特点:一是服务贸易逆差大幅减少。一季度,我国服务出口和进口均有所下降,但服务出口降幅小于进口 10.4 个百分点,服务贸易逆差缩小 27.7%,减少至 2 637.4 亿元,同比减少 1 012.6亿元;二是知识密集型服务贸易占比超过 40%。一季度,我国知识密集型服务进出口 4 669.3 亿元,增长 7.8%,占服务进出口总额的比重达 40.5%,比上年同期提升 7 个百分点,显示出较强的抗疫情冲击能力。其中,知识密集型服务出口 2 624.2 亿元,增长 11%,占服务出口总额的比重达 59.1%,提升 8 个百分点,出口增长较快的领域是知识产权使用费、金融服务、电信计算机和信息服务,分别增长 29.2%、23.9%和 14.7%;知识密集型服务进口 2 045.1亿元,增长 4.1%,占服务进口总额的比重达 28.9%,提升 5.2 个百分点;进口增长较快的领域是电信计算机和信息服务、金融服务,分别增长 38.4%和 6.2%。

进入 2020 年第二季度之后,随着中国新冠肺炎疫情得到全面有效控制,国内企业全面复工复产,我国服务供应能力逐渐恢复正常,国外疫情愈演愈烈对我国服务需求强劲,我国第二季度服务出口同比增长由负转正。根据商务部服贸司统计,2020 年 1—10 月我国服务进出口总额为 37 257.8 亿元人民币,同比下降 16.1%。2020 年服务贸易主要呈现以下特点：①服务贸易逆差进一步减少。1—10 月，我国服务出口 15 489.5 亿元，下降 1.8%；进口 21 768.3 亿元，下降 23.9%。服务出口降幅小于进口 22.1 个百分点，带动服务贸易逆差下降 51.1% 至 6 278.8 亿元，同比减少 6 569.4 亿元。②知识密集型服务贸易逆势增长。1—10 月，我国知识密集型服务进出口 16 390.3 亿元，增长 8.3%，占服务进出口总额的比重达到 44.0%，提升 9.9 个百分点。其中，知识密集型服务出口 8 609.4 亿元，增长 8.2%，占服务出口总额的比重达到 55.6%，提升 5.1 个百分点。出口增长较快的领域是知识产权使用费、保险服务、电信计算机和信息服务，增幅分别为 27.2%、18.4% 和 14.4%。知识密集型服务进口 7 780.9 亿元，增长 8.4%，占服务进口总额的比重达到 35.7%，提升 10.7 个百分点。进口增长较快的领域是金融服务、电信计算机和信息服务、保险服务，增幅分别为 35%、23.4% 和 18.6%。③旅行服务进出口明显下降。当前海外疫情持续蔓延，使世界范围内旅行服务进出口继续受到严重影响。1—10 月，我国旅行服务进出口 8 732.8 亿元，下降 47.1%，其中出口下降 48.5%，进口下降 46.9%，拖累服务贸易整体大幅下降。剔除旅行服务，1—10 月我国服务进出口增长 2.3%，其中出口增长 4.8%，进口与去年同期相比基本持平。

（二）新冠肺炎疫情对海南省服务贸易的影响及原因

新冠肺炎疫情对国际服务贸易的影响可谓"几家欢喜几家愁"，这主要取决于服务贸易的提供方式能否实现"非接触""屏对屏""云消费"。根据世界贸易组织《服务贸易总协定》划分的服务贸易提供模式分析，跨境交付（cross-border supply）在新冠肺炎疫情的"宅经济"里迎来春天，它可以没有人员、物资和资本的流动，而是通过计算机的联网实现，如一成员的咨询公司在该成员境内向另一成员客户提供法律、管理、财务、信息、视听、教育、医疗、娱乐等专业性服务，2020 年甚至被赋予"中国在线教育元年"的划时代意义。商业存在（commercial presence）在新冠肺炎疫情期间因为居家隔离、人员流动受限等原因也遭受不利冲击。境外消费（consumption abroad）、自然人流动（presence of natural persons）模式下的国际服务贸易则遭遇史上最惨滑铁卢，国际旅游服务贸易更是全面陷入停滞。

新冠肺炎疫情暴发对海南不同服务贸易行业的影响截然不同，下文分别对海南省服务贸易分行业和分地区情况进行分析。

1. 分行业情况

（1）国际旅游业

一方面，北京时间 2020 年 1 月 31 日 4：00，世界卫生组织宣布将新型冠状病毒疫情列为"国际公共卫生紧急事件"（PHEIC），多国发出赴中国旅游警示；另一方面，截至 2 月中下旬，全球 130 多个国家出台了拒绝具有中国旅行史的人员入境政策，目前全球疫情继续肆虐，全球几乎都进入了人员流动封锁状态，截至 4 月底，全球 83% 的旅游目的地的限制举措已经实施了至少 4 周或更久。国际旅游业作为跨境消费的典型代表，具有生产和消费必须同时同地进行的特点，新冠肺炎疫情的冲击自然首当其冲。联合国世界旅游组织 5 月中旬发布最新《世界旅游晴雨表》预测指出，受新冠肺炎疫情影响，2020 年全球国际游客数量将较去年下降 58%~78%，同比减少 8.5 亿~11 亿人次，经济损失达 9 100 亿至 1.2 万亿美元，影响直接与旅游业相关的工作岗位 1 亿~1.2 亿个。

海南省旅游业具有鲜明的季节性，每年 12 月到次年 4 月是旅游旺季，1~2 月更是旅游黄金期。2020 年新冠肺炎疫情恰逢海南旅游黄金期，因此 2020 年全年海南省旅游业遭遇寒冬已成定局，各方也应冷静理性对待。鉴于新冠肺炎疫情在全球范围快速蔓延，中方决定自 2020 年 3 月 28 日 0 时起，暂停海南入境免签等政策。

海南旅游业国际化程度低，疫情对海南旅游业的重挫主要来自国内，第一季度是海南旅游的传统黄金期，2019 年海南春节期间的旅游收入占全年旅游总收入的 13.6%，高于全国整体水平 9%，2020 年春节期间海南省旅游业的直接损失为 5 500 亿元人民币左右。且新冠肺炎疫情让海南省基本丧失了国际旅游收入。春节效应、旺季已过，加之我国对境外输入人员采取非常严格的管控措施，注定海南入境旅游可挽回损失的空间有限。从表 4-5 和表 4-6 可以看出，新冠肺炎疫情期间，海南省旅游贸易出口额同比降幅接近 100%，进口额降幅相对较小，这与我国各地采取极为严格的人员入境管控措施相符合①。

---

① 表 4-5 和表 4-6 中，海南省国际旅行出口额和国际旅游收入存在较大差异，原因是我国对旅游和旅行服务贸易的统计口径存在较大差异，可参考：黄海阳.从统计角度解读旅游和旅行服务贸易的差异 [J]. 当代旅游（高尔夫旅行），2018 (9).

表 4-5　2020 年新冠肺炎疫情期间海南省国际旅行服务贸易情况

月份	进口贸易		出口贸易	
	贸易额 /万元	当月同比 /%	贸易额 /万元	当月同比 /%
1 月	27 914	—	45 657	—
2 月	17 058	−18.8	10 578	−66.8
3 月	24 647	20.4	1 162	−98.1
4 月	15 991	−14.1	531	−99.1
5 月	13 481	−23.9	131	−99.7
6 月	13 468	−22.1	2 604	−94.1
7 月	16 256	−32.8	2 156	−95.7
8 月	17 995	−32.0	2 545	−95.6
9 月	16 426	−17.3	5 119	−90.8
10 月	14 886	12.2	2 320	−96.1

数据来源：海南省统计局。

表 4-6　2020 年新冠肺炎疫情期间海南省入境旅游贸易情况

月份	入境游客人数 /万人次	当月同比/%	国际旅游收入 /万美元	当月同比/%
1 月	8.77	—	6 544.63	—
2 月	0.23	−97.1	99.4	−97.9
3 月	0.38	−97.2	109.85	−98.8
4 月	0.45	−96.5	42.88	−99.5
5 月	0.72	−93.4	72.79	−99
6 月	1.06	−90	235.46	−96.3
7 月	1.63	−84.9	616.93	−91.5
8 月	1.86	−84.2	731.83	−91.3
9 月	1.45	−86.8	495.93	−93.4
10 月	1.55	−87.1	541.99	93.5

数据来源：海南省统计局。

（2）国际运输业

3 月中旬全球已有 43 个国家和地区暂停一切航空和海洋运输，关闭所有边境通道。国际运输业也具有生产和消费必须同时同地发生的特征，因此海南省国际运输业也遭受新冠肺炎疫情重创。表 4-7 为海南航空控股股份有限公司的国际运营数据公告，2 月份，国际收入客千米、国际收入吨千米、国际收入吨千米—货邮运跨境载客人数全部环比下降90%左右，第二季度各经营指标陷入低谷，第三季度略有回暖。《海南航空控股股份有限公司 2020 第三季度报告》指出，在疫情冲击下，2020 年航空业境况非常严峻。根据国际航空运输协会（IATA）数据，亚太地区的航空公司受疫情影响最为严重，亚太地区的航空公司将亏损 290 亿美元，航空客运量至少在 2023 年以前都无法恢复至疫情前水平。如果社交限制措施和封闭措施继续延长，则航空业复苏之路将更为漫长。

表 4-7　海南航空控股股份有限公司 2020 年 1—10 月国际业务情况

月份	国际收入客千米（RPK）/百万	国际收入吨千米（RTK）/百万	国际收入吨千米—货邮运/百万	跨境载客人数/千人
1 月	2 328	270	67	369
2 月	240	32	11	33
3 月	98	16	7	16
4 月	21	25	23	2.35
5 月	25	69	67	3.34
6 月	46	42	38	5.47
7 月	62	51	45	6.91
8 月	81	31	24	8.59
9 月	94	30	21	10.27
10 月	92	44	36	10.12

资料来源：海南航空控股股份有限公司 2020 年各月份主要运营数据公告。

进入第二季度，中国大部分港口集装箱吞吐量仍为负增长，但随着中国疫情得到有效控制，内外贸航线市场需求有所上升，各港口集装箱吞吐量同比降幅逐渐收窄。外贸货物吞吐量在第二季度小幅上涨，同比去年同期有小幅增长（见图 4-6）。

根据海南省交通运输厅的数据，2020 年 1 月海南省港口货物吞吐量同比降低 12.4%，全省港口集装箱吞吐量同比下降 27.7%；2020 年 2 月海南省港口货物吞吐量同比降低 26%，港口集装箱吞吐量同比增加 6.2%。根据交通运输部发布的数据，2020 年一季度海口港口完成货物吞吐量 2 632 万吨，同比下降 23.3%；洋浦港完成货物吞吐量 1 238 万吨，同比增长 3.5%，在全国主要港口全面受挫之际，洋浦港口迎难而上保持货物吞吐量小幅增长。2020 年 1—10 月，海南省港口累计货物吞吐量为 16 493 万吨，同比增长 1.2%；外贸货物吞吐量为 3 223 万吨，同比增长 6.3%；集装箱吞吐量为 241 万 TEU，同比增长 11.4%，海南省港口集装箱吞吐量较之全国同比下降 0.03% 的大趋势有明显发展。

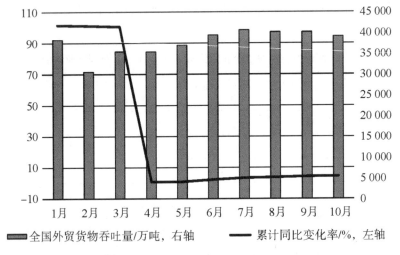

图 4-6　2020 年 1—10 月我国港口外贸货物吞吐量情况

数据来源：交通运输部网站。

（3）国际会展业

2015 年年初海南省委、省政府将会展业列入十二个重点产业，海南也是全国唯一将会展业作为重点产业发展的省份，会展经济为主办地带来源源不断的商流、物流、人流、资金流、信息流，直接推动商贸、旅游业的发展，不断创造商机，吸引投资，进而拉动其他产业的发展，并形成以会展活动为核心的经济群体。近年来，海南成功举办了主题丰富的国际会展，其中以博鳌亚洲论坛、冬交会、国际海洋产业博览会等最具代表性。受疫情影响，截至 2020 年 3 月上旬，全球 138 场国际贸易展会被取消或延期，东京奥运会等各类体育赛事、文化交流等相继被取消或延迟。

2020 年 2—3 月，海口延期或取消的会展项目达 119 个，海南全省取消的文体活动有 204 项。中国文旅大会、海南汽车展、三亚 FE 汽联锦标赛等大型展会活动已相继延期或取消。2020 年 4 月 30 日，博鳌亚洲论坛发布慎重决定，由于当前新冠肺炎疫情在全球蔓延，人类卫生健康面临严峻挑战，世界经济受到严重冲击，为支持和配合国际社会的防疫措施，保障参会代表的健康和安全，博鳌亚洲论坛 2020 年不举办年会。亚洲博鳌论坛以海南博鳌为永久会址，是海南国际会展业的标杆，强力拉动了博鳌乃至海南省旅游业的发展，每年会议期间都会有来自不同国家和地区的政界、商界人士前来参加。以 2020 年亚洲博鳌论坛为代表的海南国际大型展会的取消，对海南省经济的负面影响是显而易见的：一方面，国际会展业是一个高收入、高利润的行业，其利润率在 20%～30%；另一方面，会展业具有强大的关联带动效应，会展业的产业带动系数为 1∶9。以 2018 年海南会展业收入 200 亿元、年增长 16.5% 估算，2020 年海南会展业综合贡献可达 271 亿元。但疫情影响发生在海南旅游、会展的"黄金时间"，将造成海南会展业年营收减少 65%，综合损失约 175 亿元。

国内疫情得到全面控制之后，从第三季度开始海南省的国际会展业线下参展逐渐恢复正常。10 月 31 日，2020 年海峡两岸休闲农业发展（海南）研讨会在海口召开；11 月 2 日，2020 三亚台商峰会在三亚召开；11 月 20 日，2020 年（第五届）海南世界休闲旅游博览会、2020 年（第六届）海南国际旅游美食博览会、2020 年海南国际旅游装备博览会海口召开，拉开了本届国际旅游岛欢乐节的序幕；11 月 24 日，2020 文昌国际航空航天论坛在海口开幕；2020 年 12 月 6 日第三届海南岛国际电影节在三亚开幕。2020 年 12 月 17 日，中国（海南）国际热带农产品冬季交易会开幕式暨海南农产品品牌推介活动在海南国际会展中心举行，本届冬交会首次启用海南国际会展中心新展馆，共设 10 个展馆（区），总面积超 10 万平方米，超过历届冬交会；首次实现全面市场化运营，国际展商有近 30 个国家和地区超 100 家企业报名参展，国内 21 个省份近 2 000 家企业参展，参展商共计超过 5 000 人。

尽管疫情对海南国际会展业带来颇为显著的负面冲击，但可以基本判断，这种冲击是短期的。疫情迫使会展行业线上线下加速融合发展，加快了新技术的应用和实施，又加速了跨界融合、跨界发展。大数据、5G 及新媒体将为会展业高质量发展注入新动能，数字化成为国际会展业未来发展的必然趋势。例如，海南省各方为应对疫情，2020 中国（海南）国际热带农业博览会、2020 中国（海南）国际种业博览会等国际博览会为帮助参展企业产品销售、开拓市场、降本增效，努力创新招商引资、展会服务模式，推出"商旅＋食宿一条龙"会展新模式。疫情迫使会展行业重新洗牌，使品牌企业强者恒强、竞争优势更为集中，海口、三亚、琼海等三、四线城市可能迎来新的发展机会。

（4）现代服务业

现代服务业包括保险服务、金融服务、电信计算机信息服务、商业服务、文化和娱乐服务、维护和维修服务、知识产权使用费和加工服务等。除了维护和维修服务受疫情影响较大，其他现代服务大都可采取远程在线的方式提供，受疫情影响较小。个人、文化和娱乐服务中的在线娱乐，如网络游戏、在线影视、在线音乐、在线图书、远程教育、远程医疗问诊等服务，则因人们闲暇时间增多、医疗健康需求增加而获得井喷式发展。

根据海南省商务厅发布的数据，2020年1—10月，海南现代服务业进出口累计同比增长64.56%，占服务贸易总额的58.64%，同比增长近30个百分点。其中商业服务、知识产权使用费、电信计算机信息服务和维修维护服务四大现代服务行业均有较好表现，分别同比增长53%、67.5%、51.2%和343.9%，占现代服务业进出口服务总额的比重分别为33.6%、29%、17.1%和10.4%。在海南省现代服务进出口中，加工服务尤为引人注目，这是新冠肺炎疫情期间海南省唯一实现贸易顺差的服务部门。2020年1—11月，海南省累计实现加工服务出口额60 765万元人民币，同比下降34.4%，占同期海南省服务贸易出口额的14.5%，实现顺差60 657万元人民币。

此外，受自贸港利好政策带动，服务外包企业加快在海南布局，2020年上半年海南省承接离岸服务外包执行额同比增长580.5%。海南省服务外包最主要的门类是计算机服务和运输外包，其他占比较高的门类包括加工服务、咨询服务、广告服务、建筑工程技术服务、视听服务。

2. 分地区情况

2020年1—11月，海口、三亚、洋浦、澄迈四地服务贸易总额占海南服务贸易总额的比重分别为70%、7.6%、12.3%和7.4%，分别同比变化-22.8%、-67.9%、299.8%和217.2%。从累计同比增减率来看，2020年1—11月海南省服务贸易额实现正增长的地区有洋浦、澄迈、临高和文昌，其中临高的增长率最高，为489 260.3%。疫情期间临高和文昌分别主要依靠服务外包和互联网医疗康养服务获得发展，但服务贸易体量小，因此我们重点考察新冠肺炎疫情期间洋浦和澄迈两地的服务贸易发展态势。

受益于3月国际航行船舶加注燃料油出口退（免）税政策在海南省正式落地实施、4月原油期货保税交割业务正式落地海南、"中国洋浦"船籍注册登记、船舶融资租赁业务落地实施等政策利好，疫情期间洋浦国际运输服务逆势上扬，尤其是第二、第三季度在全国港口货物吞吐量和集装箱吞吐量整体同比负增长的环境下，洋浦国际运输量实现两位数增长。9月海南自由贸易港首条洲际越洋（洋浦—南太—北澳）航线开通，洋浦区域国际集装箱枢纽港建设开始从"近海"迈入"深蓝"时代，助力洋浦国际运输业发展。2020年1—11月，洋浦港口货物吞吐量和集装箱吞吐量同比增长14.8%和45%，远高于全国整体同比增长水平4.2%和0.8%。

澄迈服务贸易的迅猛发展主要得益于海南生态软件园。近年来，海南生态软件园致力于建设集工作、居住、教育、医疗、商务、休闲等于一体的产业"微城市"，软硬件设施日趋完善，互联网产业发展迅速。2020年4月海南生态软件园被商务部、中央网信办、工业和信息化部联合认定为首批12个国家数字服务出口基地之一，加快服务出口数字化转型。2020年前三季度海南生态软件园实现税收29.26亿元，同比增长59.7%，贡献了澄迈县58.66%的税收，带领澄迈县经济发展向好。数字产业异军突起，成为引领澄迈县服务型经济高质量发展的强劲动能。

3. 后疫情时代海南服务贸易发展应对

（1）加强产业扶持力度

面对突如其来的新冠肺炎疫情，海南省政府2月紧急出台了《海南省应对新型冠状病毒肺炎疫情支持海南旅游企业共渡难关六条措施》，出台财税、金融、用地等系列扶持政策，完善顶层设计、稳企减压降负、丰富旅游产品、刺激旅游消费、激活市场活力，推出了重振海南旅游业的计划，并于3月22日正式发布《海南省旅游业疫后重振计划——振兴旅游业三十条行动措施（2020—2021年）》，通过采取为旅游企业松绑减负、引导4亿元社会资本间接扶持旅游企业、实施旅游企业养成计划、推出针对游客的"海南游、疫安心"旅游综合保险产品和针对企业的突发公共安全事故保险险种等有力举措，千方百计帮助旅游企业度过难关。此外，海南积极推进国际旅游业发展制度创新改革，如在全国率先实施境外游艇入境关税保证保险制度，"十四五"旅游产业发展规划强调海南应充分发挥自贸港优势构建旅游业新发展格局。

海南国际会展业市场主体尚处孕育期，抗风险能力弱，仍需要政府强力扶持。建议调整原有会展扶持资金管理办法，提高扶持力度。采取税收减免、租金补贴、贷款贴息等经济措施，对会展企业已产生的宣传推广、场地租金等费用给予适当补贴，减轻企业负担，帮助企业消化疫情带来的额外成本，确保展会项目延续举办。引进欧美等专业化国际会展机构进驻海南，加强国际会展人才的引进与培养，创办新型国际展会，引导行业发展，助力自贸港的国际营销。借势自贸港建设，推动离岛免税政策在境外参展上实现，凸显海南办展的比较优势，打造"买全球，卖全国"的高端国际旅游消费类展会。

2020年6月1日《海南自由贸易港建设总体方案》（以下简称《总体方案》）发布，中银国际资深经济学家曹远征认为，该方案出台象征着中国对外开放从要素流动型转向制度规则型，对海南来说最重要的是摸索出服务业开放的最高级别软标准。《总体方案》的"零关税"和"五个便利"为海南省服务贸易发展提供重磅红利。《总体方案》在"2025年前重点任务"中明确，对岛内进口用于生产自用或"两头在外"模式进行生产加工活动或服务贸易过程中所消耗的原辅料，实行"零关税"正面清单管理。2020年11月11日财政部、海关总署、税务总局联合印发《关于海南自由贸易港原辅料"零关税"政策的通知》，海南自贸港首张"零关税"商品清单发布。这对海南省发展国际运输服务、维护维修服务、中医康养跨境服务、服务外包等服务贸易发展形成强大利好。"五个便利"之一的跨境自己流动自由便利，为海南金融开放、金融创新提供了不可比拟的政策优势。

（2）加快服务贸易数字化转型进程

尽管疫情对海南国际旅游业、国际会展业、国际运输业等服务贸易造成颇为显著的负面冲击，但可以判断，这种冲击是短期的。随着疫苗的研发、疫情防控常态化，新冠肺炎疫情结束只是时间问题，但企业生产经营方式和居民消费方式却被此次疫情深刻改变了。疫情迫使各行各业加速线上线下融合发展，新技术的应用和实施又加速了跨界融合发展的步伐。大数据、5G及新媒体将为服务贸易高质量发展注入新动能，数字化成为国际服务贸易未来发展的必然趋势。疫情迫使服务行业重新洗牌，海口、三亚、琼海等三、四线城市可能迎来服务贸易发展新机遇。疫情将促使服务行业大浪淘沙，"发育期"的海南市场主体，可以联手达成战略合作，把握新机遇、开发新产品。

以海南国际会展业为例，海南省会展业发展应以互联网思维为导向，以5G、大数据、人工智能等新技术应用为核心，从产业链的线性概念延伸到产业生态的立体概念，突破传统会展的局限，创建出另类的海南会展。疫情过后，新基建、新消费和云经济等经济业态的巨大变革将催生新的经济热点，旅游消费、文化娱乐、生物医药、医疗康养、人工智能、半导体及区块链等，将是海南会展企业未来发展的新机遇。在展览从"卖场"向"秀场"的转变中，原本在传统展览上处于劣势的海南会展业反而具有后发优势。

（3）大力发展现代服务贸易

旅游业、现代服务业和高新技术产业是海南省自贸港建设的三大重点产业和支柱性产业。新冠肺炎疫情期间海南现代服务业进出口累计同比增长64.56%，充分显示出海南现代服务业发展的韧性和活力。海南省现代服务贸易发展应该充分结合自身优势，突出重点发展三大产业：其一，医疗健康产业。海南素有"天然药库"之称，南药资源丰富，能入药的植物高达3 000多种，气候怡人空气质量优良，具备发展医疗康养业的绝对优势。海南应以博鳌乐城国际医疗旅游先行区为抓手，重点发展特许医疗、健康管理、照护康复、医学美容和抗衰老、第三方医学检测、国家级医学科研基地、互联网医疗等领域，为国内外游客提供体检、健康管理、医疗服务、康复、养生（护）等完整的医疗产业服务链。其二，现代金融业。虽然20世纪90年代初海南房地产泡沫破灭后，海南至今仍未完全摆脱"金融风险区"的帽子，海南省目前也只有一家外资银行，金融服务贸易额微小，但海南具备设立碳排放权交易场所、国际能源交易场所、产权交易场所和航运交易场所等现代国际金融衍生市场的天然和政策优势，在特定领域上海南金融服务贸易大有可为。其三，国际会展业。博鳌亚洲论坛已成为海南省国际会展业的标杆。海南国际旅游博览会已成功举办三届、国际电影节已成功举办两届，争取未来三到五年逐步把中国（海南）国际商品博览会打造成为层次高、规模大、客商多、成交效果好的旅游、健康养生、交通物流、金融服务、教育培训和文化娱乐等展示交易、交流合作的综合型、国际型平台。

（4）加强产学研用融合

海南服务贸易较发达的地区应积极开展服务贸易政企合作、产学融合。例如2020年6月洋浦经济开发区和卓志集团签署合作意向书，卓志集团计划在洋浦打造数字服务贸易平台，助力洋浦现代服务业发展；双方将进一步探讨投资方式、运营模式，及硬件设施、信息系统搭建等问题，合力打造海南本地的高效跨境服务贸易平台。澄迈生态软件园和51社保联合打造的海南自由贸易港数字服务产业基地，为全国的数字经济平台提供平台与技术支持。加强和海南大学、海南师范大学、海南经贸职业技术学院、海口经济学院等高校的人力资源合作；同时，加大服务贸易境外人才引入力度，尽可能地为境外人才入琼提供准入便利。

第五章 海南省跨境贸易人民币结算现状

2009 年 4 月 8 日国务院决定在上海市和广东省 4 市先行开展跨境贸易人民币结算试点工作，跨境贸易人民币结算被视为人民币国际化的突破口和重中之重。2010 年 6 月 19 日，中国人民银行决定扩大跨境贸易人民币结算试点范围，海南省成为国内试点地区扩大的 20 个省市之一。2009 年 12 月 31 日《国务院关于推进海南国际旅游岛建设发展的若干意见》（以下简称《意见》）发布，《意见》给予海南省"推动开展跨境贸易人民币结算试点，改善结算环境"的优惠政策，将开展跨境贸易人民币结算试点作为海南国际旅游岛建设重要内容，金融政策创新已成为海南国际旅游岛建设的一大亮点。《海南省 2015 年金融改革创新指导意见》提出，海南省各级政府要挖掘跨境人民币业务和离岸金融试点的政策潜力，开展跨境贸易人民币结算试点创新工作，探索发展离岸人民币存款、贷款、结算和兑换业务。

2019 年 9 月，中国人民银行宏观审慎管理局发布，将海南等 18 个自由贸易试验区作为试点地区，开展更高水平的贸易投资便利化试点业务。自贸区银行可在"展业三原则"的基础上，凭优质企业提交的"跨境业务人民币结算收/付款说明"或收付款指令，直接为优质企业办理货物贸易、服务贸易人民币跨境结算业务（转口贸易、退款除外），以及资本项目人民币收入资金在境内的支付使用。优质企业无需事前、逐笔提交真实性证明材料，跨境贸易人民币政策进一步优化完善。为持续对海南建设自贸区、自贸港提供金融支持，海南省外汇与跨境人民币业务自律机制各成员单位积极研究区域化方案，于 2019 年 11 月 21 日成功发布《海南省自律机制企业跨境人民币结算便利化方案》。海南省 40 余家企业被列为首批跨境人民币便利化优质企业客户，优质企业名单制进一步便利了企业在海南地区开展经常项目及资本项目下的跨境人民币结算支付，极大地提高了跨境人民币资金使用效率。

第一节 海南省跨境贸易人民币结算的特点

自 2010 年 6 月开展跨境贸易人民币结算试点业务以来，海南省推行跨境贸易人民币结算政策已有十余年，业务发展呈现出以下特征：

一、结算总量相对增长，但排名不断退后

海南省跨境贸易人民币结算试点业务在第一年迎来"开门红"。根据中国人民银行海口中心支行的数据，自 2010 年 6 月开展试点业务至 2010 年年末，海南省一共有 6 家银行开办了跨境人民币业务，26 家企业办理跨境人民币结算业务，累计发生跨境贸易人民币结算业务 130 笔，累计办理跨境贸易人民币结算 113.9 亿元，发生跨境人民币资本交易个案 2 件，共计金额大约 2.6 亿元。同年 11 月，海南省还开立了首个境外机构人民币银行结算账户，跨境人民币业务领域不断扩展。2010 年海南省跨境贸易人民币结算额在全国所有试点地区中排名第八，远高于海南省外贸进出口额在全国的排名位次。

截至 2011 年年末，全省已累计发生跨境人民币业务 179 亿元，其中，经常项目项下的业务量为 178 亿元，资本项目项下的结算额仅为 1 亿元，货物贸易结算额占同期海南货物进出口总额的 19.9%，比全国水平高出 13.3 个百分点。2012 年，海南省累计发生跨境人民币业务 95.9 亿元，其中经常项目项下的业务量为 66.6 亿元，资本项目项下的结算额为 29.3 亿元，跨境资本交易人民币结算同比增长 28.36 倍。2013 年，海南省共计办理跨境人民币结算业务 265.2 亿元，同比增长 1.8 倍。但 2014 年，海南省跨境人民币结算发展不太顺利，结算总额从 2013 年的 265.2 亿元下降到了 149.6 亿元，下降幅度达到 43.6%，经常项目项下金额基本与上期持平，而资本项目项下金额从 135.6 亿元下降到了 14 亿元，下降幅度将近 90%。2015 年，海南省跨境人民币结算金额为 267.8 亿元，其中经常项目项下结算金额为 163.8 亿元，资本项目项下结算金额为 104 亿元。2016 年海南省跨境人民币结算额 231.9 亿元，人民币跨境担保履约和全口径跨境融资实现突破，完成海南省内首家跨境人民币结算网络支付机构业务备案。2018 年海南省跨境人民币结算额 281.4 亿元，同比增长 55.4%。

图 5-1 为 2010—2019 年海南省累计跨境贸易人民币结算总额及其占全国总结算额的比重。可以看出，一方面，九年间海南省跨境贸易人民币结算总额

不但没有明显起色，反而表现出剧烈波动的特征，结算额极其不稳定；另一方面，海南省跨境贸易人民币结算额占全国总结算额的比重也不断下滑。2010年海南省跨境贸易人民币结算总额占全国的比重为 2.593%，远高于海南省进出口额占全国进出口总额的比重 0.364%，随后该比重迅速一路走低，2014年达到低点 0.23%，之后小幅回升。2019 年海南省跨境贸易人民币结算总额占全国的比重仅为 0.47%，略高于海南省进出口额占全国进出口总额的比重0.29%。根据 Wind 统计数据库发布的数据，2011—2017 年海南省跨境贸易人民币结算额在全国的排名分别为 15 位、26 位、22 位、28 位、28 位、28 位、28 位，结算额和贵州、甘肃、青海、宁夏、新疆等地方相当。

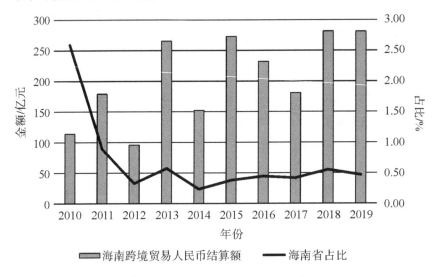

图 5-1　2010—2019 年海南省跨境贸易结算额和占比

数据来源：Wind 数据库。

二、开展跨境贸易人民币结算的市场参与主体不断丰富

对于外贸企业而言，跨境贸易以人民币结算具有减少汇兑成本、科学管理财务、提高资金使用效率、简化贸易手续等经济效应，因此海南省成为跨境贸易人民币结算试点地区之后，许多海南外贸企业积极申请跨境贸易人民币结算业务。经中国人民银行、财政部、商务部、海关总署、税务总局和银监会批复同意，海南首批出口货物贸易人民币结算试点企业共 40 家，行业覆盖汽车销售、卫浴、服装贸易、化工、食品、渔产等。2012 年跨境贸易人民币结算业务覆盖海南全省进出口企业，其中 61 家涉及食品进出口等领域的海南企业为

重点监管企业，这些企业开展跨境贸易人民币结算业务所获得的人民币资金不得存放于境外。

2012年跨境贸易人民币结算覆盖的业务领域和产品不断丰富，新增外资企业境外母公司借款业务，推出境外项目融资境内担保等新产品，境外贷款也从出口买方信贷拓展到对境外非居民经营性贷款即流动资金贷款，这不仅给银行业带来新商机，还有力促进了海南省高端旅游业等实体经济的发展，市场主体参与意愿继续加强。从图5-2可以看出，海南省跨境贸易人民币结算的微观经济主体基础不断扩大。

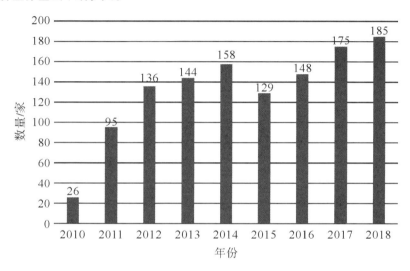

图5-2　2010—2019年海南省跨境贸易人民币结算企业新增数量
数据来源：各年度《海南省金融运行报告》。

对于银行而言，跨境贸易人民币结算为银行开拓业务提供机遇，银行通过创新各种跨境贸易人民币贸易融资产品，推出跨境贸易人民币结算出口汇兑通业务和转收款业务、跨境人民币贸易融资资产跨境转让业务、为客户量身打造个性化资金管理方案等金融服务，拓展银行表外业务，增加银行经营利润，跨境人民币业务已成为海南省内各家银行争夺的一块"蛋糕"。海南中国银行2010年5月率先在海南省开展跨境贸易人民币结算试点，海南中国银行跨境人民币结算业务量及市场份额最高，占据海南省内六成的市场份额，并已形成了涵盖贸易结算、融资、直接投资、股东贷款、保函等多个品种的产品体系。2019年11月21日《海南省自律机制企业跨境人民币结算便利化方案》发布首日，中国银行海南省分行立即启动方案新规的落地实施，为名单内海南省优质企业客户成功办理了货物贸易项下跨境人民币对外支付、服务贸易项下跨境人民币收款以及外商直接投资资本金境内支付使用等业务首发，积极发挥全球化经营和跨境金融服务优势，持续推动人民币国际化发展进程。

截至 2013 年，海南省工行、农行、中行、建行、交行、国开行等九家银行开展了跨境贸易人民币结算业务，其中，国开行海南省分行以53%的份额居全省银行之首。2017 年，办理跨境人民币业务的银行机构新增 2 家，海口农村商业银行成为海南首家开展跨境人民币结算业务的地方法人金融机构。截至 2017 年年末，海南省工行、农行、中行、建行、交行、国开行等银行开展了跨境贸易人民币结算业务。海南省银行业对开展跨境贸易人民结算业务的积极性越来越高，在业务中获得收益的同时也给海南省跨境贸易人民币结算提供了更加丰富的金融支持。图 5-3 为 2010—2019 年海南省开展跨境贸易人民币结算业务的银行数量累计趋势图。

海南省开展跨境贸易人民币结算业务银行家数

图 5-3　2010—2019 年海南省开展跨境贸易
人民币结算业务的银行数量累计趋势图

数据来源：各年度《海南省金融运行报告》。

海南省对外跨境人民币结算业务的市场基础不断扩大。2016 年、2017 年和 2018 年海南境外分别新增 5 个、6 个和 10 个国家和地区同海南省开展跨境人民币结算业务。2017 年海南省与"一带一路"沿线国家和地区的跨境人民币结算额同比增长 12.7%；2018 年海南省新增的境外人民币结算经济体中有 9 个为"一带一路"沿线国家和地区，其中经常项目下人民币结算额为 14.5 亿元，占全省跨境人民币结算额的 21.5%，同比增长 2.8 个百分点。

三、跨境人民币业务支持高端旅游业的发展成效显著

　　海南国际旅游岛战略正式实施后，海南涉外旅游企业发展迅速，海南跨境贸易人民币业务迅速在旅行社、酒店、游艇、邮轮、帆船等旅游行业找到了突破口，结算额迅速增长。继 2010 年 8 月份完成首笔酒店住宿境外收入结算后，海南省旅游业跨境收入结算呈现爆发式增长（见图 5-4）。随着新兴旅游产业的加入，海南跨境人民币业务在旅游产业的分布不断丰富，从试点初期的旅游住宿、会展业，到 2011 年扩展至高尔夫消费、体育赛事产业，再到 2012 年国际邮轮补给、帆船游艇服务、免税商品跨境采购等跨境结算服务，采用跨境贸易人民币结算的旅游企业也不断增加。2012 年海南省与旅游相关产业的跨境贸易收入 6 269.25 万元，支出 1.87 亿元，分别同比增长 2.85 倍和 60.99 倍。

　　与此同时，海南高端旅游利用人民币购买力增强及境外认可度提高的优势，在旅游基础设施建设和高端产品境外采购方面的人民币结算业务创新将进一步加快，尤其是利用好海南免税购物政策升级的机会，提升免税品境外采购人民币结算的比重，实现跨境人民币输入和输出均衡发展。2015 年海南旅游相关产业的跨境贸易结算额已达 7.83 亿元，其中高端旅游产业跨境贸易人民币结算额同比增长 47.3%，在旅游产业中的结算额占比达 92.5%，高于上年同期 6.2 个百分点；2016 年和 2017 年海南省高端旅游产业人民币跨境结算额分别同比增长 30.1% 和 44.2%，跨境贸易人民币结算服务海南高端旅游产业的金融支持能力不断增强。

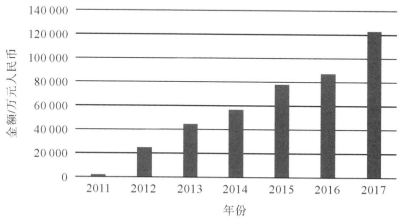

图 5-4　2011—2017 年海南省旅游业跨境人民币结算额

数据来源：各年度《海南省金融运行报告》。

第二节 海南省对外贸易结构与跨境贸易人民币结算需求和前景分析

按商品形态划分，对外贸易可分为货物贸易和服务贸易。虽然海南服务业占据产业结构中的"半壁江山"，服务贸易占对外贸易份额也高于全国平均水平，但和货物贸易相比，仍然存在较大差距。2018 年海南省服务贸易总额为 13.17 亿美元，仅为货物贸易总额的 1.5%。

虽然海南省服务贸易总量显著低于货物贸易，但从增速上看，近年来海南服务贸易的增速明显高于货物贸易。从规模上看，海南货物贸易中，原油、成品油、天然气等大宗商品贸易仍是海南省外贸进出口的主导，这些大宗商品贸易的结算货币大多由美元、欧元垄断，其他货币短时间内很难打入结算市场。剔除原油、成品油等大宗商品的贸易额，海南服务贸易额与货物贸易额的差距明显缩小。而且较之货物贸易，服务贸易更能带动跨境贸易人民币结算，尤其是入境旅游、会展、免税店购物等高端服务业的对外开放更能带动人民币跨境结算，这也是海南高端服务业跨境贸易人民币结算在服务业中所占比例达九成以上的原因。海南省在第三产业发展方面拥有传统优势，国家给予的特殊优惠政策使得海南省在服务贸易领域更具独特机遇，服务贸易的快速发展能有效带动海南省跨境贸易人民币结算的需求增长，前景可观。在本节中，我们将分别从海南省货物贸易和服务贸易结构的角度，分析海南省跨境贸易人民币结算的需求和前景。

一、货物贸易结构方面

（一）贸易差额

从图 5-5 可以看出，自 1988 年建省以来，海南只有在 1990 年、1992 年、1999 年和 2000 年这四年实现过货物贸易小额顺差。2006 年之后，海南省对外货物贸易逆差额迅速扩大，货物进口额增速明显快于货物出口额增速。2015 年、2016 年，海南出口额、进口额和贸易差额都在下滑，出口额下降的原因是传统出口商品农产品、太阳能光伏组件、肥料等出口下降，进口方面的原因是海南外贸原油进口均价呈震荡下滑态势，虽然进口总量增加，但因为价格下降幅度大导致进口额下降。2018 年，海南货物贸易出口 45 亿美元，进口 83.17 亿美元，贸易逆差 38.17 亿美元。2019 年上半年在自贸区（港）建设的有力带动下，海南外贸发展动力不断增强，据海口海关统计，2019 年上半年海南货物贸易总额为 455.6 亿元人民币，其中出口 164.5 亿元人民币，同比增长 46%；进口 291.1 亿元人民币，同比增长 45.4%；贸易逆差 126.6 亿元人民币，同比扩大 44.6%。但是受中美贸易战激化的影响，2019 年 9 月~11 月，海南省以人民币计值的进出口总额分别下降 20.65%、58.97% 和 16.32%。2019 全年海南国际货物贸易额增长率为 6.8%，高于全国 3.4 个百分点，贸易逆差 281.4 亿元人民币。

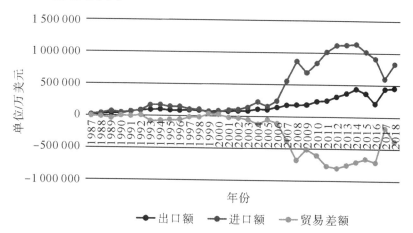

图 5-5　1987—2018 年海南省货物贸易情况

数据来源：《海南省统计年鉴 2019》。

当今国际货物贸易市场竞争激烈，甚至到了白热化的程度，买卖双方在市场中的地位已从"卖方市场"转为"买方市场"，买方在贸易条件、包装运输、货款支付等贸易谈判中拥有更多的主动权，这也是跨境贸易人民币结算在进口业务中进展更顺利的主要原因之一。海南省大规模的贸易逆差有利于进口商选择跨境贸易以人民币结算，当然，这个结论只是初步的，我们还需要进一步分析海南省对外贸易商品结构才能得出更为准确的判断。

（二）对外贸易商品结构

从第二章的文献回顾中可知，对外贸易结构对结算货币选择具有重要影响，一个经济体对外贸易商品的技术含量、资本含量、知识含量越高，其进出口商的市场谈判权力就越大，越有能力决定结算货币。反之，一个经济体对外贸易商品的同质程度越高，其进出口商的市场地位就越被动，且这些大宗商品的国际结算长期以来被美元、欧元等少数几种货币垄断，其他货币很难打破它们的市场垄断。

表 5-1 为 2020 年 1~4 月海南省出口和进口商品结构的情况。海南省出口商品相对集中，成品油、机电产品、高新技术产品、农产品、纸制品占了近九成，其中，成品油的出口占了半壁江山，出口额同比下降了 6.4%，农产品、纸制品、药材的出口均小幅下降，机电产品、高新技术产品的出口则成倍增长；进口商品方面，煤和成品油进口成倍增长，化妆品、农产品、天然气进口增长明显，机电产品、高新技术产品和金属矿则同比下降。值得注意的是，在进口商品构成中，排名第三和第四的煤、油成倍增长，但其他产品有增有减的情况下，海南省整体进口额下降了 26.7%，说明这个增长是由剩下的 15.4% 的进口商品带来的，2020 新冠肺炎疫情对海南省进口造成的风险总体可控。

表 5-1　2020 年 1—4 月海南省出口和进口商品结构

出口				进口			
项目	美元值/万	占比/%	美元值同比/%	项目	美元值/万	占比/%	美元值同比/%
成品油	79 575.81	50.6	−6.4	美容化妆品及洗护用品	38 904.2	17	32.2
机电产品	25 495.86	16.2	114.6	基本有机化学品	31 495.04	13.8	−8.2
高新技术产品	22 240.2	14.2	147.5	煤及褐煤	19 259.49	8.4	400.4
农产品	15 853.6	10.1	−1.2	成品油	18 655.16	8.2	119.8
纸浆、纸及其制品	10 885.79	6.9	−2.6	机电产品	17 696.9	7.7	−86.0
医药材及药品	1 806.269	1.1	−6.1	农产品	15 668.59	6.9	66.7
合计	155 857.529	99.2		金属矿及矿砂	15 180.68	6.6	−33.5
				高新技术产品	13 746.2	6.0	−87.6
				天然气	12 509.12	5.5	11.1
				纸浆、纸及其制品	10 465.41	4.6	−1.9
				合计	193 580.79	84.6	

数据来源：海口海关网站。

从海南省进出口商品结构来看，海南进出口商在结算货币选择上相对缺乏主动权。出口方面，原油和成品油、动物产品等初级产品大多为同质化程度很高的商品，且大多通过国际期货市场交易，当前国际大宗商品实行美元定价权及其主导的期货定价机制，美元在国际初级产品市场具有绝对的霸主地位，美国也极力捍卫美元作为国际货币的核心利益，因此在短期内国际初级产品市场使用人民币结算难度较大。当然，2018 年 3 月 26 日人民币原油期货在上海证券交易所上市，目前总体运行状况良好，表现胜过预期，成交量和持仓量均稳居世界第三，仅次于 WTI 原油期货和 Brent 原油期货。2018 年 4 月 13 日，习近平总书记在海南建省 30 周年大会上提出，支持海南设立国际能源、航运、大宗商品、产权、股权、碳排放等交易场所。次日，中央 12 号文件明确指出支持海南设立国际能源等交易所。2019 年 10 月 25 日海南能源交易中心启动。目前交易所上线试运营的能源商品包括煤炭和钢铁，2019 年 12 月 31 日，交易所会员单位突破 500 家，交易金额突破 100 亿元人民币。这些大宗商品金融创新为海南省在原油和成品油进出口贸易中采用人民币结算提供了有利条件。

进口方面，海南省在原油和成品油、飞机、船舶、汽车等产品的进口比重大，而目前人民币结算在车辆、航空器、船舶及有关运输设备行业开展难度较大，这是由这些行业的特点所决定的。因为全球当前船舶交易和租赁市场几乎全部采用美元结算，这种计价和结算方式又进一步传导至造船市场，导致造船企业与船东之间也几乎全部采用美元结算。值得一提的是，随着海南省打造国际消费中心的有序进行，2019 年海南省进口消费品 161.6 亿元人民币，同比增长 69.1%，占同期海南省进口总值的 28.7%，取代飞机成为海南头号进口商品。所以从对外贸易商品结构来看，海南省跨境贸易人民币结算的市场难度较大，但前景广阔。

表 5-2　2018 年海南省对外贸易进出口前五大类商品份额

出口前五类商品	占比/%	进口前五类商品	占比/%
原油和成品油	48.0	机电产品	45.9
机电产品	11.9	高新技术产品	41.8
水海产品	10.2	原油和成品油	9.5
纸及纸板	6.2	美容化妆品及护肤品	6.3
高新技术产品	5.4	纸浆	3.7

数据来源：《海南省统计年鉴 2019》。

（三）对外贸易方式结构

我国对外贸易方式结构主要体现为一般贸易和加工贸易之间此消彼长的关系，二者的区别在于我国企业参与对外贸易价值链条研发—加工制造与装配—物流—市场营销中的哪些环节。对于一般贸易而言，我国企业参与每个价值链环节，因此能够最大限度地获取每个环节的价值链增值；但是，对于加工贸易而言，我国企业只能参与对外贸易价值链条中增值最少的加工制造与装配环节，我国企业很难从中获得竞争优势，而且加工贸易企业往往境外采购率较高，境内采购大多以初级产品为主，这使得加工贸易企业往往可替代性强，在国际市场缺乏竞争力，对结算币种缺乏话语权。

图 5-6 为海南省 2013—2018 年一般贸易和加工贸易进出口额占海南总进出口额的比重。与全国整体结构不同，海南省一般贸易所占比重明显高于加工贸易，虽然一般贸易占比下降明显，但加工贸易占比稳定保持在较低水平，这说明海南在边境小额贸易等其他贸易方式的比重在提高，这有利于海南省对外贸易争取跨境人民币结算。

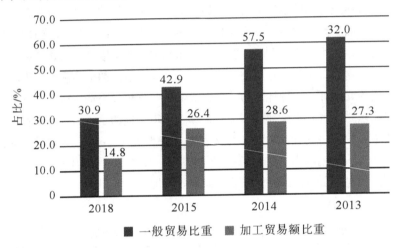

图 5-6　2013—2018 年海南省一般贸易额和加工贸易额比重

数据来源：海南省统计年鉴

（四）对外贸易企业性质

与外币结算相比，跨境贸易人民币结算的优势是规避汇率风险，降低财务成本。但与出口退（免）税政策相比，跨境贸易人民币结算所降低的成本往往不明显，对企业的吸引力有限，这就导致只有对成本和汇率风险敏感的企业才会优先选择跨境贸易人民币结算。国家外汇管理局陕西省分局（2006）、范跃进、王帅（2009）等研究发现，外商投资企业的汇率风险意识明显强于内资企业，世界五百强、著名跨国公司设立的外商投资企业、境外上市企业的汇率风险管理能力明显高于一般外商投资企业，外资企业往往更倾向于持有一部分人民币资产，以便更好地进行财务管理。此外，跨国企业之所以大幅调高跨境业务人民币结算额度，一个重要原因是他们在中国境内的关联企业或贸易伙伴从银行获得大量人民币银行贷款，因此他们将跨境业务获得的人民币资金用于偿还人民币贷款，从而形成人民币跨境使用的闭环，有效规避了汇率风险。

就国内企业而言，与国有企业相比，私有民营企业往往对成本更加敏感，管控汇率风险的意愿更强，因此对跨境贸易人民币结算也更加积极。同时，民营企业经营方式相对灵活，改变结算币种也更为及时。

从图5-7可以看出，海南省对外贸易最大的经济主体是外商投资企业，占了七成以上的市场份额，其次是私营企业，约占两成的市场份额，这两类企业经营着海南对外货物贸易的九成。2019年海南省外商投资企业进出口506.9亿元，下降13.8%，占56%；民营企业进出口195.5亿元，增长22%，占21.6%；国有企业进出口202亿元，增长1倍，占22.3%。因此，从企业性质来看，海南省外贸企业主体更具有科学规范的财务管理意识，跨境贸易人民币结算较为强劲。

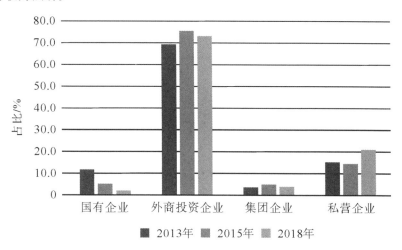

图5-7 2013—2018年海南不同性质企业的对外贸易份额比重

数据来源：海南省统计年鉴。

（五）贸易伙伴分布

目前，人民币接受程度较高的境外地区主要集中在东南亚和中国边境地区，尤其是中国香港、新加坡、越南等地，占据我国跨境贸易人民币结算总额的近七成。根据Grassman法则等经验研究，贸易伙伴如果以发展程度相对更低的经济体为主，就更容易推动跨境贸易以人民币结算，如果以发达国家、大宗商品生产国的经济体为主，则不利于跨境贸易人民币结算。表5-3和表5-4分别为2015年和2018年海南出口和进口货物贸易前十大贸易伙伴及其所占份额。

出口方面，海南贸易伙伴主要集中在东亚、东南亚地区。2015年，越南、中国香港和新加坡为海南省出口贸易的前三大伙伴，共占海南出口贸易总额的30.82%。2018年，中国香港、新加坡和菲律宾为海南省出口贸易的前三大伙伴，共占海南出口贸易总额的36.9%。东亚、东南亚一直是跨境贸易人民币结算的关键区域，具备相对坚实的市场基础，加之中国香港、新加坡均为人民币离岸市场，因此海南省出口贸易伙伴的分布结构非常有利于海南出口贸易以人民币结算。进口方面，2015年，美国、阿曼和法国为海南省进口贸易的前三大伙伴，共占海南进口贸易总额的44.76%。2018年，美国、法国和越南这三个国家为海南省进口贸易的前三大伙伴，共占海南进口贸易总额的52.9%。短时间内，海南省从美国进口的份额骤升近15个百分点，这非常不利于跨境贸易人民币结算的推行。美国一直对人民币国际化虎视眈眈，竭力加以遏制，人民币国际化势必受到美国全力压制，因此海南省从美国大量进口货物难以推行跨境人民币结算，阿曼、阿拉伯联合酋长国等石油输出国早已通过协议的方式巩固了石油美元结算的地位，这些国家对人民币的接受程度低，因此推动跨境贸易人民币结算的难度较大。

令人乐观的是，作为"一带一路"的战略支点，海南正利用地缘优势、政策优势拓展与"一带一路"沿线国家和地区的对外货物贸易，成绩喜人。据海口海关统计，2019年海南与"一带一路"沿线国家和地区外贸进出口352.3亿元人民币，同比增长10.6%，占比38.9%；其中，对东盟进出口277.7亿元，增长42.3%，占比30.7%。"一带一路"沿线国家和地区与中国具备强烈的经济互补性，和中国的政治互信、价值文化认同较高，具有较强的跨境贸易人民币结算意愿，对人民币具有较高的认可度，海南因此深化拓展和"一带一路"沿线国家和地区的对外贸易有助于跨境贸易人民币结算。

表 5-3　2015 年海南省出口和进口货物贸易前十大贸易伙伴及份额

出口前十 贸易伙伴	出口贸易伙伴 所占份额/%	进口前十 贸易伙伴	进口贸易伙伴 所占份额/%
越南	11.32	美国	17.90
中国香港	9.88	阿曼	17.53
新加坡	9.62	法国	9.33
美国	7.78	阿拉伯联合酋长国	7.09
澳大利亚	7.64	越南	5.46
日本	6.10	安哥拉	4.77
印度尼西亚	5.46	埃及	3.65

表5-3(续)

出口前十 贸易伙伴	出口贸易伙伴 所占份额/%	进口前十 贸易伙伴	进口贸易伙伴 所占份额/%
智利	3.92	韩国	2.85
菲律宾	3.42	俄罗斯	2.74
韩国	3.17	泰国	2.66
总计	68.31	总计	73.98

数据来源:《海南省统计年鉴2016》。

表 5-4　2018 年海南省出口和进口货物贸易前十大贸易伙伴及份额

出口前十 贸易伙伴	出口贸易伙伴 所占份额/%	进口前十 贸易伙伴	进口贸易伙伴 所占份额/%
中国香港	13.0	美国	32.8
新加坡	12.7	法国	14.4
菲律宾	11.3	越南	5.7
美国	5.6	阿拉伯联合酋长国	4.0
澳大利亚	4.8	印度	3.8
日本	4.3	韩国	3.6
越南	4.2	新加坡	3.5
印度	4.1	印度尼西亚	3.4
韩国	3.8	意大利	3.2
泰国	2.3	澳大利亚	2.7
总计	65.90	总计	77.10

数据来源:《海南省统计年鉴2019》。

二、服务贸易结构

(一) 进出口结构

图 5-8 为 2013—2018 年海南省服务贸易出口额、进口额和进出口总额年增长率。2013—2016 年,海南省服务贸易逆差呈扩大趋势,2016 年逆差达到最高值 5.52 亿美元,同比增长 32.7%;2017 年海南省服务贸易出口额激增,同比增长 125%,充分显示出海南省服务贸易创新发展试点工作的经济成效,2017—2018 年海南省服务贸易差额更趋平衡,主要得益于海南省服务贸易出

口的大幅增长。从服务贸易额增长率来看，海南省服务贸易额在不同年份之间波动很大，2015 年几乎与 2014 年持平，增长率仅为 1%；2017 年的增长率高达 51%，高波动的背后折射出海南服务贸易发展的不稳定性，海南各方面应该思考如何将服务贸易制度化、成果化以推动海南省服务贸易的平稳增长。与货物市场不同，服务市场中买卖双方的谈判地位具有显著的行业异质性，旅游业、批发零售业、运输业等服务业由于竞争激烈大多为"买方市场"，咨询业、国际承包业、知识产权转让等现代服务行业多为"卖方市场"，尤其是在知识密集型、资本密集型服务市场，卖方拥有绝对的市场主动权。因此，海南省服务贸易不断扩大的逆差对跨境贸易人民币结算的利弊还无法得到初步结论，需要进一步考察不同服务行业的进出口情况。

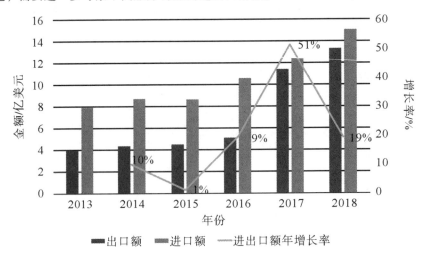

图 5-8　2013—2018 海南服务贸易进出口情况

数据来源：海南省商务厅

（二）服务业行业结构

2016 年海南省服务贸易主要集中在商业服务、旅游及运输服务等行业，分别占服务进出口的 31.73%、27.08%、24.53%。服务出口主要集中在运输服务、加工服务和商业服务领域，占比分别为 43.36%、28.93%、15.31%；服务进口主要集中在商业服务、旅行及运输服务领域，占比分别为 39.61%、36.81%、15.50%。旅游为传统服务业，且旅游产品最终表现为活劳动的消耗，旅游景点具有不可位移性，游客必须入境参与景点所在地的经济活动才能享受当地的旅游服务，因此海南国际旅游业的发展对跨境贸易人民币结算具有显著推动作用；运输和商业服务这两大行业均为买方市场主导权更大的传统服务行业，2016 年海南这两个行业对外贸易均为逆差不利于推动人民币在这些行业的跨境结算。2016 年进出口增速较快的分别为维护和维修服务、建筑服务及知识产权使用费等领域，同比增长幅度分别为 6.39 倍、2.84 倍及 83.89%。海南在金融服务、知识产权使用费及建筑服务等"卖方服务市场"的出口增速较快，增速分别为 4 585 倍、19.03 倍和 1.37 倍，这有利于跨境贸易人民币结算（见表 5-5）。

表 5-5　海南省 2016 年服务贸易分行业进出口情况

行业	进出口		出口		进口	
	金额/万美元	同比增长/%	金额/万美元	同比增长/%	金额/万美元	同比增长/%
运输	38 523.40	31.15	22 076.06	16.31	16 447.34	58.26
旅游	42 528.42	18.23	3 469.85	23.33	39 058.56	17.80
建筑服务	496.53	284.15	256.61	136.92	239.92	1 045.75
保险服务	11 400.00	4 587.97	257.33	69.88	66.87	−27.07
金融服务	523.39	−11.67	45.86	458 500.00	477.53	−19.41
计算机和信息服务	1 786.34	51.66	707.74	97.84	1 078.61	31.52
其他商业服务	49 829.13	7.53	7 795.71	−10.89	42 033.42	11.82
文化和娱乐服务	1 866.29	13.91	28.07	−37.30	1 838.23	15.35
别处未涵盖的维护和维修服务	2 528.72	638.99	10.06	−54.58	2 518.66	686.98
别处未涵盖的知识产权使用费	3 296.62	83.89	1 534.43	1 903.17	1 762.20	2.69
别处未涵盖的政府货物和服务	155.62	21.88	0.76	−68.33	154.86	23.61
加工服务	15 165.77	9.46	14 726.3	7.77	439.46	130.68
合计	157 024.50	19.34	50 908.78	13.21	106 115.66	22.52

数据来源：海南省商务厅。

（三）入境游客和国际旅游收入

建省以来，旅游业就成为海南省的支柱产业之一，滨海旅游业成为海南海洋经济的主要组成部分。从服务贸易的角度来看，入境游客尤其是过夜入境游客将直接带动海南境内酒店入住、餐饮、交通、购物、游玩等一系列消费，从而产生非居民人民币持有需求，带动跨境贸易人民币结算。然而，从数据上看，海南旅游业的国际化程度仍然只处于起步阶段。图 5-9 为 2009 年海南省正式实施"国际旅游岛"战略前后入境游客人数及其占海南省接待游客总人数的比重趋势图。

可以看出，海南入境游客数量从 2011 年开始呈下降趋势，2014 年降幅最大，同比减少 12.6%；2016 年后海南入境游开始回暖，2017 年海南省入境游客数量增长最快，同比增长 49.5%。同期入境过夜游客占总过夜游客的比重也明显下降，2018 年海南省入境过夜游客达 126.36 万人次，仅占总过夜游客人数的 1.66%。

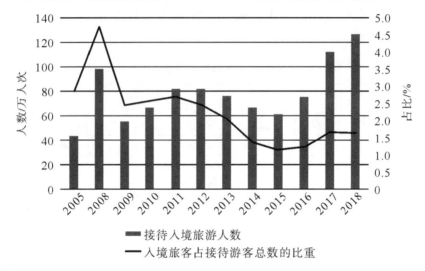

图 5-9　海南省入境游客情况

数据来源：《海南省统计年鉴 2012》和《海南省统计年鉴 2019》。

从图 5-10 也可以看出，海南国际旅游收入与海南省入境游客数量表现出相同的发展趋势，2009 年同比下降 29% 之后，2010 年和 2011 年稍有回暖，分别同比增加 16% 和 17%，但之后连年下滑直至 2016 年开始回升。2017 年，海南省国际旅游收入为 6.81 亿美元，同比增长 95%，几乎翻了一番。从海南省国际旅游收入占旅游总收入的比重来看，2008 年该经济指标达到峰值 14%，随后国际旅游收入占旅游总收入的比重不断走低，直至 2015 年的低谷 2.7%，2016 年之后该比重有所提高，2017 年和 2018 年分别为 5.66% 和 5.37%。

从入境游客人数及其占比和国际旅游收入及其占比这四项基本指标来看，2009 年海南国际旅游岛战略、2011 年 4 月开始的离岛免税政策并未展现出对海南国际旅游业发展的推动效应。国际旅游业不景气显然不利于拉动海南省的跨境贸易人民币结算需求。目前，海南正在打造"国际旅游岛升级版"，重点发展滨海旅游、休闲健身、度假疗养等功能区，随着国际旅游业的不断发展，势必带动海南省跨境贸易人民币结算需求，前景可观。

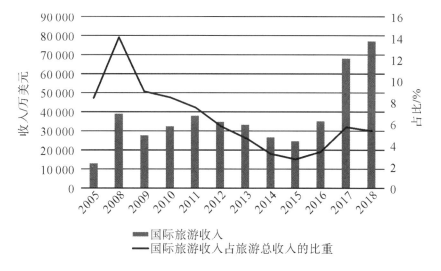

图 5-10　海南省国际旅游收入情况

数据来源:《海南省统计年鉴 2019》。

（四）国际会展经济收入可观

会展是会议、展览会、节事活动和各类产业（行业）相关展览的统称。会展经济，即通过举办大型会议、展览活动，带来源源不断的商流、物流、人流、资金流、信息流，直接推动商贸、旅游业的发展，不断创造商机，吸引投资，进而拉动其他产业的发展，并形成以会展活动为核心的经济群体。会展经济不仅本身能够创造巨大的经济效益，而且可以带动交通、旅游、餐饮、住宿、通信、广告等相关产业的发展。国际上展览业的产业带动系数大约为1∶9，即展览场馆的收入如果是 1，相关的产业收入则为 9。各地对会展经济功能的认识更为丰富和多元，从早期的 1∶9 产业拉动系数向会展综合影响效应、产业转型升级促进、城市发展定位和国家战略服务转变。

2015 年 4 月，国务院发布《国务院关于进一步促进展览业改革发展的若干意见》指出，近年来我国展览业快速发展，已经成为构建现代市场体系和开放型经济体系的重要平台，在我国经济社会发展中的作用日益凸显，应努力推动我国展览业向专业化、国际化、品牌化和信息化方向发展。《海南省"十三五"规划纲要》将会展业列入海南省政府着力打造的十二大支柱产业之一，开启了海南品牌展会建设的新纪元。据海南省商务厅统计，2016 年海南全省共举办 100 人以上会议 14 980 场，与 2014 年相比，年均增长 11.5%；全省会展服务和关联产业收入稳步增长，全省会展业收入 145.1 亿元，与 2014 年相比，年均增长 8.9%；会展业市场主体较快发展，全省工商注册经营范围涉及会展服务的企业共 1.1 万户，在海南 12 个重点产业中排名第二，注册资本金 321.2 亿元；全省品牌会展数量增多，海南省国际展览（境外展商占 20% 以上）由 2014 年的 11 场增加到 17 场。海南省已成为国内会展旅游的重要目的地，会议业发展较好，与北京、上海、杭州等地区同属国内第一阵营。

2018 年海南会展业在品牌培育、展馆建设、服务提升等方面的工作得到积极开展，2018 年海南会展业加快发展，实现收入 200 亿元，同比增长 19.7%；全省共举办 100 人以上会议 2 万场，同比增长 16%（其中千人以上会议 125 场，同比增长 25.7%）；举办展览 155 场，同比增长 27.5%，展览面积 165.3 万平方米，同比增长 19.1%。海南会展业增加值增速在十二大重点产业中排名第 4 位，成为经济转型升级的重要动能之一。与 2016 年相比，海南省会展服务收入与住宿餐饮、广告印刷、交通运输、购物娱乐等关联行业收入的比例由 1:6 上升到 1:6.6。

海南举办的具有国际影响力的会展有：亚洲博鳌论坛、中国（海南）国际海洋产业博览会、中国（海南）国际旅游地产博览会、海南国际旅游贸易博览会、国际邮轮博览会、国际旅游岛购物节、博鳌国际物流论坛等，这些会展吸引境外客商前来参展，势必催生跨境人民币结算需求。海南省委省政府将会展业规划列入全省"多规合一"总体规划，将用 3~5 年时间，建设一批会展设施，打造一批会展品牌，培育一批会展龙头企业，力争会展业收入保持年均 10% 以上的增速，将海南打造成为国际知名的会议目的地和中国著名的会展中心。可以预见，海南国际会展业将会以更快的速度发展，由此带来的商流、资金流必然带动海南跨境贸易人民币结算的发展。

第六章　海南省服务贸易的外汇便利化需求

中国改革开放 40 余年来，涉外经济迅猛发展，中国已从开放前极度封闭的计划经济体制国家发展成为对外高度开放的外向型市场经济国家。习近平总书记多次表示，"中国改革的脚步不会停滞，中国开放的大门只会越开越大"。我国涉外经济的蓬勃发展推动着外汇服务朝着便利化改革的方向发展，以满足市场日益多元的外汇服务需求。海南省从建省伊始，就是中国最大的经济特区。建省 30 多年来，海南省从封闭、落后的热带农业岛屿发展成为对外经济日益开放的服务型经济区域，催生出强劲的外汇便利化需求。自由贸易港是当今世界最高水平的开放形态，如今海南省被中央赋予"中国（海南）自由贸易区（港）"的独特地位，外汇便利化不仅是海南省建设中国特色自由贸易港的重要组成内容，更能为海南省进一步促进贸易投资便利化创造金融条件。

2013 年 7 月 18 日，国家外汇管理局以汇发〔2013〕30 号印发《服务贸易外汇管理指引实施细则》（以下简称《实施细则》）。该《实施细则》分外汇收支审查、存放境外管理、监督管理、法律责任、附则五章 37 条，为我国服务贸易外汇管理提供法律依据。本章将以海南省服务贸易所涉及的外汇服务需求，分析不同服务贸易活动的外汇服务内容、外汇便利化需求及措施。

第一节　海南省外汇便利化的测度和外汇服务便利化措施

一、外汇便利化的测度

"便利化"（facilitation）一词来源于拉丁文 Facililis，意指简易、方便和便利。所谓外汇便利化，是指对妨碍涉外经济主体外汇收支的行政管理及相关服务措施和手续进行简化，旨在为涉外经济主体外汇收支创造一种协调、透明和可预见的环境（文善恩 等，2011）①，最终推动国际贸易和国际投资的便利化。便利的外汇服务能降低跨境资金交易成本，加速资金流动，提高资金利用效率，促进外向型经济健康快速发展。

外汇便利化的最终目的是促进贸易投资便利化，降低交易成本，优化营商环境，外汇便利化构成了贸易投资便利化的重要内容。贸易便利化是 WTO、联合国、世界银行等国际组织极力倡导的一项重要议题，旨在为国际贸易创造一个便捷、协调、透明和可预见的环境。世界银行发布第 17 个年度《营商环境报告 2020》包含了有关跨境交易的章节，贸易便利化成为影响各国营商环境排名的重要指标。2013 年 12 月世界贸易组织第九次部长级会议最重要的成果就是达成了《贸易便利化协议》，2017 年 2 月 22 日世界贸易组织总干事阿泽维多宣布，《贸易便利化协定》正式生效，并对全部 WTO 成员的所有边境管理机构具有约束力，该协议是 WTO 成员自乌拉圭回合谈判结束后 20 多年来达成的首个重大协议。经合组织的贸易便利化指标显示，全面落实《贸易便利化协定》将使发达国家的贸易成本降低 10%，发展中国家的贸易成本降低 13%~15.5%，世界贸易组织将贸易便利化定义为"国际贸易程序的简化和统一"，其中国际贸易程序是指"在国际贸易中收集、呈报、传送和处理货物运输相关数据时所涉及的活动、做法和手续"，具体包括有关贸易信息收集、贸易行为提出、贸易意向交换、贸易货物转移等行为，涉及办理进出口报审、运输手续，支付结算、保险和其他金融手续等程序。表 6-1 为测量贸易便利化的主要维度。

表 6-1　贸易便利化的主要测量维度

序号	主要指标维度	具体表现形式
1	信息发布和提供	成员及时发布与货物进出口清关要求和程序相关的一系列广泛的特定信息，包括程序、形式和文件、关税及税项的税率、海关货物分类和估值规则、来源地规则、过境限制和程序、罚则、申诉程序、贸易协议以及配额行政管理安排；成员必须在互联网发布有关信息及有关国家查询点的信息
2	过往的发布和咨询	成员必须在新订或修订有关货物运输、放行和清关的法律之前，事先咨询贸易商和其他利益相关方的意见

---

① 文善恩，王永利，骆其武. 海南国际旅游岛建设中的外汇服务便利化研究［J］. 海南金融，2011（1）：37.

表6-1(续)

序号	主要指标维度	具体表现形式
3	事先裁定	海关对货物的特定方面，特别是准备进出口货物的分类和来源地，做出具有约束力的判定
4	申诉或审查程序	海关必须应贸易商的要求，就贸易商认为海关的某个判定或遗漏的原因做出解释，并给予贸易商向主管当局提出申诉的权利
5	加强公正性、非歧视和透明度的其他措施	成员必须针对风险发出加强对食品、饮料或饲料的边境管制和检查，在相关入境关口统一实施此类措施，在情况不再合适时及时取消程序，并且及时发布终止措施的公告
6	征收进出口相关费用和收费准则	成员及时公布有关费用征收的信息，定期审查费用和收费，并在相关信息公布之前不得要求支付调整后的收费
7	货物放行和清关	海关行动的透明度和可预见性；货物报关和证明文件的标准化和简化；适用于获授权人士的简化程序；对信息技术的最大程度利用；最大限度减少确保遵守法规所需的海关管制措施；采用以风险管理和审计为基础的管制措施；与其他边境机构协调的干预措施；与贸易商携手合作
8	边境机构协调	开放日和开放时间协调；程序和手续协调；公用设施的开发与采用；联合管制；一站式边检站的设立
9	在海关监管下的货物进口运输	在可能的情况下，成员国应允许进口货物在海关监管下从入境口岸运输到其他海关办事处
10	进出口和过境相关手续	成员必须审查本国的进出口和过境手续及文件要求，确保有利于货物的快速放行和清关；鼓励成员接受证明文件的纸质或电子副本；鼓励成员遵循国际标准形式的最佳做法；设立或维持用于提交文件和/或进出口或过境数据要求的单一窗口；不鼓励装运前预检；禁止成员列入强制要求使用报关代理的措施；对经过领土的货物放行及清关采用共同的海关程序和统一的文件要求；对遭受拒收的进口货物，成员允许进口商重新托运或退还货物；允许货物根据临时入境程序办理进口
11	过境自由	成员处理过境货物的方式不得低于假定货物被运送目的地而未经该成员领土时的方式
12	海关合作	成员海关共享信息，确保海关监管的有序协调，尊重信息的保密性

资料来源：WTO. Agreement on Trade Facilitation. February 2017.

投资便利化通常是指加速投资的机制，包括减少烦冗的投资审批程序和设立一站式服务窗口等，涉及投资设立、扩大以及在东道国日常商业运营的所有环节，透明度、投资者服务和程序的简洁高效、协调合作以及能力建设等是其中的代表性原则（王璐瑶、葛顺奇，2019①；UNCTAD，2016②）。表 6-2 为测量投资便利化的主要维度。

表 6-2　投资便利化主要测量维度

序号	主要指标维度	具体表现形式
1	提高有关投资政策和程序的开放性和透明度	1.1 提供有关投资体制和审查指南的最新准确信息 1.2 设立投资申请和政策咨询的单一窗口或查询点 1.3 及时公布有关投资的程序、标准和监管等 1.4 及时公布投资体制的定期审查结果
2	加强投资政策的可预见性和一致性	2.1 促进投资法规的系统化和制度化 2.2 规范运用投资法规以避免自由裁量权的歧视性运用 2.3 确保投资项目审查、评估和批准机制的透明性 2.4 建立友好的投资争端解决机制
3	提升投资行政审批效率和效果	3.1 缩短投资程序耗时并简化相关程序 3.2 及时提供行政建议并确保申请者知晓审批申请状态 3.3 鼓励并促进机构合作与协调 3.4 最小化审批过程中的投资者成本 3.5 提升投资相关人员的准入和居住便利程度 3.6 简化连接必要服务基础设施的程序 3.7 定期审查投资程序 3.8 扩大适用经济特区或区域内试点的管理实践
4	在实践相关投资政策中建立更具建设性的利益相关方关系	4.1 在整个投资周期内设立利益相关方的定期对话机制，并投资 4.2 设立有关法律法规政策修订的意见征求渠道 4.3 完善公司治理标准并加强负责任的商业行为 4.4 设立与投资利益相关方的定期对话机制

---

① 王璐瑶，葛顺奇. 投资便利化国际趋势与中国的实践 [J]. 国际经济评论，2019（7）.

② UNCTAD. World Investment Report 2016：Investor Nationality：Policy Challenges [R]. New York and Geneva，2016.

表6-2(续)

序号	主要指标维度	具体表现形式
5	指定一个特定投资促进机构履行相关职责	5.1 处理投资者及母国的建议和意见 5.2 密切关注并及时处理、防止和解决投资争端 5.3 提供相关法律法规的信息 5.4 提升投资立法和程序的透明度
6	设立投资便利化监控和审查机制	6.1 构建评估投资便利化优先介入的领域 6.2 通过绩效考核等方式促进行政服务符合国际最佳实践
7	加强投资便利化的国际合作	7.1 在相关机构间设立定期磋商机制 7.2 在投资过程中开展反腐合作 7.3 开展专家交流活动
8	提升发展中伙伴国的投资便利化努力	8.1 提高投资管理流程的透明度和有效性 8.2 提升特定投资促进机构的倡议能力 8.3 提升对潜在投资项目的监管可行性研究
9	强化发展中伙伴国的投资吸引力	9.1 构建特定投资促进机构在评估和拓展投资项目方面的专业知识体系 9.2 强化投资后续服务和发挥投资积极影响力的能力
10	加强投资促发展的国际合作	10.1 鼓励母国对外投资提供各项支持 10.2 鼓励对外投资者采取高标准公司治理模式和负责任的商业行为 10.3 建立相关机构间的定期磋商机制

资料来源：UNCTAD. Investment Facilitation：A Global Action Menu. 2016.

从贸易便利化和投资便利化的测量维度可以看出，外汇服务便利化的目标是推动贸易投资便利化，十余年来我国不断深化外汇管理"放服管"改革，促进更高水平的贸易投资自由化和便利化。截至2020年年底我国已建立19个自由贸易试验区，其中推动外汇金融改革以促进贸易投资便利化是自贸区改革的重要内容。2019年7月，国家外汇管理局天津市分局印发《国家外汇管理局关于修订〈进一步推进中国（天津）自由贸易试验区外汇管理改革试点实施细则〉的通知》，从简政放权、促进投融资便利化、完善宏观审慎管理等方面入手，重点增加六个方面的政策创新，着力深化外汇管理"放管服"改革，打造公平、透明、高效的营商环境，推进天津自贸试验区进一步扩大对外开放。2019年8月，中国国家外汇局福建省分局日前发布《深入推进中国（福建）自由贸易试验区外汇管理改革试点实施细则》，整合优化推出了实现简化外汇登记管理、提高投融资便利性等6项跨境投融资便利化举措，并将政策拓展到自贸试验区福州及平潭片区内所有企业。2019 年 10 月 25 日，国家外汇管理局发布《国家外汇管理局关于进一步促进跨境贸易投资便利化的通知》（汇发〔2019〕28 号），包括了跨境贸易和跨境投融资共 12 项具体措施，贸易外汇收支便利化试点业务从货物贸易扩大到服务贸易，将资本项目收入支付便利化试点，扩大到全部的自由贸易试验区和上海市全辖区。

近几年来随着我国外汇体制改革的深化和外汇管理政策的调整，外汇服务的内涵也在不断丰富和发展。从当前形势和未来发展趋势来看，外汇服务的内涵应至少包括三个方面内容：一是外汇服务是以监管为基础的服务活动。近年来，为促进更高水平的贸易投资便利化、自由化，国家外汇管理局持续深化外汇管理"放管服"改革，进一步简政放权，优化外汇服务。但是，强调服务并不是无原则地迎合微观经济主体的趋利要求，甚至放弃监管，相反地，为做好服务，必须强化监管，从这个意义上讲，管理是纲，服务是目，寓管理于服务之中，才能纲举目张。二是外汇服务是以贸易投资便利化为目的的服务活动。外汇管理部门应始终把服务经济发展、推进贸易投资便利化作为外汇管理工作的落脚点。三是外汇服务是以外汇资金、涉外信息为媒介的服务活动。外汇资金的有序高效流动和涉外信息的顺畅传导是外汇服务的基本内容，也是贸易投资便利化的根本要求，外汇管理部门要紧紧围绕资金和信息这两个中心，把服务工作融入到银行、企业的生产经营活动和政府的涉外经济管理活动中去，不断推进贸易投资便利化的进程①。

二、海南外汇服务便利化措施

按服务对象来分，外汇服务可分为个人外汇业务、企业外汇业务和银行外汇业务。按交易性质来分，外汇服务可分为经常项目外汇服务和资本项目外汇服务。我们介绍结算按服务对象划分的外汇服务类型。

（一）个人外汇服务的便利化措施

个人外汇业务按照交易主体区分为境内与境外个人外汇业务，按照交易性质区分为经常项目和资本项目个人外汇业务。个人外汇服务就是为境内和境外自然人居民提供外汇买卖、跨境汇款和销售外汇理财产品等外汇服务，比较常见的有个人结售汇业务、购汇业务、个人跨境汇款、购买外汇理财产品、旅行支票业务、外币储蓄业务、办理"携带外汇出境许可证"等。

根据《个人外汇管理办法》（中国人民银行令〔2006〕第 3 号）、《个人外

---

① 周萍. 对外汇服务促进贸易投资便利化的思考 [J]. 当代经济，2008（7）：20-21.

汇管理办法实施细则》（汇发〔2007〕1号）、《外币代兑机构和自助兑换机业务管理规定》（汇发〔2016〕11号）等法规的要求，我国目前对个人结汇、售汇业务的年度总额为等值5万（含）美元，确需超过年度结售汇总额的个人，须提供有效真实的需求凭证。结售汇汇率实行一日多价制度，按交易时结售汇交易系统自动报出的实时汇率成交。个人购汇或从外汇储蓄账户提钞，单笔限额1万美元，超过上述金额的，还应提供经海关签章的"中华人民共和国海关进境旅客行李物品申报单"或本人原存款银行外币现钞提取单据办理。境外个人旅游购物贸易方式项下的结汇，凭本人有效身份证件及个人旅游购物报关单办理。由此可见，年度5万美元只是个人购汇的便利化额度而非限额，本人超过年度便利化总额的真实合法用汇，可以向银行提供实际用途证明材料，再由银行提供给国家外汇管理局进行申报。

中国人民银行辽源市中心支行课题组（2018）调查发现，随着我国居民生活水平的不断提高，个人用汇需求也在不断增加。较2008年，2017年我国个人结售汇和收付汇总量分别增长了100%和81%，涉汇人数增长了2倍。虽然银行自助终端、手机银行等非柜台办理渠道的迅速发展，为个人客户带来了极大的便利，但因限额上的个人业务必须在接受银行柜台审查，无法使用非柜台渠道享受便利。2015年1月，国家外汇管理局在全国范围内推进支付机构跨境外汇支付业务试点工作，进一步放宽对业务范围的限制，将网络购物单笔交易限额提高至5万美元，并将试点支付机构的审核权限下放分局，这为"海淘"等跨境电子交易提供了便利。2019年4月，国家外汇管理局发布《国家外汇管理局关于印发〈支付机构外汇业务管理办法〉的通知》，个人在跨境电商平台或网站购买商品或服务时，通过支付机构可以便利地实现购汇并对外支付，银行可为个人"海淘"提供电子支付服务，拓宽个人"海淘"支付结算渠道。

根据现行政策，个人年度便利化额度内的购汇，可用于经常项目和已经开放的资本项目，包括因私旅游、境外留学、境外就医等，但不得用于一些尚未开放的资本项目，比如境外房地产投资、证券投资、购买投资性保险等。海南省发展国际旅游业、国际会展业、医疗养生业、国际教育、跨国公司人员派遣入境等，在这些服务贸易领域范围内进行个人本外币自由兑换，可以有步骤地加快推进海南省服务的自由化进程，与之密切相关的出入境免签、航权、离岛免税购物等优惠政策将合力助推海南省的发展。海南省自贸区建立之后，海南省也出台了多项外汇制度创新。2009年国务院发布的《国务院关于推进海南国际旅游岛建设发展的若干意见》指出，海南省要"完善外汇支付环境，开展居民个人本外币兑换特许业务试点"，截至 2017 年 12 月 31 日，全国共有 71 个经营机构被批准设立个人本外币兑换特许业务，海南通汇货币兑换有限公司是海南省唯一入列该名录的企业。

曹俊（2016）指出，当前海南个人本外币兑换方面主要存在如下问题：一是货币兑换服务机构少且布局不均衡，海南有旅游景区百余处，但外币兑换点只有几十家，且主要集中在海口和三亚；二是可兑换币种不多，目前在海南能够兑换的货币仅限于美元、欧元、日元和港币四种，人民币和新台币双向兑换业务试点尚处于研究探索阶段；三是兑换效率不高，目前海南近九成的代兑机构设在宾馆酒店内，且仅对酒店客人提供服务，服务员查验护照、房卡后，才能手工填写兑换水单，代兑点仅提供外币兑换为人民币的服务而无法将人民币兑回外币。因此，不管是为了提高海南旅游创汇能力，还是为了提高海南旅游的国际化程度，更好地满足入境旅游客户的货币兑换需求，海南国际旅游岛都必须建立一套完善的个人本外币兑换体系[①]。2018 年海南省国际旅游收入 7.71 亿美元，这包含前来海南岛内休闲、娱乐、观光、度假、探亲访友、就医疗养、购物、参加会议或从事经济、文化、体育、宗教活动的外国人、港澳台同胞等境外游客在旅游过程中支付的一切旅游支出，包括整个游程中食、住、行、游、购、娱，以及为亲友、家人购买纪念品、礼品等方面的旅游支出。《提升海南旅游国际化水平三年行动计划（2018—2020 年）》指出，在 2019 年前实现在线支付和 Visa、Master 等信用卡、借记卡在主要旅游景点、酒店和商品销售点刷卡支付全覆盖。2020 年实现 Visa、Master 等信用卡、借记卡在主要旅游景点、酒店和聚集区 ATM 机直接取现人民币。增加社会外币结售兑换服务点，特别是在机场、动车站、汽车站、邮轮港口、星级酒店及大型购物点内增设兑换点。

人民币自由兑换先行先试是海南中国特色自贸港建设的重要内容，因为海南经济规模较小，除了旅游产业，没有在全国举足轻重的支柱产业，因此可能产生的负面影响的当量、范围与深度也较小，而且在海南省涉外经济主体中，境外游客、商务访问占较大比重，个人交易比企业经营与交易活动更容易监督和管控风险，而上海、天津、福建、广东等自贸区，企业主体占绝大比例，形成的资金流更大，交易更频繁，与境外联系更广泛，在监管方面的难度更大，这也为海南先行先试人民币自由兑换提供了最佳试验田（张燕玲，2018）[②]。

---

① 曹俊. 关于推进海南国际旅游岛个人本外币兑换特许业务的研究 [J]. 海南金融，2016（1）：85.

② 张燕玲. 海南自贸区：人民币自由兑换的最佳试验区 [J]. 中国金融家，2018（7）.

2018 年，海南省金融生态环境建设工作取得实效：一是推进海南自贸试验区信用信息共享平台建设，支撑了信用信息归集、数据清洗、信用公示等基础功能及联合奖惩、信用预警、"信易+"等应用；二是非现金支付受理环境不断改善，2018 年全省非现金支付业务办理笔数同比增长 41.8%；三是金融消费权益保护工作成效明显，"海南省自由贸易试验区金融消费权益保护协会"正式挂牌成立，建立"海南省 12363 呼叫中心"，辖区金融消费纠纷多元化解决机制建设取得实质性进展；四是金融消费者教育取得重大进展，在全省范围内开展金融知识纳入国民教育体系工作，开设金融教育课班级（含小学、初中、高中、大学）共计 212 个，受教育学生 1.1 万人。

（二）企业外汇服务的便利化措施

企业外汇服务按照交易主体地理分布可分境内和境外企业外汇服务，按照交易性质可区分为经常项目和资本项目外汇服务。近二十余年来，我国不断深化推进外汇管理"放管服"改革，以促进贸易和投资便利化，优化我国营商环境，如简化进出口核销和外商直接投资审批手续，提高办事效率；创新外汇套期保值和融资工具；对重点企业的境内外投融资、债务调整提供政策指导并及时解决相关的外汇管理问题等。

（1）对外贸易企业，主要涉及的外汇服务有进出口核销和结售汇、企业购汇、套期保值外汇风险管理服务等。贸易外汇管理是我国经常项目外汇管理的重心，其主要手段是对贸易的真实性进行审核，贸易外汇真实性审核是促进贸易便利化的前提条件，贸易便利化是贸易外汇真实性审核的最终目的（王积富，2007）[①]。由于建立于 20 世纪 90 年代的"逐笔核销、事前备案、现场审核、行为监管"的核销制度已无法适应我国对外贸易的迅速发展，2012 年 8 月 1 日起全国实施货物贸易外汇管理制度改革。同时，国家外汇管理局积极搭建外汇综合服务平台，实现了涉汇信息和数据在外汇管理局、商务办、海关、工商管理部门、财税部门和检验检疫部门的共享，提升外汇非现场监管能力。《推进中国（海南）自由贸易试验区外汇管理改革试点实施细则》第二章第七条第（二）项规定，区内企业在经办银行办理外汇收支的合规性和信用记录良好；保证提交电子单证的真实、合法、完整，并具备发送、储存电子单证的技术条件。第八条规定，区内货物贸易外汇管理分级等级为 A 类的企业无须开立出口收入待核查账户，货物贸易外汇收入可直接汇入金融经常项目外汇账户；区内货物贸易外汇管理分类等级为 B 类和 C 类的企业，应当按照现行货

[①] 王积富. 贸易便利化与贸易外汇真实性审核结合问题研究 [J]. 甘肃金融，2007 (5).

物贸易外汇管理规定办理相关业务。

（2）对外投资境内企业，主要涉及的外汇服务有因对外直接投资需要的购汇、中国境外投资公司将资本项目外汇收入汇回境内①、境内企业进行跨境资金融通、购买外汇期权、利率掉期、货币掉期、自贸区 FT 外汇交易等外汇风险管理产品等。2009 年 8 月 1 日，国家外汇管理局发布《境内机构境外直接投资外汇管理规定》，确定了我国外汇管理局对境内机构境外直接投资的外汇收支、外汇登记实施监督管理的权限，当然在简政放权、优化服务的外汇改革大背景下，我国对境内对外投资企业的外汇管理也更加便利化，比如 2012 年 7 月国家外汇管理局发布《国家外汇管理局关于鼓励和引导民间投资健康发展有关外汇管理问题的通知》，简化了境外直接投资资金汇回管理；2014 年 1 月国家外汇管理局实施了《国家外汇管理局关于进一步改进和调整资本项目外汇管理政策的通知》，进一步放宽境内机构境外直接投资前期费用管理和境外放款管理；2014 年 7 月国家外汇管理局发布《国家外汇管理局关于境内居民通过特殊目的公司境外投融资及返程投资外汇管理有关问题的通知》，放宽了境外融资资金使用限制，取消了强制性调回资金规定，允许境外融资及其他相关资金留存境外使用；2015 年 2 月国家外汇管理局发布了《国家外汇管理局关于进一步简化和改进直接投资外汇管理政策的通知》取消了境外机构再投资的外汇备案要求等一系列改革措施。2019 年 7 月，国家外汇管理局发布《国家外汇管理局关于中国（海南）自由贸易区试验区资本项目外汇收入支付便利化业务操作指引》第一条规定，区内符合条件的企业可试点实施资本项目外汇收入支付便利化业务②。办理资本项目外汇收入用于境内支付使用时，可凭"资本项目外汇收入支付便利化业务支付命令函"直接在符合条件的银行办理③，无须事前逐笔提交真实性证明材料，而是可以凭支付命令函直接在银行办理，这大大提高了业务办理效率以及企业资金使用的便利性。

（3）外商投资企业，主要涉及的外汇服务有资本金入账结汇、境内投资

---

① 资本项目外汇收入，包括外汇资本金、境内资产变现账户内资金、境内再投资专用账户内资金、外币外债资金和境外上市调回资金。

② 试点资本项目外汇收入支付便利化业务的企业应为注册在试验区的非金融企业（房地产企业、政府融资平台除外），且应满足：①近一年无外汇行政处罚记录（成立不满一年的企业，自成立之日起无外汇行政处罚记录）；②如为货物贸易外汇收支名录内企业，其货物贸易分类结果应为 A 类。

③ 经办资本项目外汇收入支付便利化业务的银行应符合以下条件：①已开通国家外汇管理局资本项目信息系统；②上年度执行外汇管理规定年度考核 B 类及以上；③具有完善的内控制度和风险防范措施。

款划拨、人民币利润再投资、股权转让、汇出清算结业资金、利润汇出等。在推动贸易投资便利化的大背景下，我国对外商投资企业的外汇管理也不断走向便利化。2003 年 3 月《国家外汇管理局关于完善外商直接投资外汇管理工作有关问题的通知》发布，对外国投资者账户和出资管理、外商投资企业验资询证及外资外汇登记、外商投资企业减资管理与部分管理业务的调整等外汇管理内容进行规范。2008 年 7 月国家外汇管理局综合司下发《外商直接投资外汇业务操作规程（系统版）》的通知，以便利企业、银行及会计师事务所规范办理相关外汇业务。2012 年 11 月，国家外汇管理局发布《国家外汇管理局关于进一步改进和调整直接投资外汇管理政策的通知》，大幅缩减了事前审批环节，实现了以登记为主的外商直接投资外汇的管理方式。2017 年 6 月，国家发改委、商务部发布《外商投资产业指导目录（2017 年修订）》，首次提出在全国范围内实施外商投资准入负面清单管理。2019 年 3 月 15 日，十三届全国人大二次会议通过《中华人民共和国外商投资法》，并于 2020 年 1 月 1 日起生效执行，外国投资者在中国境内的出资、利润、资本收益、资产处置所得、知识产权许可使用费、依法获得的补偿或者赔偿、清算所得等，可以依法以人民币或者外汇自由汇入、汇出。2019 年 10 月 25 日，国家外汇管理局发布《国家外汇管理局关于进一步促进跨境贸易投资便利化的通知》，扩大贸易外汇收支便利化试点，取消非投资性外商投资企业资本金境内股权投资限制。

海南省作为我国最大的经济特区，长期以来也承担了企业外汇管理改革的重任。2003 年 12 月，海南省获国家外汇管理局批准成为全国 14 个境外投资外汇管理改革试点地区之一，海南企业到境外投资的外汇管理政策大幅放宽。具体包括：①放宽境外投资购汇管制，允许符合条件的无自有外汇资金的企业通过人民币购汇向境外投资。国家外汇管理局海南省分局可在境外投资购汇总量不超过 5 000 万美元的前提下，对省内企业购汇境外投资进行外汇资金来源审查，超出 5 000 万美元的部分上报国家外汇管理局批准。②放宽审批条件，中方外汇投资额不超过 300 万美元的境外投资项目，海南省外汇管理分局可直接出具外汇资金来源审查意见，不必报国家外汇管理局审批。③允许境外投资项目前期资金汇出，投资主体经外汇管理局核准后，可在所投资境外企业注册成立前，按实际需要向境外汇出项目前期资金。④取消境外投资外汇风险审查，简化审批环节，外汇管理局只保留对企业的外汇资金来源进行审查，取消汇回利润保证金制度，减少企业资金占用，节约经营成本和外汇管理局的管理成本。⑤进一步明确对境外收购和增资的外汇资金来源审查所要求的有关文件，投资主体收购境外资产或股权，除按照一般规定提交材料外，另须向所在地外汇管理局提交拟收购资产或股权的说明文件、收购协议、中介机构对拟收购标的的评估报告等。⑥完善境外投资外汇登记，已在境外成立，但未按规定办理外汇登记手续的境外投资项目，投资主体应在 2004 年 5 月 31 日前，向外汇管理局申请补办境外投资外汇登记或备案。

2010 年 8 月，经国家外汇管理局批准，国家外汇管理局海南省实施重大外汇管制改革，进一步放宽境外投资购汇管制，允许海南企业购汇进行境外投资。海南省实施的境外投资外汇管理改革措施重点内容：①放宽境外投资购汇管制。允许符合条件的无自有外汇资金的企业通过人民币购汇向境外投资。国家外汇管理局海南省分局可在境外投资购汇总量不超过 5 000 万美元的前提下，对省内企业购汇境外投资进行外汇资金来源审查，超出 5 000 万美元的部分上报国家外汇管理局批准。②放宽外汇审批条件。中方外汇投资额不超过 300 万美元的境外投资项目，省外汇管理分局可直接出具外汇资金来源审查意见，不必报国家外汇管理局审批。③允许境外投资项目前期资金汇出。投资主体经外汇管理局核准后，可在所投资境外企业注册成立前，按实际需要向境外汇出项目前期资金。④取消境外投资外汇风险审查，简化了审批环节。外汇管理局只保留对企业的外汇资金来源进行审查。

2019 年 7 月，经国家外汇管理局批准，海南省分局发布《关于在中国（海南）自由贸易试验区开展外汇创新业务的通知》（琼汇发〔2019〕12 号），推出 11 项外汇创新业务，具体包括：①简化经常项目购付汇、收结汇单证审核，银行按照展业三原则自主办理经常项目购付汇、收结汇及划转等手续；②放宽货物贸易电子单证审核条件；③允许 A 类企业无须开立待核查账户，货物贸易外汇收入可直接进入经常项目外汇账户；④允许在区内实施资本项目外汇收入支付便利化业务；⑤允许区内企业可在国家外汇管理局海南省分局辖内任一银行办理境内直接投资基本信息登记、变更与注销手续；⑥允许区内非投资性外商投资企业在真实、合规的前提下，可按实际投资规模将资本项目外汇收入或结汇所得人民币资金依法用于境内股权投资；⑦允许区内已确定选择"投注差"模式借用外债的企业，可调整为以跨境融资宏观审慎管理模式借用外债，一经调整不得变更；⑧放宽企业跨境融资签约币种、提款币种、偿还币种必须一致的要求，允许区内企业提款币种和偿还币种与签约币种不一致，但提款币种和偿还币种应保持一致；⑨允许区内企业的外债注销登记业务由企业在国家外汇管理局海南分局辖内任一银行直接办理，取消企业办理该业务的时间限定；⑩对于境外机构按照规定能够开展即期结售汇交易的，允许试验区内银行为其办理人民币与外汇衍生产品交易；⑪允许注册且营业场所均在实验区内的银行为境外机构办理其境内外汇账户结汇业务。这些简化经常项目外汇收支手续、简化外汇登记管理、提高投融资便利性等措施，大幅提升了海南自贸区的贸易投融资便利化水平，进一步优化了海南自贸区的营商环境。海南省分局同时制定并印发了《推进中国（海南）自由贸易试验区外汇管理改革试点实施细则》。

2020 年 4 月 30 日，国家外汇管理局海南省分局印发《促进海南省服务贸易创新发展试点外汇服务便利化的意见》，将服务贸易外汇业务办理标准统一，强调电子版合同可视为纸质合同，加盖公章后可用于办理收付汇业务；在办理技术进出口项下收付汇业务时，无须向银行提供"技术进出口合同登记表"；软件分销类业务企业，可凭合同和相关发票按合同金额办理相关收结汇业务；因汇率波动造成发票金额与收结汇金额不一致的业务，银行可以在真实、合规的前提下为企业办理收结汇业务，极大地提升了企业服务贸易外汇业务办理的便利化程度。

2020 年 8 月，海南在洋浦推动开展离岸新型国际贸易外汇收支便利化试点工作。试点企业可以享受银行真实性审核从事前审核到事后核查，银行可凭试点企业支付指令直接办理试点企业的离岸新型国际贸易结算业务。这一试点将有利于进一步提高试点企业离岸新型国际贸易资金结算的便利性，加快做大海南自由贸易港的贸易流和资金流，形成市场增量。

（三）银行外汇服务的便利化措施

金融机构应在确保业务真实合规的基础上，按照"了解客户""了解业务""尽职审查"的展业三原则开展外汇业务，积极主动地开展法规及业务培训，大力宣传外汇政策法规，为银行扩大业务经营范围，创新外汇业务品种提供政策辅导；加强"窗口指导"，主动掌握银行在贯彻落实贸易投资便利化措施过程中的新情况、新问题，及时提出改进意见与建议。

金融机构办理服务贸易外汇收支业务，应当按照《服务贸易外汇管理指引》及《服务贸易外汇管理指引实施细则》的规定对交易单证的真实性及其与外汇收支的一致性进行合理审查。《银行外汇业务展业原则之〈人民币与外汇衍生产品业务展业规范〉（2017 年版）》明确了银行开展外汇业务时有关客户识别、客户分类、业务审核、风险提示和持续检测的总体要求，在远期结售汇、人民币对外汇期权和人民币对外汇掉期业务的审核规范。在服务贸易业务方面，该文件规定，银行为客户办理服务贸易收结汇、售付汇业务时，尤其要加强交易真实性审查，对于单笔等值 5 万美元以上的大额购付汇业务，或者同一客户在短期内向境外同一收款人支付多笔接近等值 5 万美元付汇业务的，更应从严审核。对于利润汇出、代垫或者分摊费用、非运输类客户支付运费等敏感业务，也应特别注意。《推进中国（海南）自由贸易试验区外汇管理改革试点实施细则》第二章第九条规定，服务贸易、收益和经常转移等对外支付单笔等值 5 万美元以上的，按规定提交税务备案表。第十六条规定具备人民币与外汇衍生产品业务资格的银行，可以按照外汇管理规定为试验区相关业务提供人民币与外汇衍生产品服务。

2019 年 1 月海南银行正式获得监管部门关于开办国际业务的批复，成为海南唯一的有资质开展国际业务的省级法人商业银行。海南银行国际业务将在产品、服务和交易等方面开展创新，主要包括紧跟自贸金融创新政策，申请开办 FT 业务，开展内存内贷、外存内贷两种本外币跨境融资模式；主动对接海南总部经济发展政策项目和制度创新项目，服务海南自贸区、自贸港金融建设；探索人民币期权、交叉货币互换，满足企业汇率利率管理需求。2019 年 4 月 4 日凌晨，海南银行国际业务系统投产上线，可支持海南银行开办国际汇款业务、国际结售汇业务、国际资金业务、进出口信用证业务及国际托收业务。4 月 19 日海南银行为海南海矿国际贸易有限公司开立美元经常项目账户，首笔外汇结算账户开立成功；同日，海南银行开立了首笔国际信用证业务，金额 711.79 万美元；与海南振荣进出口贸易有限公司、海南广药晨菲医药有限公司、海南文盛新材料科技股份有限公司等客户达成国际贸易融资合作意向。此外，海南银行积极与股东单位和战略合作伙伴交通银行合作，交通银行给予海南银行充足的同业授信额度，在代理开证、贸易融资和跨境人民币清算等方面开展合作。同时，海南银行也与中国银行、中信银行等其他境内外同业建立了良好的合作关系。

自由贸易账户（FT）体系是海南自由贸易区（港）建设的十二个先导性项目之一，这是一套以人民币为本位币、账户规则统一、兼顾本外币风险差别管理的本外币可兑换账户，独立于现有的传统账户体系，FT 账户的设置是探索投融资汇兑便利、扩大金融市场开放和防范金融风险的一项重要制度安排。自由贸易账户根据开户主体的不同，划分为五类：区内机构自由贸易账户、境外机构自由贸易账户、金融同业自由贸易账户、区内个人自由贸易账户以及区内境外个人自由贸易账户，为金融企业、贸易企业提供跨境收支、跨境贸易融资、基于离岸汇率的本外币兑换以及贷款投放等服务。企业开立自由贸易账户，通过账户内资金可兑换的方式办理各项跨境商务贸易活动中的本外币结算以及境内日常经营所需的各项人民币结算，既提高资金结算效率，也节约账户管理成本，满足了企业内外贸一体化经营的需求。经国务院批准，海南省全辖

2019年5月20日起实施取消企业银行账户许可，成为全国除试点地区外，较早实施取消企业银行账户许可的省市之一。

2018年9月15日，中国人民银行总行批复同意在海南自由贸易区（港）建设FT体系，要求建设过程中，体现自愿原则，根据商业银行意愿协调推进，按照"成熟一家，推动一家"的原则，把好"准入关"；要求做好账户风险防范，按照"一线便利，二线管理"的原则规范账户收支管理。2019年1月1日，海南自由贸易账户体系正式上线，中国银行海南省分行作为首批上线试点行，于2019年1月29日联动上海中行、海外中行在FTU分账核算单元项下成功办理了全省首单自由贸易试验区联行代付项下融资性风险参与业务，实现海南、上海两地FT账户业务的合作联动及资金的有效互通运用。2019年8月8日，中国（海南）自由贸易试验区外汇创新政策下首笔资本项目外汇收入支付便利化业务顺利落地。2020年6月中国银行海南省分行开展全省首个跨国集团公司FT全功能跨境双向人民币资金池业务，帮助企业实现跨境资金集中运营管理。自FT账户体系上线以来，截至2020年5月，该行已为7 000多家企业提供自由贸易账户开户服务，一线跨境和跨二线业务量超200亿元。中国银行实现了海南FT账户首发以及全国首单沪琼自由贸易账户联动、全省首笔国际贸易"单一窗口"金融业务、全省首笔国际投资"单一窗口"业务、FTN非居民贸易融资、FT项下融资性风险参与、外商股权投资企业FT资本金账户等多项创新业务突破，为海南自贸区建设贡献了"中行力量"。

2020年6月1日，中共中央、国务院印发《海南自由贸易港建设总体方案》，将跨境资金流动自由便利作为海南自贸港建设的重要制度设计之一，坚持金融服务实体经济，重点围绕贸易投资自由化、便利化，分阶段开放资本项目，有序推进海南自由贸易港与境外资金自由便利流动。具体包括：①构建多功能自由贸易账户体系。以国内现有本外币账户和自由贸易账户为基础，构建海南金融对外开放基础平台。通过金融账户隔离，建立资金"电子围网"，为海南自由贸易港与境外实现跨境资金自由便利流动提供基础条件。②便利跨境贸易投资资金流动。进一步推动跨境货物贸易、服务贸易和新型国际贸易结算便利化，实现银行真实性审核从事前审查转为事后核查。在跨境直接投资交易环节，按照准入前国民待遇加负面清单模式简化管理，提高兑换环节登记和兑换的便利性，探索适应市场需求新形态的跨境投资管理。在跨境融资领域，探索建立新的外债管理体制，试点合并交易环节外债管理框架，完善企业发行外债备案登记制管理，全面实施全口径跨境融资宏观审慎管理，稳步扩大跨境资产转让范围，提升外债资金汇兑便利化水平。在跨境证券投融资领域，重点服务实体经济投融资需求，扶持海南具有特色和比较优势的产业发展，并在境外上市、发债等方面给予优先支持，简化汇兑管理。③扩大金融业对内对外开放，率先在海南自由贸易港落实金融业扩大开放政策。支持建设国际能源、航运、产权、股权等交易场所。加快发展结算中心。④加快金融改革创新。支持住房租赁金融业务创新和规范发展，支持发展房地产投资信托基金（REITs）。稳步拓宽多种形式的产业融资渠道，放宽外资企业资本金使用范围。创新科技金融政策、产品和工具。

2020 年 10 月 26 日，《海南自由贸易港制度集成创新行动方案（2020—2022 年）》及《海南自由贸易港制度集成创新任务清单（2020—2022 年）》提出推动资金自由便利流动的制度集成创新，加快建立和不断完善多功能自由贸易账户功能，全面实施全口径跨境融资宏观审慎管理，分步骤、分阶段推进完全可自由兑换，实现跨境资金自由便利流动，提升金融服务跨境贸易投资自由化便利化水平，研究探索海南自由贸易港金融综合监管机制，全面提高监管效率，更好防范金融风险，构建支持实体经济发展的金融改革创新制度。

第二节　海南省服务贸易的外汇便利化现状和需求

一、海南服务贸易的外汇便利化现状

（一）涉外经济发展水平不高，跨境外汇收支交易规模小

海南省建省办特区 30 余年来，金融发展长期处于缓慢状态，涉外经济活动发展规模较小，外汇服务水平不高。表 6-3 为不同账户项下海南省 2019 年和 2020 年银行代客涉外收付款金额及其全国占比。总体而言，海南省银行代客涉外收付款规模小，在全国所占比重低，2019 年和 2020 年海南省银行代客跨境外汇收支金额占全国的比重分别为 0.204% 和 0.216%，高于 2009 年的 0.18%；经常账户收支差额为逆差，货物贸易涉外收付外汇款额比较稳定，服务贸易则波动较大，占比较低。2019 年和 2020 年，海南服务贸易银行代客涉外收入金额占全国的比重分别为 0.333% 和 0.200%，明显高于海南货物贸易银行代客涉外收汇款金额及其全国占比；海南服务贸易银行代客涉外支出金额占全国的比重分别为 0.400% 和 0.469%，高于海南省海南货物贸易银行代客涉外付汇款金额及其全国占比，这表明虽然海南省服务贸易不具有绝对劣势，却具有比较优势。

表 6-3　海南省银行代客涉外收付款及其在全国占比

单位：亿美元

项目	2019 年		2020 年	
	金额	在全国占比/%	金额	在全国占比/%
一、收入	44.72	0.123 6	59.70	0.135 3
1. 经常账户	26.89	0.101 9	29.23	0.107 2
1.1　货物贸易	19.59	0.082 2	23.33	0.095 0
1.2　服务	6.89	0.332 6	4.34	0.200 3
1.3　初次收入和二次收入	0.41	0.085 7	1.56	0.275 2
2. 资本和金融账户	17.64	0.182 5	30.29	0.181 2
其中：直接投资	16.58	0.374 3	29.30	0.562 6
证券投资	0.19	0.004 6	0.20	0.001 9
其他投资	0.87	0.072 2	0.78	0.074 3
二、支出	102.81	0.286 0	128.64	0.299 5
1. 经常账户	71.97	0.259 0	101.59	0.365 2
1.1　货物贸易	53.85	0.243 5	80.97	0.360 0
1.2　服务	14.83	0.399 4	14.47	0.468 5
1.3　初次收入和二次收入	3.29	0.167 6	6.15	0.274 7
2. 资本和金融账户	30.59	0.377 6	26.83	0.177 8
其中：直接投资	24.24	0.656 3	25.39	0.568 4
证券投资	0.00	0.000 1	0.01	0.000 1
其他投资	6.34	0.567 5	1.43	0.130 6
三、收支差额	−58.09	—	−68.94	—
1. 经常账户	−45.08	—	−72.36	—
1.1　货物贸易	−34.26	—	−57.64	—
1.2　服务	−7.94	—	−10.13	—
1.3　初次收入和二次收入	−2.88	—	−4.58	—
2. 资本和金融账户	−12.96	—	3.46	—
其中：直接投资	−7.67	—	3.91	—
证券投资	0.18		0.20	
其他投资	−5.47		−0.65	

数据来源：国家外汇管理局。

（二）金融发展水平低，外汇指定银行数量少

海南建省并获批成为经济特区后，炒地热潮随即席卷整个海南，全国15%以上的地产开发商云集于此，境内外银行应声涌入，最多时海南云集了1 600多家银行机构网点，1995 年年初有3家外资银行在海南落户。20世纪90年代海南金融业相对于国内其他省市处于领先地位，具体表现在：一是金融机构多元化。中央银行、国有商业银行、保险公司、信托投资公司、城市信用社、股份制和会员制的金融性公司纷纷入驻海南，1996 年年末全省金融机构有2 600个，平均每1万人拥有金融机构3.64个，平均每1万人当中就有金融从业人员 39.6 人，由于金融机构大都集中在海口、三亚等少数地区，形成了"银行多于米铺"的景观。二是金融创新活跃。银行信用、商业信用、消费信用、国家信用、证券信用、租赁信用共存，其中不少信用形式在全国是出现最早的；汇票、本票、股票、债券、基金券、融资券、投资券、信用卡等金融工具不断创新，其中投资基金、房地产投资券是海南在全国率先推出的金融品种。三是金融电子化领先。全省初步实现了"天地对接""网络到县"，使用电脑操作的营业网点已占全部网点的90%以上，省工行实现了32个经办行的全国及省辖电子汇兑系统工程。海南建省初期金融业呈现迅猛发展之势，一时成为我国金融开放、金融创新最踊跃的地区之一，在我国金融创新中担任着"试验田"的角色。

海南省在外汇方面率先实现现汇管理，实行结售汇留成，成立海南外汇调剂中心，1988—1993 年"海南外汇调剂中心"和"海南外汇交易厅"在全国率先实行电子网络平台公开透明交易，开创了中国外汇交易市场的先河，每年成交量居全国前十名，6 年累计成交外汇达 28 亿美元，与上海、天津等大口岸城市相媲美，并创下了1 美元兑换 11.2 元人民币的全国外汇调剂价格的最高纪录。但好景不长，随着20世纪90年代国家宏观调控以及海南省房地产泡沫的破灭，海南岛涉外经济遭受重创，自此进入长达十余年的恢复性发展时期，海南省一度成为全国的"金融重灾区"，许多全国性金融机构纷纷将海南列为金融高风险地区并予以区别对待。尽管海南早已摘掉"金融高风险区"的帽子，但是历史教训的阴影并未轻易根除，无论是金融监管部门还是金融机构，无论是地方政府还是投资者，金融风险仍是在讨论海南金融开放时避不开的话题（卢孔标，2018)[①]。2018 年 4 月 14 日，中共中央、国务院发布《中共

---

① 卢孔标.海南自由贸易区（港）金融开放的逻辑、挑战与建议［J］.银行家杂志，2018 (7).

中央 国务院关于支持海南全面深化改革开放的指导意见》中提及"金融"一词共8次,其中6次涉及海南应加强金融风险监管、构建金融宏观审慎体系,1次提及海南金融创新。海南省委、省政府多次召开会议向外界释放信号,强调要防范好金融风险,充分体现了中央和海南高度重视海南的金融风险,避免重蹈历史覆辙。

根据国家外汇管理局的统计,截至2018年12月31日,我国具备即期结售汇业务资格的银行共计499家,海口农村商业银行股份有限公司成为该名单的第499家银行,也是海南本省唯一具备即期结售汇业务资格的地方性银行。从表6-4可以看出,海南省银行结售汇规模很小,2019年和2020年上海市银行的结售汇金额分别为海南省的65倍和59倍,但海南省银行结售汇规模2020年较2019年有较大发展,各项目全国占比也提升较大。此外,从表6-4可以看出,海南省售汇额明显高于结汇额,这侧面反映了海南省旅游贸易等服务贸易发展过程中境外游客对人民币兑换的客观需求。

表6-4 海南省2019年和2020年银行结售汇金额及全国占比

单位:亿美元

项目	2019			2020		
	海南规模	海南全国占比/%	上海规模	海南规模	海南全国占比/%	上海规模
一、结汇	17.69	0.013 9	2 463.88	23.14	0.112 9	3 000.54
(一)银行自身	0.04	0.000 4	139.18	0.02	0.000 7	123.51
(二)银行代客	17.65	0.015 0	2 324.70	23.12	0.126 3	2 877.02
1. 经常项目	11.66	0.011 5	1 619.52	13.20	0.086 0	1 764.74
1.1 货物贸易	8.85	0.009 8	1 218.30	10.22	0.074 4	1 347.29
1.2 服务贸易	1.94	0.025 0	349.12	2.07	0.176 6	359.53
1.3 收益和经常转移	0.88	0.027 5	52.09	0.91	0.204 0	57.91
2. 资本与金融项目	5.99	0.036 1	705.18	9.92	0.336 0	1 112.29
其中:直接投资	4.61	0.053 4	261.90	7.36	0.576 8	217.37
证券投资	0.21	0.004 0	406.13	0.16	0.011 9	854.71
二、售汇	82.54	0.062 8	4 093.34	93.88	0.496 6	3 947.28
(一)银行自身	3.94	0.037 2	171.56	5.94	0.290 4	182.07
(二)银行代客	78.60	0.065 0	3 921.78	87.93	0.521 6	3 765.21
1. 经常项目	57.36	0.054 4	3 201.62	76.21	0.531 4	2 778.33

表6-4（续）

项目	2019			2020		
	海南规模	海南全国占比/%	上海规模	海南规模	海南全国占比/%	上海规模
1.1　货物贸易	40.75	0.051 5	1 909.89	59.85	0.528 1	1 974.11
1.2　服务贸易	12.50	0.059 8	1 109.51	13.98	0.639 2	618.22
1.3　收益和经常转移	4.11	0.075 5	182.21	2.38	0.290 4	186.00
2. 资本与金融项目	21.24	0.138 3	720.16	11.72	0.465 6	986.89
其中：直接投资	9.06	0.168 6	166.70	2.43	0.269 4	184.92
证券投资	0.01	0.000 3	433.67	1.77	0.177 5	700.38

数据来源：国家外汇管理局。

　　截至 2019 年 10 月，海南省内共有 866 个银行网点，包括招商银行、农业银行、中信银行、光大银行、工商银行、平安银行、民生银行、邮政储蓄银行、建设银行、交通银行、中国银行、浦发银行、渤海银行、江苏常熟农村商业银行等。1988 年 4 月 27 日南洋商业银行（中国）海口分行经中国人民银行批准设立为海南省首家外资银行，也是海南省目前唯一一家外资银行，海南省金融对外开放程度很低。但是，金融开放是自由贸易区（港）的必然要求，如果在金融开放领域没有突破性的举措，建成海南自由贸易区（港）无异于纸上谈兵，探索具有海南特色的金融创新和金融开放，对海南建设具有中国特色的自由贸易区（港）至关重要。

　　碧海蓝天的优美生态环境是海南最大的优势，绿色金融理念引领下的海南绿色金融产品体系也不断丰富。2018 年 3 月，海南省人民政府办公厅印发《海南省绿色金融改革发展实施方案》，以绿色金融支持海南十二大重点产业发展为主线，探索海南绿色金融发展新模式。人民银行海口中心支行印发《关于 2018 年海南省信贷工作的指导意见》，重点要求辖内银行业金融机构落实绿色发展理念，创新产品服务，大力开展与环境相关的收益权、排放权、排污权抵押贷款等业务，探索环境风险压力测试，积极为海南循环经济、绿色制造、清洁能源、海洋生态环境整治等领域提供金融服务。工行海南省分行相继推出了滩涂资源利用贷款、固定资产（旅游景区）支持融资、影视制作项目贷款、个人游艇贷款等绿色信贷产品；中行海南省分行采用垃圾处理和并网售电收费权质押方式，向海口市垃圾焚烧发电厂扩建工程项目授信 1.5 亿元；海南省农村信用社以林权抵押担保，向海南某农业开发有限公司贷款 500 万元用于支持莲雾开发研究及莲雾基地建设等绿色项目提供资金融通。2018 年 9 月末，海南省银行业金融机构绿色贷款余额 424.5 亿元，比年初增加 30.5 亿元；比年初绿色贷款余额增长 7.7%，高于同期各项贷款比年初增速 3.4 个百分点；绿色贷款在同期各项贷款余额中的占比为 4.8%，比年初上升 0.2 个百分点。充分总结海南金融业在绿色金融体系方面的经验，开发符合绿色发展理念的外汇金融产品是海南省自贸区（港）开拓金融创新的重要方向。

（三）涉外经济主体少，跨境外汇收支不活跃

据海口海关统计，2019 年第一季度海南有进出口记录的外贸企业数量为 384 家，同比增加 4.6%；新增注册外贸企业 183 家，同比增加 128.8%；2019 上半年海南有进出口业绩的外贸企业数量为 494 家，新增备案外贸企业 401 家，增加 43.7%，同期全国有进出口实绩的企业达到 42.1 万家，海南省有进出口业绩的外贸企业数量占全国的比重仅为 0.117%。从自由贸易账户数量来看，截至 2019 年 3 月末，上海全市已有 56 家金融机构通过分账核算系统验收，累计开立 FT 账户 13.6 万个；截至 2019 年 4 月 15 日海南省内商业银行共开立各类 FT 主账户 3 814 个，子账户 13 114 个，通过 FT 账户共发生资金收支 33.58 亿元，和上海自贸区相比，海南在 FT 账户开立与覆盖的企业数量上存在很大的差距。

图 6-1 为 2009—2017 年海南省外商投资企业数量的基本情况。2009 年海南省外商投资企业数达到峰值 4 531 家，外商投资企业投资总额 911.8 亿美元；2010 年各类外商投资指标均大幅下降，外商投资企业 4 117 家，投资总额陡降至 258.86 亿美元；2011—2015 年，外资企业数稳定在 3 000 余家，外商投资企业注册资本稳定在 150 亿美元左右，外商投资企业投资总额稳定在 270 亿美元左右。截至 2018 年，海南省货物净出口总额占我国外商注资企业进出口总额的 4.13%。2018 年海南省新设外商投资企业 167 家，同比增加 80 家，累计 2 409 家，占全国的比重为 0.251%。

虽然海南涉外经济主体少，交易规模小，但可以看出海南近年来无论是涉外企业的数量，还是它们的交易规模都在迅速发展。海南自贸区（港）战略为海南涉外经济注入强劲活力，海南企业参与对外贸易的意愿强烈，海南不断优化营商环境也加大了对外商投资企业的吸引力。海南涉外经济蓬勃发展势必提高外汇便利化需求。

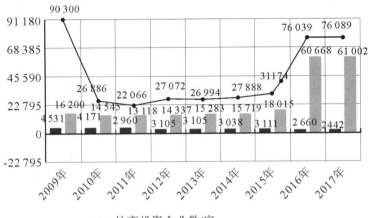

图 6-1　海南外商投资时间趋势图

数据来源：国家工商总局。

（四）以国际旅游业为主的服务贸易创汇水平低

历经三十余年的发展，海南省旅游业对海南省经济发展的推动作用日臻加强，省内旅游各项指标已达到一定水平，但入境旅游对海南经济的贡献仍十分有限。2009 年，海南省国际旅游外汇收入 276.7 百万美元，仅占当年海南省生产总值的 1.12%。2010 年国际旅游外汇收入上升至 322.36 百万美元，同比增长 45.61%，2011 年到达 376.16 百万美元，占 2011 年省内生产总值的 1%。随后国际旅游外汇收入便步入衰退阶段，从 2012 年的 348 百万美元下降至 2013 年的 337.48 百万美元，并在 2015 年达到近十年来的最低值 248.52 百万美元，于 2016 年陡然上升至 349.8 百万美元，但仍只占据当年省内总产值的 0.057%，2017 年实现国际旅游外汇收入最高值 681 百万美元，对总产值的贡献率亦仅占 1.02%。旅游业向来是海南国际旅游岛的重要部分，对海南省经济发展及海南第三产业的发展影响深远，但海南国际旅游岛的入境旅游外汇收入在海南经济发展中贡献的力量仍十分有限，目前看来仍有许多可改进之处。

发展国际旅游业必然要求向境外游客提供便捷的货币兑换和支付服务。当前海南省对如何为境外游客提供高效、便捷、高质量的外汇服务经验并不丰富，相关外汇服务设施不尽完善，大部分金融机构柜台和服务网点难以提供多语言服务，对外窗口形象有待提升。当前，海南省国际旅游业外汇服务存在的问题主要是运营主体单一、网点数量不足、地区布局失衡、市场准入门槛过高等（曹俊，2016）。

一直以来，海南银联不断为国际旅游岛发展开拓新的兑换支付金融服务，比如 2008 年 9 月 27 日世界旅游日三亚市成为首个创建银行卡"刷卡无障碍"的旅游城市；2010 年 10 月中国工商银行、中国农业银行、中国银行、中国建设银行、邮政储蓄银行、中国光大银行、深圳发展银行、浦发银行、上海银行、海南省农村信用合作社十家发卡机构，在海口宣布发行"游中国·海南国际旅游岛卡"，持卡人可在海南著名酒店、景点、餐厅、商场、租车公司和高尔夫球俱乐部等，享受多重消费优惠，以及旅游咨询预定、刷卡营销活动等便捷、优惠的旅游支付服务。2010 年 11 月海南首张牵手医疗绿色通道的消费卡"好好卡"面世，持卡者到海南医学院附属医院、海南省中医院、解放军一八七医院等医院，可以享受医疗绿色通道，通过"好好卡"的服务台在挂号、住院、取药、找专家会诊、预约国家级专家等方面有专人服务，还可以享受食、住、行、娱乐、购物、景点、买房租房、租车、高尔夫、机票、旅游等多方面的消费优惠。2015 年 12 月海南银行与海南省旅游发展委员会联合发行国民休闲旅游主题借记卡"旅游乐享卡"，该卡除具备普通借记卡一卡多户、投资理财、刷卡消费等金融功能外，还拥有"闪付乘公交"等特色功能。为扩大海南零售、餐饮、电商消费，有效促进海南省社会消费品零售总额快速增长，打造经济创新合作新模式，2018 年 9 月海南省商务厅授权交通银行海南省分行独家发行 5 000 张限量版海南国际旅游岛购物节专属信用卡。2018 年 6 月海南省政府办公厅印发《提升海南旅游国际化水平三年行动计划（2018—2020 年）》，2020 年实现 Visa、Master 等信用卡、借记卡在主要旅游景点、酒店和聚集区 ATM 机直接取现人民币，增加社会外币结售兑换服务点。在社会外币结售兑换服务点提供美元、欧元、港币、卢布、日元、英镑、韩元、澳元、新（加坡）币、泰铢、印尼盾、马来西亚林吉特等与人民币的货币兑售业务。

2018 年 4 月，海南通汇货币兑换有限公司作为海南省唯一的特许外币兑换及离境退税代理机构，宣布四项发展新举措全力为提升海南旅游事业发展和国际化水平做好服务和保障工作，助推海南建设自由贸易港。四项举措包括：其一，通过与天津渤海通汇货币兑换有限公司的批发业务合作，增加兑换业务经营币种，尽可能为 59 国免签境外旅客提供最全面、最优质的货币钞源；其二，机场门店增加人员配备，通过内外部培训提升员工服务素质，配合国家政策以及机场的运营要求，做好海岛货币兑换的服务保障工作；其三，各门店增加人民币外币备付金，增加常备外币币种，做好旅客的兑换服务；其四，将离境退税系统与全国联网，确保在全国各地购物的退税客户在海南离境时都可以办理退税。

海航新生支付实现海南省支付机构跨境支付"零突破"。随着经济全球化的发展、国际贸易合作程度的逐步加深、中国国民生活水平的不断提高，中国的对外消费需求增加和中国制造在海外广受欢迎，促进了中国跨境电商的发展，进而催生跨境支付需求。但是，对于海南而言，跨境支付一直是个空白，直到海航新生支付的诞生，跨境支付在2018年7月份实现了零突破。这有利于海南在服务贸易方面更进一层，也有利于海南建立自贸区的政策需求。

二、影响海南服务贸易外汇便利化需求的因素

（一）服务贸易规模小，外汇服务难以实现规模经济

2018年海南省服务贸易规模为187.59亿元人民币，仅占全国服务贸易总额的2.37%。由于外汇服务创新需要建立在一定的规模上，外汇指定银行开展相关创新业务或新技术的运用要考虑规模效益。在当前海南服务贸易外汇收支总量偏小的情况下，外汇指定银行及相关外汇服务机构难以开展创新业务，从而不利于海南服务贸易收支的外汇服务便利化。

（二）境内外投资和贸易制度、监管制度限制

我国当前对资本项目的交易所施行的管制主要体现在事前界定对交易的资本属性以及交易的真实性。但在实操上，对一笔交易的资本属性和交易的真实性进行划分时不可避免地会导致一定的时滞。有时甚至要限制交易行为及资金用途，例如对贸易信贷额度预设收货款及延期付款比例，逾越该比例的交易额被划入核查账户施行真实性核查，并被要求到外汇局办理核查登记确认手续后，才能前往银行办理收汇付汇手续，导致企业收汇付汇时间滞缓，交易成本上升。现今市场流动性增强，跨境收支和结售汇规模同步扩大，对外汇管理工作提出了新的要求，外汇管理方式应当实行更为宽松的外汇主体监管，进一步缩小负面清单，适应新形势发展。随着经济全球化不断发展，中国逐步实施更为主动的外向型开放战略，新的改革已箭在弦上，海南省自由贸易区（港）的新定位将对海南外向型经济发展的方式进行全面翻新。

（三）外汇指定银行分布不协调，服务创新水平低

便捷的货币兑换及外汇支付服务在海南国际旅游岛的发展建设中起着重要的作用，为国际游客提供更优质的服务是发展的必然要求。但是海南省关于国际入境游客的服务经验有限，货币兑换便利化水平及相关窗口服务设施建设水平仍需提升。具体表现在：①目前多语种服务仍是大部分银行柜台和服务网点

面临的语言上的障碍，对外窗口形象亟须优化。②拥有外汇兑换权限的服务机构数量少且布局极不均衡。我国目前个人货币换汇的服务机构有外汇指定银行分行，银行本部及其网点；经授权备案的外币代理兑换点；经批准试点的本外币兑换特批经营机构等。而海南岛内被授予个人结售汇业务资格的银行集中部署在海口市与三亚市两市，全省外币代兑集中点则部署在除海口三亚外的琼海、万宁等4市，代兑点多设于酒店，占比约88%；然而拥有本外币兑换特批业务权限的经营机构仅一家。③支持境外银行卡的基础设备较少，截至2015年年末，海南有银联特约商户2.84万户，支持使用外资银行卡的刷卡机约2 100台，仅占全部刷卡机的6.4%。④支持的兑换币种有限，兑换币种只限于五种发达经济体的货币。⑤外汇兑换效率有限，代兑点多设于酒店，对旅客提供外币兑换服务时，无论单笔金额多少均要求经过身份证件核查，签写兑换单，然后录入电脑再完成兑换，复杂的流程致使换汇效率不高。

第七章　海南省国际旅游贸易的跨境贸易人民币结算需求

　　虽然旅游业被称为 21 世纪的 "朝阳产业"，享有 "无烟产业" 的美誉，但关于国际旅游业对旅游出口地的经济社会影响，一直以来都存在两种声音。1976 年 12 月，世界银行和联合国教科文组织举办关于发展中国家发展旅游业的社会和文化效应的国际研讨会，Emanuel de Kadt 将会议论文编辑成册。参会专家的观点相左，支持者将旅游业视为发展中国家经济社会发展的拯救者（saver），但反对者将其视为施恶者（devil）[1]。反对者认为，人口扩张、耕地占用、管理不到位等问题导致了自然资源被不可持续利用，对旅游业过度依赖还会导致 "荷兰病"（Mink，1993；Reardon et al.，1995[2]；Forsyth et al.，1998[3]；Scherr，2000[4]），有学者甚至认为国际旅游业的发展加速了社会道德败坏（Harrison，1994）[5]。但是，世界旅游组织（World Tourism Organization）等经济组织和大量研究认为，旅游业对很多国家的经济重要性不断增强，它为一国创汇和就业提供重要机会，且对其他相关产业的发展产生联动作用和溢出

---

　　① E DE KADT. Tourism：passport to development? [M]. Oxford：Oxford University Press for the World Bank/UNESCO，1979.

　　② REARDON T，VOSTI S A. Links between rural poverty and the environmentin developing countries：Asset categories and investment poverty [J]. World development，1995，23（9）：1495-1506.

　　③ FORSYTH T，LEACH M，SCOONES I. Poverty and environment：priorities for research and policy [R]. Prepared for the United Nations Development Programme and European Commission. Institute of Development Studies，Falmer，Sussex BN1 9RE，UK，1998.

　　④ SCHERR S J. A downward spiral? Research evidence on the relationshipbetween poverty and natural resources degradation [J]. Food policy，2000，25（4），479-498.

　　⑤ DAVID HARRISON. Tourism and prostitution：sleeping with the enemy? [J]. Tourism munugrment，1994，15（6）：435-343.

效应（Freya，2006[①]；Liu et al.，2019[②]）；相比于开采业，发展中国家尤其应该鼓励发展旅游业，以避免造成严重经济损害，且旅游业在减少地区贫困方面效果显著，这对于小岛屿经济体尤其是如此（Mathieson et al.，1982[③]；Russell et al.，2003[④]；Mitchell et al.，2010；Jiang et al. 2011[⑤]；World Trade Organization，2018）。除了经济效应，发展旅游业还有显著的社会、文化和环境效应：①提升国际社会之间的交流和理解，加强国际社会之间的包容性，维护世界和平与稳定（Freya，2006；Becken & Carmignani，2016[⑥]）；②在经济全球化进程中保护文化多样性和环境生态发展效应（Cohen et al.，2000[⑦]）；③通过旅游休闲提高旅游者的生活品质（World Tourisim Organization，1999），彰显人权（Bianchi et al.，2013）[⑧]。Faber & Gaubert（2019）认为，旅游出口已成为促进全球经济一体化的重要渠道，尤其是对发展中国家的外向型经济极具发展意义。1982—2012年发展中国家的旅游出口年均增长率为11%。他们考察了旅游业对墨西哥分地区和全国整体的影响。他们发现，国际和国内旅游业资金流入在"旅游富集地"（touristic regions）带来大规模的经济利益，当地住宿收入增长10%将会带来总就业率增加2.5个百分点，名义GDP增长4个百分点。而且，这些经济利益有一部分由制造业正向溢出驱动。他们估计，住宿收入提高10%可带动当地制造业GDP增长3.9%[⑨]。

根据OECD-WTO Trade in Value-Added（TiVA）数据库，世贸组织估测了

① FREYA HIGGINS-DESBIOLLES. More than an "industry"：the forgotten power of tourismas a social force [J]. Tourism management，2006，27：1192-1208.

② ANYU LIU, DORIS CHENGUANG WU. Tourism productivity and economic growth [J]. Annals of tourism research，2019，76：253-265.

③ MATHIESON A, WALL G. Tourism：economic, physical and social impacts [M]. New York：Longman，1982：41.

④ RUSSELL D, STABILE J. Ecotourism in practice：trekking the highlands of makira island, solomon islands [M]. New York：Cognizant Communication Corporation，2003：38-57.

⑤ MIN JIANG, TERRY DELACY, NICKSON PETER MKIRAMWENI, et al. Some evidence for tourisim alleviating poverty [J]. Annals of tourism research，2011，38（3）：1181-1184.

⑥ SUSANNE BECKEN, FABRIZIO CARMIGNANI. Does tourism lead to peace？ [J]. Annals of tourism research，2016，61：63-79.

⑦ COHEN R, KENNEDY P. Global sociology [M]. Houndsmills, Basingstoke, UK：Macmillan Press，2000：226.

⑧ RAOUL V. BIANCHI, MARCUS L. STEPHENSON. Deciphering tourism and citizenship in a globalized world [J]. Tourism management，2013，39：10-20.

⑨ FABER B, GAUBERT C. Tourism and economic development：evidence from Mexico's coastline [J]. American economic review，2019，109（6）：2245-2300.

2015 年各经济体居民和非居民支出的增值率（见图 7-1），绝大多数经济体可从国际旅游业中获得比总出口更高的内部价值增值。从图 7-2 可以看出，平均而言，1 美元非居民家庭带来的旅游增值可分解为两大部分：0.89 美元的内部相关产业增值和 0.11 美元的外部产业增值。图 7-3 进一步分解了国际旅游业发展对国内商业服务、批发零售、交通运输、食品、私人服务、住宿业的联动作用。

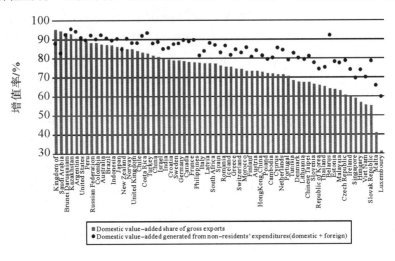

图 7-1　2015 各经济体居民和非居民支出的增值率

资料来源：WTO. *World Trade Report* 2019. pp. 59.

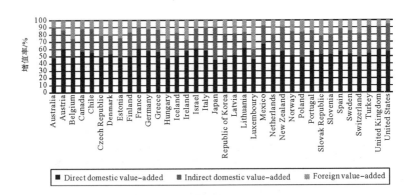

图 7-2　2015 年旅游贸易增加值在对内和对外经济部门的构成

资料来源：WTO. *World Trade Report* 2019. pp. 60.

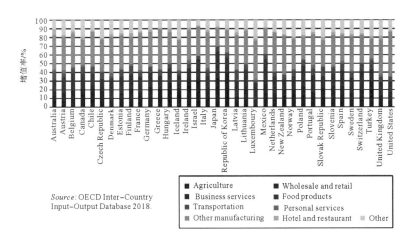

图 7-3　2015 年各经济体相关其他行业发展对旅游业的贡献率

资料来源：WTO. *World Trade Report* 2019. pp. 60.

我国自 20 世纪 70 年代开始发展国际旅游业，2009 年 12 月国务院印发《国务院关于加快发展旅游业的意见》，明确要把旅游业培育成国民经济的战略性支柱产业和人民群众更加满意的现代服务业。海南是中国唯一的省级经济特区，国际旅游岛的定位也使海南成为世界关注的焦点，因此，跨境贸易人民币结算试点的开展不仅在促进海南省的旅游业发展中起着至关重要的作用，还有利于加快推进海南的金融创新和金融功能的进一步完善，尤其是海南离岸金融中心的建设。因此，研究跨境贸易人民币结算不仅具有理论意义，也具有很强的现实意义。

第一节　海南省国际贸易旅游的发展现状

自建省以来，旅游业一直是海南省的战略性支柱产业，2010 年以来海南省旅游收入及其占 GDP 的比重逐年提高，2018 年该比重为 19.7%。1988 年 5 月，海南省第一部旅游规划《海南省旅游发展战略及风景区域规划》出台，海南省迅速迎来了以国内观光客及商务旅游为主的第一波高峰。1993 年，《海南省旅游发展规划大纲》推出，使海南省旅游发展开始有了真正意义上的开发指南。1995 年，海南省地方政府通过了《海南省旅游管理条例》，这部重量级的旅游政策法规助推海南旅游业飞速发展，开创旅游业成为海南经济发展龙头的新时代。1998 年《海南省旅游市场管理规定》及 1999 年《海南省旅游分级管理办法》开启政府从市场化视角管理旅游业的新模式，政府职能转变为监管服务而不过度干预市场，放开手脚搞市场化，规范旅游市场，优化旅游环境。2000年，《海南省旅游发展总体规划》首次站在全海南省的角度，从整体谋划海南旅游业，实现海南旅游全域平衡及差异化发展，不搞重复性建设，统一下一盘旅游大棋，形成海南省独具特色的核心竞争力。2005年《2005—2010海南旅游宣传促销规划》的出台支撑了海南旅游市场转型升级，加强海南旅游的宣传促销，提高了海南旅游的美誉度，促进了国际客源增长。2009年《国务院关于推进海南国际旅游岛建设发展的若干意见》给予了海南省国际旅游业发展更有力的制度支撑①。2010—2018年海南省旅游收入及其占GDP的比重如图7-4所示。

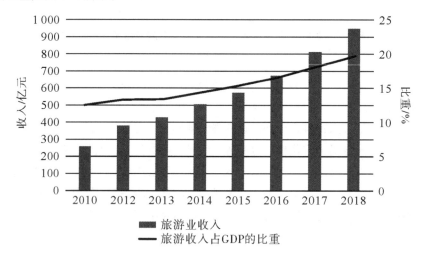

图7-4 2010—2018年海南省旅游收入及其占GDP的比重

数据来源：《海南省统计年鉴2019》。

一、海南省旅游资源现状

海南省旅游资源以自然条件取胜，在全国都具有唯一性和独特性。海南省的旅游资源大体可以分为三大类别：

一是以海洋资源为基础，以海水、沙滩、阳光、海鱼捕捞、海景观光游览等为其基本内容，集度假、娱乐、赏景等休闲方式为一体的满足人们物质需求

---

① 李文才.海南省旅游政策法规对旅游格局及经济影响分析 [J].旅游管理研究，2020（4）：55.

以及精神需求的热带海洋旅游。海南海洋旅游资源分布在海南环岛沿线，例如三亚、陵水、万宁、琼海、文昌、海口、海南、昌江等的滨海旅游景区。作为我国第二大岛屿，海南省海洋旅游的资源和区位优势非常明显，是国内唯一四季都可下海的景点。作为中国海洋面积最大的行政省，海南省包括众多岛屿，拥有中国最大的热带海岛、最广阔的海域、最美丽的海滩、最丰富的海洋植物和洁净的空气，是中国著名的热带海岛和海洋旅游胜地，海岸线长 1 822.8 千米，自然海湾 68 个。

二是海南中部的热带雨林风光、少数民族风情旅游资源，例如五指山、琼中、定安。海南植被生长快，植物繁多，是热带雨林、热带季雨林的原生地。海南植物资源的最大藏量在热带森林植物群落类型中，热带森林植被垂直分带明显，且具有混交、多层、异龄、常绿、干高、冠宽等特点，主要分布于五指山、尖峰岭、霸王岭、吊罗山、黎母山等林区，其中五指山属未开发的原始森林。热带森林以生产珍贵的热带木材而闻名全国，在 1 400 多种针阔叶树种中，乔木达 800 种，其中 458 种被列为国家的商品材，属于特类木材的有花梨木、坡垒、子京、荔枝、母生五种，一类材 34 种，二类材 48 种，三类材 119 种，适合造船和制造名贵家具的高级木材有 85 种，珍稀树种 45 种。

三是依托全省优质的空气、温润的气候和相对充裕的医疗资源，以休闲养生、保健医疗为主的医疗旅游资源，如琼海博鳌、三亚、海口等。充分利用海南"长寿之乡"的环境禀赋，依托博鳌乐城国际医疗旅游先行区，海口、三亚中医健康旅游示范基地建设和海南蕴藏的丰富动植物中药材宝库，大力发展海南医疗康养旅游业。

根据相关部门统计，截至 2018 年 6 月底，海南省共有运营景点 76 个，其中三亚 19 个、文昌 12 个、海口 11 个、万宁 11 个、琼海 9 个、陵水 3 个、儋州 3 个、澄迈 3 个、保亭 2 个、五指山 1 个、定安 2 个。和我国其他旅游大省相比，海南省景点少，且分布零散，与海南省全域旅游示范建设目标相差甚远。定安冷泉乡村公园、屯昌猪哈哈农场、屯昌梦幻香山园、琼中百花岭公园等景色优美，但开发程度不高，少有外地游客前往。

二、海南省旅游基础设施现状

海南省旅游基础设施相对完善。首先，海南省常规化的商务酒店越来越多。截至 2017 年 6 月底，海南共有 138 个星级酒店，其中四星级及以上酒店44 家，且全部分布在海口和三亚，同时还有新型的家庭式别墅酒店、青年旅馆等迎合不同游客居住需求的酒店。其次，海南省的交通枢纽建设越来越完善。建成海南省环岛高铁，全长653千米，全线25个站点，人口覆盖率87.3%，实现全岛2小时生活圈，把沿海旅游资源串联起来开发；高规格、高标准建设旅游公路网络，延伸"最后一公里"到景区景点；航空方面形成海口三亚两大机场，博鳌机场及儋州机场为辅，国内和国际航线200多条；建成"三纵四横"的铁路干线与多个港口，方便游客游览与出行。最后，旅游产业的信息现代化程度较高。随着互联网技术的普及与发展，海南省多个旅游景点已经实现了旅游产业的信息化，借助多种手机客户端进行门票预售，避免出现旅游高峰期人流拥堵的情况，提高游客出行质量。

三、海南省国际贸易旅游产品开发现状

旅游产品是旅游项目的盈利项目，是项目经营的内容，应挖掘旅游资源特色，寻找切入点，找准旅游市场进入点，设计出满足客源市场需求的项目。海南地理位置好，气候条件优良，旅游资源丰富，但缺乏具有文化特色精品旅游商品。目前，海南文化元素挖掘不足，吸收不够，形成不了旅游商品市场，综合经济效益不够。目前海南旅游产品以观光旅游、游览景区景点、农家乐等方面的初级旅游产品为主，其他深层次类型旅游产品，如专项参与式旅游产品的开发虽然取得了一定成效，但总体开发水平仍然较低，数量较少，缺乏鲜明的特色，对客源难以产生持久的吸引力。

四、海南省旅游国际化程度

从第五章的图5-9和图5-10可以看出，2016年以来海南省境外游客数量占比和旅游外汇收入占比重回上升轨道。从客源分布市场上看，2008年起俄罗斯一直是来琼旅游的境外第一大客源地，2018年海南接待俄罗斯游客25.58万人次，占海南接待境外游客总数的20.24%；第二大客源地和第三大客源地分别是印度尼西亚和韩国，分别占比10.26%和7.52%。海南正在对境外主要客源市场形成特色更加鲜明、吸引力更强的核心吸引，除俄罗斯、日本、韩国等传统主要客源市场以外，欧美、澳新等市场出现了大幅增长，海南旅游IP正在加快形成，在诸如猫途鹰等国际知名OTA（在线旅游）平台的点评数中，海南的受关注程度不断升温，独具海南文化内涵和地域特色的代表性核心吸引显著增强。

三亚、海口、陵水、万宁、文昌是海南省接待境外过夜游客的主要旅游地区，2018年这五个市县接待的境外过夜游客数量占海南省接待境外过夜游客总数的比重分别为56.68%、20.68%、7.36%、4.64%和3.69%，共接待了海

南省 93.05%的境外过夜游客。由此可见,海南省国际旅游业发展在各市县分布上极不均衡。

五、海南省医疗旅游特色

博鳌亚洲论坛《亚洲经济一体化进程 2011 年度报告》研究发现,近十来年来,医疗旅游成为亚洲旅游服务发展的新兴驱动力量,2007 年亚洲的医疗旅游服务收入 340 亿美元,占全球市场份额的 12.7%,并且每年以两位数百分比的速度递增。2009 年印度、新加坡和泰国三国的医疗旅游服务占整个亚洲医疗旅游服务市场的 90%,以"第一世界的技术和第三世界的价格"为优势的亚洲医疗旅游业,正逐渐成为最主要的国际医疗旅游目的地。各国通过扩大医疗服务投资、减税免税、规范立法、放松旅游签证等多举措推动本国医疗旅游的发展,2010 年韩国政府计划投资 3.15 亿美元,将韩国济州岛建设为医疗旅游服务的国际枢纽①。

海南作为我国唯一的国际医疗旅游先行区,希望通过打造国际医疗旅游岛,突破周边传统医疗旅游强国的重围,在利润巨大的医疗旅游盘子中分得一杯羹。海南省委、省政府先后出台了《海南省医疗健康产业发展"十三五"规划》《关于提升旅游产业发展质量与水平的若干意见》《海南国际旅游岛建设发展规划纲要(2010—2020)》等一系列政策,并积极运作,为海南省争取到"加快新药审批""放宽境外医师执业时间""开展干细胞临床研究"等国务院九项政策的支持,被称为"海南医疗旅游国九条"。2015 年海南省委、省政府把医疗健康产业作为全省国民经济的支柱产业来发展,成立海南省招商局,在海南省卫生计生委设立健康产业促进处,建立省级联席会议机制,开展全方位、多渠道的宣传推介和招商服务活动②。

2013 年国务院批准设立海南博鳌乐城国际医疗旅游先行区,作为全国唯一一家国际医疗旅游先行区,区内的成美国际医学中心、恒大国际医学中心、国际医学抗衰老中心等 20 个项目,均以"社会资本+国际优良资源"的模式建设。先行区在前沿的医疗技术研究、境外医师注册、境外资本准入等方面享有特殊优惠政策,中央于 2018 年先后把特许医疗器械和药品审批权下放给海南。2018 年,博鳌超级医院正式签约院士专家团队达 17 个,半年多时间内创造了全国第一针 HPV9 疫苗注射、第一例特许进口蓝牙心脏起搏器植入手术等

---

① 对外经济贸易大学出版社. 亚洲经济一体化进程 2011 年度报告 [M]. 北京:对外经济贸易大学出版社,2011.

② 郭潇雅. 国际医疗旅游岛的魅与惑 [J]. 中国医院院长,2017(15):50-52.

"8个全国第一"，先行区接待医疗旅游人数3.2万人，同比增长69.1%。2019年1月海南省人民政府印发《海南省健康产业发展规划（2019—2025年）》，明确将健康产业作为海南的核心产业。2019年9月，国家发展和改革委员会、国家卫生健康委员会、国家中医药管理局、国家药品监督管理局联合发布《关于支持建设博鳌乐城国际医疗旅游先行区的实施方案》，提出先行区"到2030年，建设成为世界一流的国际医疗旅游目的地和医疗科技创新平台。"2018年先行区实现营业收入3.65亿元，同比增长227%，就诊人数3.2万人，同比增长69.1%。

三亚市中医院近年来以高端定制等服务模式，为来自中亚地区、俄罗斯、瑞典、挪威、奥地利、法国等多个国家的4万多位游客，提供了具有海南特色的中医服务。据该院测算，每位外宾的平均医疗消费在2万美元左右，为三亚带来的综合效益超过8万美元/人次。

第二节　海南省国际旅游贸易的跨境贸易人民币结算需求影响因素

为使基于海南省国际旅游贸易的跨境贸易人民币结算需求的影响因素更加全面，本书邀请了10位专家学者进行专家座谈。专家样本特征见表7-1。

表7-1　专家样本特征

项目	类别			
性别	男	女		
人数	6	4		
年龄	30~40岁	41~50岁	51~60岁	61~70岁
人数	3	5	2	0
工作时间	5年以下	5~10年	10~15年	15年以上
人数	0	5	5	0
学历	本科	硕士	博士及以上	
人数	0	3	7	

经专家座谈归纳，确认了前面提出的基于海南省国际旅游贸易的跨境贸易人民币结算需求的影响因素，根据专家座谈结果，结合现有研究成果，分析总

结出基于海南省国际旅游贸易的跨境贸易人民币结算需求的影响因素，其中1个因变量为基于海南省国际旅游贸易的跨境贸易人民币结算需求，5个自变量为国家扶持、基础设施、旅游服务人才、旅游宣传、生态旅游意识，构建出了基于海南省国际旅游贸易的跨境贸易人民币结算需求的影响因素模型。

根据上述讨论，提出的假设归纳如表7-2所示。

表7-2 研究假设归纳

假设序号	变量	假设
H1	国家扶持	国家扶持对海南省国际旅游贸易的跨境贸易人民币结算需求存在正向影响
H2	基础设施	基础设施对海南省国际旅游贸易的跨境贸易人民币结算需求存在正向影响
H3	旅游服务人才	旅游服务人才对海南省国际旅游贸易的跨境贸易人民币结算需求存在正向影响
H4	旅游宣传	旅游宣传对海南省国际旅游贸易的跨境贸易人民币结算需求存在正向影响
H5	生态旅游意识	生态旅游意识对海南省国际旅游贸易的跨境贸易人民币结算需求存在正向影响

本节研究所用的数据来自问卷调查，在进行回归分析之前，需要对数据进行描述性统计及信度效度分析，确保数据是正确的，为后续的回归分析打下基础。

一、问卷与数据统计

我们共发放调查问卷300份，收集回来282份，其中有效问卷的数量是282份，问卷的有效回收率是94%。表7-3为各维度变量的描述性统计。

表7-3 描述性统计

问卷题号	平均值	标准偏差	分析个案数
A1	3.658	0.937 0	282
A2	3.684	0.863 5	282
A3	3.531	1.008 3	282
A4	3.583	0.937 3	282
A5	3.658	0.883 8	282

表7-3（续）

问卷题号	平均值	标准偏差	分析个案数
B1	2.697	0.860 6	282
B2	2.890	0.901 0	282
B3	2.798	0.906 9	282
B4	2.816	0.896 1	282
B5	2.798	0.897 2	282
C1	3.171	0.677 9	282
C2	3.162	0.759 7	282
C3	3.294	0.800 1	282
C4	3.276	0.800 9	282
C5	3.329	0.786 3	282
D1	3.018	0.726 9	282
D2	3.057	0.757 5	282
D3	3.079	0.704 2	282
D4	3.039	0.698 2	282
D5	3.004	0.597 3	282
E1	3.066	0.818 3	282
E2	3.044	0.833 1	282
E3	3.101	0.836 1	282
E4	3.092	0.847 6	282
E5	3.026	0.790 5	282
F1	3.057	0.690 6	282
F2	3.101	0.735 1	282
F3	3.123	0.798 0	282
F4	3.158	0.746 0	282
F5	3.092	0.793 9	282
G1	3.189	0.705 2	282
G2	3.167	0.838 7	282

表7-3（续）

问卷题号	平均值	标准偏差	分析个案数
G3	3.162	0.815 6	282
G4	3.127	0.681 1	282
G5	3.184	0.791 7	282
H1	2.904	0.895 1	282
H2	2.899	0.972 5	282
H3	2.930	0.977 4	282
H4	2.829	0.920 5	282
H5	3.000	0.779 7	282
I1	2.961	0.672 4	282
I2	3.070	0.692 6	282
I3	3.083	0.706 8	282
I4	2.991	0.696 1	282
I5	2.982	0.656 8	282
J1	3.083	0.668 4	282
J2	3.031	0.558 4	282
J3	3.066	0.563 2	282
J4	3.110	0.602 0	282
J5	3.079	0.685 2	282

信度是指测验结果的一致性、稳定性及可靠性，一般多以内部一致性来表示该测验信度的高低。信度系数越高，表示该测验的结果越一致、稳定与可靠。系统误差对信度没什么影响，因为系统误差总是以相同的方式影响测量值，因此不会导致不一致性。反之，随机误差可能导致不一致性，从而降低信度。问卷的整体信度如表7-4所示，各研究变量信度检验如表7-5所示。

表7-4 问卷的整体信度

测量项个数	Cronbach's α	标准化的 Cronbach's α
30	0.945	0.921

表 7-5 各研究变量信度检验

研究变量	测量指标	题项个数	Cronbach's α 值	删除该指标后的 Cronbach's α 值
A	A1	5	0.891	0.932
	A2			0.845
	A3			0.839
	A4			0.861
	A5			0.880
B	B1	5	0.882	0.892
	B2			0.890
	B3			0.876
	B4			0.868
	B5			0.901
C	C1	5	0.929	0.932
	C2			0.891
	C3			0.928
	C4			0.909
	C5			0.896
D	D1	5	0.938	0.911
	D2			0.923
	D3			0.910
	D4			0.914
	D5			0.916
E	E1	5	0.919	0.920
	E2			0.921
	E3			0.909
	E4			0.930
	E5			0.928

表7-5（续）

研究变量	测量指标	题项个数	Cronbach's α 值	删除该指标后的 Cronbach's α 值
F	F1	5	0.920	0.892
	F2			0.878
	F3			0.923
	F4			0.905
	F5			0.916

根据表7-4，问卷预调查数据的总体克隆巴赫系数的 α 信度系数为0.921，大于0.9，说明问卷信度较好。根据表7-5，问卷各维度预调查的 α 信度系数大于0.8，说明问卷各维度信度较好。

二、变量、统计检验

自变量、中介变量和因变量的 KMO 和 Bartlett 检验结果如表7-6所示。

表 7-6　自变量 KMO 和 Bartlett 检验结果

检验指标		数值
取样足够度的 Kaiser-Meyer-Olkin 度量（KMO）		0.908
Bartlett 的球形度检验	近似卡方	1 765.092
	自由度（df）	721
	显著性（Sig.）	0.000

根据表7-7，预调查的前测效度分析，自变量的 KMO 值为0.901>0.7，因变量的 KMO 值0.828>0.8，效度均符合标准，说明问卷具有一定的效度。

表 7-7　因变量 KMO 和 Bartlett 检验结果

检验指标		数值
取样足够度的 Kaiser-Meyer-Olkin 度量（KMO）		0.901
Bartlett 的球形度检验	近似卡方	178.092
	自由度（df）	11
	显著性（Sig.）	0.000

使用SPSS23.0对样本数据进行Cronbach′s α信度系数检验，得到的检验结果如表7-8和表7-9所示。

表7-8 问卷的整体信度

测量项个数	Cronbach's α	标准化的 Cronbach's α
30	0.976	0.966

表7-9 各研究变量信度检验

研究变量	测量指标	题项个数	Cronbach's α 值	删除该指标后的 Cronbach's α 值
A	A1	5	0.929	0.899
	A2			0.862
	A3			0.890
	A4			0.912
	A5			0.900
B	B1	5	0.901	0.863
	B2			0.857
	B3			0.847
	B4			0.849
	B5			0.850
C	C1	5	0.928	0.909
	C2			0.890
	C3			0.888
	C4			0.884
	C5			0.895
D	D1	5	0.956	0.939
	D2			0.942
	D3			0.939
	D4			0.948
	D5			0.948

表7-9(续)

研究变量	测量指标	题项个数	Cronbach's α 值	删除该指标后的 Cronbach's α 值
E	E1	5	0.930	0.936
	E2			0.919
	E3			0.919
	E4			0.921
	E5			0.929
F	F1	5	0.928	0.922
	F2			0.910
	F3			0.935
	F4			0.911
	F5			0.917

使用 SPSS23.0 对本研究问卷的样本数据进行结构效度的检验，检验结果如表 7-10 和表 7-11 所示。

1. 自变量量表的效度分析

针对自变量量表，使用 SPSS23.0 对其进行效度分析，其 KMO 和 Bartlett 球形度检验结果如表 7-10 所示，由表可知，KMO 度量为 0.945，说明自变量量表可以进行因子分析。

表 7-10 自变量 KMO 和 Bartlett 检验结果

检验指标		数值
取样足够度的 Kaiser-Meyer-Olkin 度量（KMO）		0.945
Bartlett 的球形度检验	近似卡方	7 901.091
	自由度（df）	712
	显著性（Sig.）	0.000

2. 因变量量表的效度分析

针对因变量量表，使用 SPSS23.0 对其进行效度分析，其 KMO 和 Bartlett 球形检验结果如表 7-11 所示，由表可知，KMO 度量为 0.818，说明因变量量表可以进行因子分析。

表 7-11　因变量 KMO 和 Bartlett 检验结果

检验指标		数值
取样足够度的 Kaiser-Meyer-Olkin 度量（KMO）		0.818
Bartlett 的球形度检验	近似卡方	760.092
	自由度（df）	15
	显著性（Sig.）	0.000

因变量公因子方差如表 7-12 所示。

表 7-12　因变量公因子方差

测量指标	初始	提取
Z1	1.000	0.852
Z2	1.000	0.822
Z3	1.000	0.776
Z4	1.000	0.789
Z5	1.000	0.709

从表 7-13 可以看出在因变量的 5 个测量指标中，提取出 1 个特征值大于 1 的公因子。第一个公因子的初始特征值为 2.763，可以解释总方差的 68.462%。公因子共可解释总方差的 68.462%，对原有变量总方差具有很好的解释能力。

表 7-13　因变量总方差解释

成分	初始特征值			提取载荷平方和		
	总计	方差/%	累积/%	总计	方差/%	累积/%
1	2.763	68.462	68.462	2.763	68.462	68.462
2	0.879	15.783	84.245			
3	0.643	9.438	93.683			
4	0.361	4.239	97.922			
5	0.287	2.078	100.000			

公因子方差如表 7-14 所示。

表 7-14　公因子方差

序号	原始		重新标度	
	初始	提取	初始	提取
A1	0.878	0.639	1.000	0.728
A2	0.746	0.470	1.000	0.630
A3	1.017	0.777	1.000	0.764
A4	0.878	0.626	1.000	0.713
A5	0.781	0.563	1.000	0.720
B1	0.741	0.430	1.000	0.580
B2	0.812	0.508	1.000	0.626
B3	0.823	0.531	1.000	0.645
B4	0.803	0.546	1.000	0.681
B5	0.805	0.488	1.000	0.606
C1	0.460	0.226	1.000	0.491
C2	0.577	0.307	1.000	0.532
C3	0.640	0.334	1.000	0.522
C4	0.641	0.370	1.000	0.576
C5	0.618	0.333	1.000	0.539
D1	0.528	0.391	1.000	0.740
D2	0.574	0.419	1.000	0.730
D3	0.496	0.384	1.000	0.774
D4	0.487	0.336	1.000	0.688
D5	0.357	0.253	1.000	0.709
E1	0.670	0.462	1.000	0.689
E2	0.694	0.573	1.000	0.825
E3	0.699	0.558	1.000	0.799
E4	0.718	0.590	1.000	0.822
E5	0.625	0.464	1.000	0.742
F1	0.477	0.333	1.000	0.699

表7-14(续)

序号	原始		重新标度	
	初始	提取	初始	提取
F2	0.540	0.367	1.000	0.679
F3	0.637	0.484	1.000	0.760
F4	0.556	0.407	1.000	0.731
F5	0.630	0.469	1.000	0.744
G1	0.497	0.335	1.000	0.673
G2	0.703	0.523	1.000	0.744
G3	0.665	0.466	1.000	0.700
G4	0.464	0.300	1.000	0.646
G5	0.627	0.466	1.000	0.743
H1	0.801	0.632	1.000	0.788
H2	0.946	0.770	1.000	0.814
H3	0.955	0.821	1.000	0.859
H4	0.847	0.689	1.000	0.813
H5	0.608	0.494	1.000	0.813
I1	0.452	0.269	1.000	0.594
I2	0.480	0.230	1.000	0.480
I3	0.500	0.243	1.000	0.487
I4	0.485	0.285	1.000	0.588
I5	0.431	0.253	1.000	0.587
J1	0.447	0.293	1.000	0.655
J2	0.312	0.200	1.000	0.643
J3	0.317	0.186	1.000	0.585
J4	0.362	0.206	1.000	0.568
J5	0.470	0.290	1.000	0.618

提取方法：主成分分析法。

成分得分系数矩阵如表 7-15 所示。

表 7-15 成分得分系数矩阵

序号	成分					
	1	2	3	4	5	6
A1	−0.059	−0.065	0.252	−0.008	−0.001	−0.006
A2	−0.001	−0.050	0.181	−0.009	−0.013	−0.022
A3	−0.009	−0.084	0.305	−0.054	−0.008	−0.034
A4	−0.064	−0.017	0.216	−0.011	−0.029	0.039
A5	−0.042	−0.023	0.230	−0.043	−0.036	−0.005
B1	0.045	0.171	−0.033	−0.047	−0.034	−0.085
B2	0.068	0.136	0.038	−0.101	−0.016	−0.090
B3	0.062	0.186	−0.053	−0.042	−0.033	−0.087
B4	0.033	0.199	0.022	−0.095	−0.034	−0.115
B5	0.076	0.146	0.042	−0.110	−0.018	−0.138
C1	0.020	−0.004	0.009	0.032	−0.006	0.023
C2	0.035	−0.019	0.005	0.039	−0.008	0.046
C3	0.071	−0.053	0.025	0.010	0.029	0.005
C4	0.113	−0.058	0.018	−0.012	0.015	−0.002
C5	0.057	−0.014	0.041	0.008	0.013	−0.034
D1	−0.104	0.158	−0.062	0.054	−0.007	0.064
D2	−0.094	0.164	−0.062	0.039	−0.010	0.071
D3	−0.084	0.144	−0.038	0.031	−0.007	0.048
D4	−0.092	0.156	−0.052	0.034	−0.009	0.042
D5	−0.053	0.087	−0.030	0.029	0.001	0.036
E1	0.002	−0.042	−0.029	0.206	−0.016	−0.042
E2	−0.053	0.000	−0.045	0.261	−0.037	−0.015
E3	−0.021	−0.009	−0.029	0.230	−0.040	−0.025
E4	−0.041	0.003	−0.024	0.233	−0.033	−0.015
E5	−0.051	−0.001	−0.024	0.207	−0.009	−0.022
F1	0.017	−0.030	−0.003	−0.036	−0.020	0.166
F2	−0.002	−0.026	0.009	−0.046	−0.015	0.188
F3	−0.032	−0.010	−0.021	−0.033	−0.002	0.244
F4	−0.019	−0.015	−0.030	0.003	−0.019	0.211

表7-15(续)

序号	成分					
	1	2	3	4	5	6
F5	−0.011	−0.021	−0.018	0.019	−0.039	0.222
G1	0.134	−0.027	−0.038	−0.001	−0.030	−0.011
G2	0.202	−0.052	−0.082	0.006	−0.041	0.009
G3	0.185	−0.056	−0.031	−0.036	−0.030	0.016
G4	0.130	−0.050	−0.004	−0.030	−0.011	−0.005
G5	0.193	−0.053	−0.042	−0.042	−0.030	0.007
H1	0.003	−0.039	−0.041	−0.023	0.225	−0.022
H2	−0.052	0.006	0.001	−0.028	0.262	−0.058
H3	−0.029	−0.023	−0.026	−0.029	0.273	−0.022
H4	−0.005	−0.041	−0.006	−0.063	0.249	−0.026
H5	−0.030	0.004	−0.012	−0.007	0.150	0.001
I1	0.037	−0.002	0.020	−0.009	0.012	0.010
I2	0.071	−0.021	0.018	−0.033	0.024	−0.015
I3	0.081	−0.020	0.031	−0.049	0.024	−0.028
I4	0.047	−0.014	0.052	−0.025	0.013	−0.012
I5	0.017	0.010	0.029	0.001	−0.004	0.015
J1	−0.004	0.032	−0.004	0.028	0.003	0.034
J2	0.013	0.012	−0.006	0.015	0.006	0.015
J3	0.031	−0.001	0.008	0.013	−0.002	−0.007
J4	0.016	0.020	0.003	0.019	−0.004	0.000
J5	−0.018	0.037	−0.008	0.039	0.007	0.037

提取方法：主成分分析法。

旋转方法：凯撒正态化最大方差法。

组件得分。

a. 系数为标准化系数。

三、回归分析

通过各类回归系数检验结果表可知，国家扶持对海南省国际旅游贸易的跨境贸易人民币结算需求之间的标准化路径系数为 0.062，临界比率 CR 为 3.253

大于 2.58，P 值为 0.050，因此，该路径系数具有显著性，说明国家扶持对海南省国际旅游贸易的跨境贸易人民币结算需求存在正相关影响。详见表 7-16。

表 7-16　回归系数检验结果

EsCRimaCRe 未标准化系数	标准化系数	CR	P	F
1.552	0.018	3.672	0.054	0.781
0.856	0.062	3.253	0.050	0.745
0.673	0.085	3.463	0.062	0.790

通过各类回归系数检验结果表可知，基础设施对海南省国际旅游贸易的跨境贸易人民币结算需求之间的标准化路径系数为 0.050，临界比率 CR 为 3.652，大于 2.58，P 值为 0.050，因此，该路径系数具有显著性，说明基础设施对海南省国际旅游贸易的跨境贸易人民币结算需求有显著的正相关影响，且影响程度高。详见表 7-17。

表 7-17　回归系数检验结果

EsCRimaCRe 未标准化系数	标准化系数	CR	P	F
0.726	0.029	3.802	0.086	0.676
0.833	0.050	3.652	0.050	0.745

通过各类回归系数检验结果表可知，旅游服务人才对海南省国际旅游贸易的跨境贸易人民币结算需求之间的标准化路径系数为 0.052，临界比率 CR 为 3.652，大于 2.58，P 值为 0.050，因此，该路径系数具有显著性，说明旅游服务人才对海南省国际旅游贸易的跨境贸易人民币结算需求存在正相关影响，且影响程度较高，详见表 7-18。

表 7-18　回归系数检验结果

EsCRimaCRe 未标准化系数	标准化系数	CR	P	F
0.713	0.025	3.772	0.081	0.688
0.829	0.052	3.652	0.050	0.739

通过各类回归系数检验结果表可知，旅游宣传对海南省国际旅游贸易的跨

境贸易人民币结算需求之间的标准化路径系数为 0.050，临界比率 CR 为 3.689，大于 2.58，P 值为 0.051，因此，该路径系数具有显著性，说明旅游宣传对海南省国际旅游贸易的跨境贸易人民币结算需求有显著的正相关影响，且影响程度高。详见表 7-19。

表 7-19　回归系数检验结果

EsCRimaCRe 未标准化系数	标准化系数	CR	P	F
0.750	0.020	3.881	0.090	0.661
0.826	0.050	3.689	0.051	0.712

通过各类回归系数检验结果表可知，生态旅游意识对海南省国际旅游贸易的跨境贸易人民币结算需求之间的标准化路径系数为 0.046，临界比率 CR 为 3.652，大于 2.58，P 值为 0.050，因此，该路径系数具有显著性，说明生态旅游意识对海南省国际旅游贸易的跨境贸易人民币结算需求有显著的正相关影响，且影响程度高。详见表 7-20。

表 7-20　回归系数检验结果

EsCRimaCRe 未标准化系数	标准化系数	CR	P	F
0.720	0.035	3.890	0.091	0.623
0.861	0.046	3.652	0.050	0.766

实证结果表明，国家扶持、基础设施建设、旅游服务人才、旅游宣传和生态旅游意识都对海南省国际旅游贸易的跨境贸易人民币结算需求具有正向推动作用，海南省相关政府部门和旅游从业人员可以从这几大方面加强工作，有意识地扩大海南省国际旅游业的跨境贸易人民币结算规模，详见表 7-21。

表 7-21　实证研究结果一览

变量	假设	是否成立
国家扶持	国家扶持对海南省国际旅游贸易的跨境贸易人民币结算需求存在正向影响	成立
基础设施	基础设施对海南省国际旅游贸易的跨境贸易人民币结算需求存在正向影响	成立

表7-21（续）

变量	假设	是否成立
旅游服务人才	旅游服务人才对海南省国际旅游贸易的跨境贸易人民币结算需求存在正向影响	成立
旅游宣传	旅游宣传对海南省国际旅游贸易的跨境贸易人民币结算需求存在正向影响	成立
生态旅游意识	生态旅游意识对海南省国际旅游贸易的跨境贸易人民币结算需求存在正向影响	成立

第八章 海南省国际会展业的跨境贸易人民币结算需求

　　会展业被国际学术界公认为 21 世纪的"朝阳产业",和旅游业、房地产业并称为 21 世纪的三大"无烟产业",被誉为"现代城市的面包""会撒钱的飞机"。会展经济是指通过举办各种形式的大型会议、展览活动,带来源源不断的商流、物流、人流、资金流、信息流,直接推动商贸、旅游业的发展,不断创造商机,吸引投资,进而拉动其他产业的发展,并形成以会展活动为核心的经济群体,直接或间接产生经济效益和社会效益的一种经济现象和经济行为。会展经济的功能和作用是综合性、全方位的:①会展业是一个高收入、高盈利的行业,其利润率在 20% ~ 30%;②会展具有桥梁、窗口、展台、连带等功能,在促进商品流通、技术交流、信息沟通及经贸合作等方面发挥着重要作用;③会展业具有强大的关联带动效应,上海、深圳相关数据测算表明,会展业的产业带动系数为 1∶9;④会展可以展示城市形象,提高城市在国内外的知名度,国际展会是最大、最有特色、最有意义的城市广告(王祯祥,2004)①。发达国家的会展经济已有一个半世纪的发展历史,发展中国家会展业的发展还处于起步阶段,发展潜力大。

第一节　海南省国际会展业的发展现状

　　自 2015 年年初海南省委、省政府将会展业列入 12 个重点产业以来,围绕"三年成形、五年成势"的目标,全面发力,多措并举,会展业发展呈现新常态,会展经济稳步增长,会议、展览、奖励旅游、节事活动等方面均取得了明

---

　　① 王祯祥. 济南市会展经济发展问题思考 [J]. 中共济南市委党校学报, 2004 (1): 122-124.

显成效。国内学者也密切关注海南会展业发展，认为发展会展业是海南国际旅游岛建设的一大重点和亮点（蔡兰，2011①；史振卿，2012②；陈丽萍，2014③），会展业发展能积极帮助海南推动"一带一路"倡议实施，二者可以相互促进、融合发展（庞玉兰，2017④；何彪、武慧慧，2017⑤），同时针对海南会展业发展现状和条件，结合英国等会展业发达经济体的相关经验，提出海南省加快发展会展业的措施建议（刘茜茜、江军，2012⑥；史振卿，2012；陈丽萍，2014；刘红霞，2016⑦）。

2019 年 1 月 11 日，在博鳌国际会议中心举行的第十五届中国会展经济国际合作论坛上，中国国际贸易促进委员会发布了《中国展览经济发展报告（2018）》，论坛报告为海南单列章目，因为海南是全国唯一将会展业作为重点产业发展的省份。报告认为，2018 年海南省紧紧围绕"建设海南自由贸易试验区和中国特色自由贸易港、加快建设美好新海南"要求，推动会展经济高质量快速发展。但由于会展业起步晚、基础弱，竞争力不强等，海南省在推动会展经济 高质量发展的过程中也存在严峻的问题。

一、海南省会展业发展的主要成就

（一）总量规模稳步增长，带动作用不断提升

近年来，海南省展览场次、展览面积、千人以上会议场数、会展业接待过夜人数等重要指标年均增长率均达到两位数（见表 8-1）。2018 年海南会展业加快发展，实现收入 200 亿元人民币，同比增长 19.7%；全省共举办 100 人以上会议 20 000 场，同比增长 16%，其中千人以上会议 125 场，同比增长 25.7%；举办展览 155 场，同比增长 27.5%，展览面积 165.3 万平方米，同比增长 19.1%。

---

① 蔡兰. 海南会展业发展的 SWOT 分析及对策研究 [J]. 知识经济，2011（4）：5-6.
② 史振卿. 海会展业的发展构想 [J]. 旅游纵览，2012（6）：76-77.
③ 陈丽萍. 基于 SWOT 分析的海南海洋会展业发展研究 [J]. 经济研究导刊，2014（21）：58-59.
④ 庞玉兰. "一带一路"背景下海南省发展会展产业分析 [J]. 北方经贸，2017（4）：16-19.
⑤ 何彪，武慧慧. 海南会展产业与"一带一路"倡议融合发展研究 [J]. 经济论坛，2017（11）：35-37.
⑥ 刘茜茜，江军. 海南会展业发展条件分析 [J]. 全国商情理论研究，2014（16）：41-42.
⑦ 刘红霞. 英国会展业发展及其对海南的启示 [J]. 乌鲁木齐职业大学学报，2016（1）：39-42.

表 8-1 2014—2017 年全省会议、展览数量规模情况

会展数量 规模指标	2014 年	2015 年	2016 年	2017 年	2018 年	2014—2017 年 年平均增长率/%
展览场次	90	102	115	140	155	15.9
300 个展位以上展览	26	32	40	54	—	27.7
展览面积/万平方米	70	106	124	145	165.3	28.4
100 人以上会议场数	12 065	13 100	14 980	17 500	20 000	13.3
参会人数/万人	248	258	290	350	—	12.4
千人以上会议场数	49	60	82	107	125	29.9
会展业接待过夜人数/万人	953	1 300	1 580	1 950	2 000	27.1

资料来源:《海南省会展业中长期发展规划（2017—2030 年）》和《中国展览经济发展报告（2018）》。

2015—2017 年期间，海南全省累计签订会展合作项目 97 个，协议投资额超过 40 亿元；全省千人以上会议和 300 个展位以上的展览中，招商引进项目约占 60%。会展服务收入与住宿餐饮、广告印刷、交通运输、购物娱乐等关联行业收入的比例由 1∶5.9 增加到 1∶6.7，提高了 0.8 个百分点。会展业接待过夜人次占旅游接待过夜人次比重由 2015 年的 24% 提升至 2017 年的 32%。海南正通过"会展+"模式，直接带动策划、广告、印刷、设计、安装、酒店、交通等配套产业集群发展，并充分发挥会展业在助力产业、服务企业、开拓市场和促进消费方面的"绿色引擎"作用，以市场需求为导向，主动作为，重点培育和打造旅游、医疗健康、海洋、互联网、热带特色高效农业等十二个与重点产业相关联的会展项目。2017 年海南省会展业增加值达到 80 亿元，增长 15.4%，增速居全省十二个重点产业第 4 位，产业规模不断扩大，带动作用明显。

（二）品牌会展快速成长，区域影响不断增强

第三届中国会展（会奖）产业交易会上，海南省荣获"2017 中国会展（会奖）产业年度金手指奖·最具影响力会展（会奖）目的地"称号。经过近几年的大力培育，海南省形成一批有影响力的品牌会议。先后举办了博鳌亚洲论坛年会、澜沧江—湄公河合作首次领导人会议、中非合作圆桌会议、三亚财经论坛等高规格会议。相继引进中国饭店大会、中国分析化学年会、环境科

学年会等协会会议，策划举办了海购大会、博鳌国际物流论坛等行业会议。冬交会、农博会、三亚兰博会、海天盛筵、海南 M3 国际酒店暨主题公园娱乐设备展览会等传统展会的规模和效益稳步提升，重点展会品牌成效初显。2015年以来，新策划举办海博会、海创会、海商会、海购节、国际旅游岛三角梅花展、房车露营展、世界休闲旅游展等展会。其中，重点打造的第二届海博会展览面积达 5.5 万平方米，签订合作项目投资额 980 亿元，初步形成了"北有冬交会、南有海博会"的局面。

各市县依托自身的地域文化特色和产业特色举办的节事活动不断增多，地方节事特色突出。成功举办了海南国际旅游岛欢乐节、三月三、嬉水节、文昌南洋文化节、大致坡琼剧文化节、海口金岛音乐节、海南美食文化节等特色节庆活动以及世界小姐等选美大赛、环海南岛国际公路自行车赛、环海南岛大帆船赛、海南高尔夫球公开赛、中华龙舟大赛、海南国际马拉松赛、万宁国际冲浪节等赛事。

《海南省会展业中长期发展规划（2017—2030 年）》结合海南特色产业、重点产业提出相关产业的会展品牌发展建议，为海南省会展业和地方产业结合发展提供规划，见表 8-2。

表 8-2　重点产业会展品牌建议

重点产业	品牌会议	品牌展览
旅游	博鳌国际旅游论坛、中国旅游论坛、国际饭店业大会、中国邮轮游艇产业峰会	海南国际旅游贸易博览会、海天盛筵、中国国际海洋旅游博览会、国际旅游岛三角梅花展、海南会奖旅游博览会、海南世界休闲旅游博览会、房车露营博览会、M3 酒店用品及主题公园娱乐装备展、婚庆博览会、海南国际服装节
热带特色高效农业	中国农业（博鳌）论坛、中国种子大会	中国（海南）国际热带农产品冬季交易会（冬交会）、中国（海南）国际海洋产业博览会、三亚兰花博览会、中国海南（屯昌）农民博览会、热带种业博览会、世界咖啡展、中国—东盟水果展、海南国际宠物展
互联网	中国互联网大会、京陵大数据高峰论坛、中国智慧商业大会	中国国际创意设计推广周、中国（海南）动漫游戏博览会、中国"互联网+"博览会
医疗健康	博鳌健康论坛、国际旅游岛养生论坛、"一带一路"医疗旅游与健康产业大会	中国（海南）国际大健康产业博览会、"一带一路"医疗旅游与健康博览会

表 8-2(续)

重点产业	品牌会议	品牌展览
金融服务	博鳌金融论坛	"一带一路"国际投资博览会
会展	中国国际会展文化节、中国会展经济论坛	中国会展经济博览会
现代物流	博鳌国际物流论坛	中国国际物流展
油气	南海石油高峰论坛、深海能源大会	中国国际石油化工产品博览会
医药	大南药高峰论坛	中国药品零售业态信息发布会暨工商合作与发展对话会、中国南药展览会
低碳制造	海洋工程装备技术论坛、新能源汽车高峰论坛	海南国际新能源电动汽车展览会、海南国际汽车展览会、中国绿色食品博览会、旅游装备展览会
房地产	博鳌旅游地产高峰论坛、绿色建筑论坛、新型城镇化大会	中国(三亚)国际旅游地产博览会、中国绿色建材博览会
高新技术	创新创业大会	海南国际高新技术暨创新创业博览会、航天主题博览会
教育	中国职业教育高峰论坛、中国幼教年会	国际教育展
文化	海上丝绸之路文化论坛、南海文化论坛	海上丝绸之路电影展、图书展,南海文化展、黎苗族文化展
体育	中国户外运动峰会、中国体育用品业高峰论坛	世界棋牌大会、国际高尔夫博览会、水上运动展览会
节庆赛事	海南国际旅游岛欢乐节、世界小姐大赛、中国广告节、香岛文化节、新思路模特大赛、三月三、嬉水节、金岛音乐节、海南国际旅游岛购物节、品牌人物年度盛典、国际旅游岛美食节、南海文化节、东坡文化节、赶海节、开渔节、渔火节、沙雕艺术节、环海南岛国际公路自行车赛、环海南岛大帆船赛、观澜湖高尔夫明星赛、万宁国际冲浪节、国际马拉松比赛	

（三）市场主体继续壮大，行业素质不断提高

近年来海南省会展相关服务企业数量增长迅速。与 2015 年年末相比，2017 年 12 月底海南省工商注册经营范围涉及会展服务的企业由 9 212 户增加到 29 487 户，增长 2.2 倍；注册资本由 920 亿元增加到 4 327 亿元，增长 3.7 倍；营业收入超亿元的会展企业由 1 家增加到 5 家；全省有会展业纳税户 1 993 家，纳税额 6 967 万元，全省 1 120 家活跃会展企业就业人数约 16 万人。

获得国际会议协会（ICCA）、国际展览与项目协会（IAEE）、国际奖励旅游管理者协会（SITE）、亚洲会展联盟等国际认证的会展企业从无到有，目前已达到 5 家，第三届中国会展（会奖）产业交易会上，海南省本土企业智海王潮会展传播机构荣获"2017 中国会展（会奖）产业年度金手指奖·会奖产业PCO（专业会展组织者）10 强"称号。海南省引进一批国内外知名会展企业，振威展览集团进驻海南，新加坡新展公司、意大利世展米兰集团在海南成立合资企业，中国对外贸易广州展览总公司、中国机械国际合作有限公司、上海陆家嘴集团等国内一流会展公司正在与海南省合作举办海博会、咖啡展、开展课题研究等，会展业专业化、市场化程度不断提高。

（四）会展设施不断加强，配套设施逐步完善

近年来，海南会展设施面积不断增加，海南全省现有专业展览设施面积合计约 5.5 万平方米，多功能会议设施面积合计约 6.4 万平方米，包括博鳌亚洲论坛国际会议中心、海南国际会展中心、三亚红树林国际会议中心、三亚美丽之冠国际博览中心和亚龙湾会议中心等。另外，海南省还积极推动会展设施建设，海口市启动海南国际会展中心二期建设，计划新建室内展馆 8.5 万平方米，2018 年 11 月 28 日开工，2019 年 12 月完工；三亚市拟在海棠湾建设 5 万平方米展馆；海花岛国际会展城正在建设，三亚国际文化会展中心正在规划中。海南有良好的会展配套设施和基础设施条件，登记注册的星级酒店共4 094 家，其中五星级（含参照五星级标准建设）酒店达 130 余家，接待能力强。在交通建设方面，四方五港、环岛高铁、田字型高速公路、海口美兰国际机场、三亚凤凰机场和博鳌机场等高效便捷的交通体系、光网工程等为海南会展活动提供了便利条件和基础保障。

（五）会展旅游势头正旺，成为旅游重要支撑

海南会展旅游成为旅游业的重要支撑和收入来源。2018 年，全省会展收入相当于旅游总收入的 1/3；会议接待的过夜人次数约 2 000 万人次，约占全省旅游接待过夜人次数的 31.6%。海南会展旅游活动逐渐增多，2016 年，海南威特电气、阿斯利康、长安福特、申通快递、韩束、欧莱雅、东风小康、中康西普等大公司相继在海南举办千人以上年会、订货会。会展旅游活动覆盖医药、汽车、房地产、能源、金融、电子商务、化妆品等行业。

（六）体制机制继续完善，营销招商成果丰硕

会展业管理体制取得进步，建立了省推动会展业发展工作联席会议制度，成立了统筹全省会展业发展的省会展局，制定了会展业发展扶持政策，积极发挥专项资金引导作用，强化扶优扶强原则，海南成为全国唯一省市两级财政共

同扶持会展业的省份。此外，海南主动营销，省商务厅（省会展局）制作了会展宣传册、宣传片、网站，每年印发会展业招商计划，通过"海博会""中国主办者大会""京交会""中国会议产业周""德国会议及奖励旅游展览会""2018年澳门国际协会大会暨展览会""中国国际进口博览会"等平台举办10场招商推介会，围绕筹备国际商品博览会、国际品牌博览会，加强了对办展机构的上门招商。在全国率先开展省级会展业统计工作，建立了全省会展业统计报表制度、会展业消费调查统计制度，统一了统计口径，样本覆盖会展的各个业态，基本摸清了全省会展业的情况；出台了会议型酒店、展览会等级划分与评定两项地方标准，有108家酒店获得3A级以上会议型酒店认定。目前海南正在制定两项地方标准，计划用3年时间形成会展服务的标准体系。

二、海南省会展业发展存在的问题

虽然近年来海南省会展业整体发展势头良好，取得了一系列成效，但也存在一些问题。

（一）顶层设计有待深化

面对新时期出现的一系列新形势、新变化，海南省在发展目标指标制订、重大基础设施项目建设等方面全局性和前瞻性不足，会展业发展规划有待进一步完善。海口市、三亚市、琼海市、儋州市等各重点会展城市差异化战略定位有待进一步明晰，会展设施战略布局和规模、引进会展活动、财政资金扶持等方面都需要从全省层面加强统筹，发展策略有待进一步调整和深化。海口市、三亚市、琼海市、儋州市等会展业重点城市尚缺少会展业发展规划指导。会展场馆及周边地区规划缺乏统筹，金融、人才、用地、用电等配套支持政策尚不完善，缺少公共信息服务平台。现有会展网、协会网等网络平台信息发布权威性、全面性、及时性不足，缺少会展搭建、设计、运输仓储、广告宣传等会展服务以及旅游、交通、住宿、餐饮等配套服务的信息发布与宣传，造成组展商、参展商、专业观众等信息不对称，沟通交流渠道有限。

（二）展览短板有待补齐

海南会强展弱，展览是会展业的明显短板，海南省场馆数量、场馆展能、展览数量、展览面积等指标均居全国后列。根据中国国际贸易促进委员会《中国展览经济发展报告（2018）》发布的数据，2018年海南省展览数量占全国的比重为0.8%，位列全国第22位，比2015年的第28位有所提升；展览总面积占全国的比重为0.7%，位列全国第21位，比2015年的第30位有显著提高；场馆数量及总可租面积全国排名第26位。根据《中国展览经济发展报告

（2015）》的资料，海口与三亚属于全国四线会展城市。2015 年，海口场馆发展指数 6.02，全国城市排名第 52 位；展会发展指数 4.36，全国排名第 40 位；会展指数 3.58，总排名第 43 位；平均办展面积约 1.08 万平方米，低于全国平均水平 1.21 万平方米。三亚展会发展指数 0.03，排名第 127 位；会展指数 0.01，排名第 174 位。

（三）会展品牌有待提升

根据三亚市统计数据，三亚市近五年年均境外参会人数仅占总参会人数的 0.16%，年均境外参展商数仅占总参展商数的 7.4%。海南省会展对外开放力度不够，国内外合作交流机制尚未建立，宣传推广力度不足，缺少真正有国际影响力的会展品牌。除博鳌亚洲论坛、冬交会、海博会等少数品牌外，其余会展品牌核心竞争力、影响力不强，特色化、地方性品牌少。部分会议和展览品牌缺少海南本地特色，主题雷同，缺少本土品牌、地方性品牌。

（四）市场作用有待增强

海南省会展企业整体数量较少、规模偏小，实力普遍偏弱，缺乏核心竞争力。会展业市场主体就业、注册资本平均规模只达到国家小微企业标准。专业会展公司仅上百家，以目的地服务型的会议公司居多，专业展览企业不到 20 家，规模以中小型为主，缺少在国内外有竞争力的知名会展企业。同时展馆经营者、会展企业基本为民营企业，实力有限。缺少真正熟悉会展业务，了解国际惯例、富有操作经验、掌握外语的会展专业人才，特别是中高端综合性策划、创意、营销等人才缺乏，会展企业对会展从业人员的专业培训成本压力较大。

海南省尚未形成完善的会展产业链，缺少会展策划、展台设计、创意广告等会展服务企业；尚未形成良好的分工协作模式和社会资源协同机制，会展策划、实施、配套服务往往分工不明，通常由主办方或承办方全部承担，大大降低了会展效率和服务质量。场馆经营管理、展览策划与实施、观众组织与服务、展台设计与搭建等方面的服务水平与会展发达地区相比还有较大差距，部分展后服务缺乏，参展商得不到会展主办企业提供的统计、分析资料，不能完全达到参展目的。尚未建立完善的海南省会展业标准化体系和市场监管机制。中介组织影响力偏弱，省会展相关协会尚未在各市县形成完善的协会服务网络，会展企业间信息和资源共享体系需要强化。

（五）会展设施有待完善

海南省现有展览设施不能满足会展活动的需要，缺少单体 10 万平方米以上规模的展览场馆，而这是各大城市会展场馆建设规模的主流，造成农业、医药、生活用品等大型展览无法开展。海南现有会议中心的面积大多数在 800 平方米至 2 000 平方米，缺少 6 000 人以上的会议场馆，无法满足市场需求。会展场馆周边交通、酒店、餐饮、购物、娱乐等配套服务设施普遍不足。周边道路交通压力较大，易造成交通拥堵。海南会展淡旺季明显，会展主要集中在当年 11 月至次年 4 月，展馆利用率通常不到 30%。另外，展馆规划设计不合理、功能单一，难以满足多元化办展需求。

（六）产业互动有待加强

在 12 大重点产业中，金融、物流、油气、医药、互联网等产业展会数量较少，现有会展活动主要集中在旅游、医疗健康、热带农业、高新技术、教育文化体育等方面，同时还存在数量不足、主题不突出、衔接度不高等问题。会展业与旅游业的融合、联动有待提高。形象宣传资源未整合共享，政府管理部门间缺少合作。业务衔接度不高，针对会展观众的服务往往注重交通、餐饮、住宿方面，而忽略了提供旅游、购物、娱乐等服务。

（七）体制机制有待创新

广义的大会展包含会、展、节、赛、演等活动，但这些活动分别由多个部门管理。海南省会展局与其他部门特别是旅游、文体部门在对大会展业态管理上存在业务交叉、联动不足和权责不明等情况。会展业统计概念界定不清，没有做到应统尽统，不能完整体现会展业发展全貌。行业管理体制不健全，缺乏有效的宏观统筹调控和行业约束机制。省市行业协会行业自律机制和协调功能尚不完善。缺乏符合省情的会议型酒店、会展服务、展会管理等行业标准。会展设施投资和运营模式单一、政府投入不足，带来社会投资积极性不高、专业化程度不高、办展成本高、展位价格偏高、会展设施经营困难、品牌形象推广不足等问题。会展业发展扶持方式单一，扶持对象有限，以财政补贴为主，缺少金融、税收、土地、人才等多样化的扶持政策，缺少对会展相关服务企业的扶持。

第二节　海南省国际会展业的成功案例及其跨境贸易人民币结算需求

国际会展业对跨境人民币结算的需求拉动主要通过四大途径：一是境外参会主体支付参会相关费用；二是直接吸引外商投资，衍生外商直接投资人民币结算需求；三是通过以展促销的方式，扩大对外贸易成交额，带动跨境贸易人民币结算需求；四是参会人员带来旅游业发展，在境内享受旅游、餐饮、住宿、交通等商业活动，从而增加人民币兑换需求。本节将依据海南国际会展业的四个成功案例，分析海南省国际会展业如何通过上述四大途径拉动跨境人民币结算需求，以及跨境人民币结算便利化又如何为海南国际会展业发展提供更优质、高效的金融服务。

一、博鳌亚洲论坛

博鳌亚洲论坛（BFA）是首个定址中国的非官方国际组织，由 26 个成员方共同发起，每年定期在海南博鳌举行年会，以平等、互惠、合作、共赢为主旨，既立足亚洲，促进和深化本地区内的经济交流协调与合作；又面向世界，推动和增强亚洲与世界的对话与联系。1997 年亚洲金融危机的爆发使亚洲经济体深刻意识到加强亚洲区域经济协调与合作的重要性，2000 年 26 个发起成员方政府（后发展为 28 个）就成立"亚洲论坛"达成共识，中国政府批准在海南成立论坛，各方代表在海南举行筹备工作会议，博鳌亚洲论坛就此诞生并落户中国海南。2002 年首届博鳌亚洲论坛年会如期顺利举行，至今已举办了19 届，已成为亚洲以及其他大洲有关国家政、商、学、媒等各界领袖就亚洲以及全球重要事务进行对话的高层次平台，成为中国发挥主场外交的重要舞台。

博鳌亚洲论坛以海南博鳌为永久会址，拉动了博鳌乃至海南省旅游业的发展，每年会议期间都会有来自不同国家和地区的政界、商界人士前来参加。以海南博鳌作为永久会址本身就是对海南健康岛、安全岛、生态岛的肯定，博鳌亚洲论坛的示范效应扩大了海南在全中国和全世界的曝光度和知名度，使其具有国际化色彩，海南作为国际度假胜地的定位应运而生。博鳌亚洲论坛带给海南的是一个无形的、巨大的品牌软实力，海南旅游地产的发展也因此具备了又一个极其有力的动力引擎，海南"国际旅游岛"的形象和定位呼之而出。因博鳌亚洲论坛品牌效应，琼海博鳌也从一个名不见经传的小渔村，变成"中国的达沃斯"。

根据《中共中央 国务院关于支持海南全面深化改革开放的指导意见》及海南省委、省政府"十三五"产业规划的要求，琼海市委、市政府提出以建设自由贸易港（区）为契机，把博鳌打造成"世界会议中心"的目标。海南省在博鳌亚洲论坛会议中心东南侧建设琼海会展中心，改写琼海无大型室内展馆的历史。室外展以占地 1 600 亩（1 亩≈666.67 平方米）的高尔夫球场沿着球场边的小道进行布展，使室内室外展与海南宜人的气候、阳光、沙滩、绿地、大海、湖泊、河流、椰风蕉韵融为一体，满足世界级各种大型展览的需求。同时加快推进博鳌免税商场和博鳌美食一条街的建设，使每一位与会代表都可以在东屿岛上完成度假式的参会、购物，形成"北有北戴河、南有博鳌镇"，一南一北、一冬一夏的会展产业商务格局。

（一）论坛收入直接带动跨境人民币需求

博鳌亚洲论坛是非营利性国际经济组织，由秘书处负责论坛资金的筹措和运作，在运作模式上基本与国际接轨，运作资金主要靠企业支持，实行会员制。经费来源除了会员费外，还有参会费、捐款、政府资助、在论坛业务范围内开展活动或服务的收入、论坛资金的利息、其他合法收入。

由于采取了会员制，会员费已构成博鳌亚洲论坛稳定的收入来源。根据《博鳌亚洲论坛会员招募细则》的规定，博鳌亚洲论坛的会员分为五种：①发起会员，包括28个发起国选派的前政要、知名人士和非营利机构，每个国家拥有2个发起会员名额，每名发起会员缴纳入会费1 000美元。②荣誉会员，指在论坛创建发展过程中为论坛做出重要贡献的个人、公司和组织，不超过10名，免交入会费。③钻石会员和白金会员，是参加论坛所有活动包括决策过程的个人、企业和组织，总数不超过160名，A、B、C三类钻石会员的入会费分别是300万元、120万元和90万元，均为一次性缴纳，会员期限分别为16年、5年和3年。A、B、C三类白金会员的入会费分别是180万元、80万元和60万元人民币，均为一次性缴纳，会员期限分别为16年、5年和3年。④普通会员，是指出席、观摩论坛年会以及其他活动的个人、企业和组织，名额不限，入会费为15万元，一次性缴纳，会员期限为3年；⑤临时会员，是指一次性缴纳出席、观摩年费及其他业务活动费用，且其申请已经被批准的个人、企业和组织，按论坛组织各会议的价格标准缴纳参会费，比如2013年的参会费为3万~4万元。博鳌亚洲论坛的会务费是：非会员3 000美元，会员1 000美元，媒体费用自理。

博鳌亚洲论坛官网最新发布的资料显示，截至2019年12月底，论坛共有41个发起会员，59个钻石会员，其中中国大陆27个，中国港澳台地区10个，日本5个，美国5个，韩国4个，印度尼西亚、马来西亚、泰国、新加坡、澳大利亚、瑞典、哈萨克斯坦、巴林和英国各1个；白金会员共38个，其中中国大陆28个，美国、德国和法国各2个，沙特阿拉伯、中国港澳台地区、哈萨克斯坦、俄罗斯各1个；87个普通会员，其中中国大陆62个，中国港澳台地区8个，日本5个，孟加拉国和菲律宾各3个，巴基斯坦、瑞士、马来西亚、美国、法国和新加坡各1个。论坛正式会员225个，境外会员占比

44.7%；会员费总收入 3 000 万元人民币以上，境外会员缴纳会员费直接带动了跨境人民币支付需求。

此外，博鳌亚洲论坛年会已连续几年获得全球顶级企业的支持与赞助，例如，2005 年荷兰 TNT 集团以 35 万美元成为主赞助商；2006 年年会获得全球最大的集装箱航运公司 AP 穆勒—马士基集团、美国微软公司、全球最大的证券公司之一的美林集团、澳洲澳德赛能源有限公司、东风日产乘用车公司以及年会的长期智力支持机构德勤公司等的赞助。从运营模式上看，博鳌亚洲论坛应该充分借鉴世界经济论坛的成功经验，采用商业化运作模式，减少政治色彩，增强商业氛围（蔡礼彬、谢思环，2013)[①]，吸纳更多的境外企业成为论坛会员，提高国际企业的论坛参与度。

（二）论坛带动旅游业发展，催生跨境人民币需求

博鳌亚洲论坛有效带动了海南国际旅游业的发展，带动境外参会人员在海南旅游时进行餐饮、住宿、交通、门票收入等活动的人民币兑换需求。2015 年来自 49 个国家和地区的参会代表参加了亚洲博鳌论坛，其中有 80 位各国部长级官员，65 家财富五百强公司的董事长、CEO 出席会议；2016 年 2 100 名参会代表来自的国家和地区增至 62 个；2017 年来自 50 个国家和地区的 1 727 名参会代表参加了该论坛；2018 年 2 000 多名与会嘉宾和 100 多家世界五百强企业参会；2019 年参会正式代表 1 700 余人，企业领袖 186 人。自 2002 年举办首届博鳌亚洲论坛年会至今，博鳌已承办国内外会议 6 000 多场。2016 年，在琼海博鳌亚洲论坛会议中心召开 100 人以上会议 270 个，其中 500 人以上会议 30 个，参会人次数达 78 945 人次；2017 年，琼海全市举办 100 人以上会议 280 个，其中 500 人以上会议 68 个，参会人数达 119 500 人次；2018 年前三季度琼市举办 100 人以上会议 293 个，其中 500 人以上会议 29 个，参会人数达 77 010 人次。2018 年琼海市共接待游客 430.08 万人次，同比增长 6.1%；创造旅游收入 31.85 亿元人民币，同比增长 12.2%，其中过夜接待游客 346.4 万人次，同比增长 3.4%，全年乡村旅游接待人次数 198.1 万人次，同比增长 9.2%。但是，琼海旅游业的国际化程度较低，近年来琼海入境过夜旅游人次及其占海南省入境过夜旅游人次的比重呈现明显下降趋势（见图 8-1），说明博鳌亚洲论坛对琼海市旅游业的长期拉动作用并不显著，需要进一步挖掘品牌力量。

---

① 蔡礼彬，谢思环. 世界经济论坛和博鳌亚洲论坛运营模式对比探究 [J]. 西部论坛，2013（11）：76-84.

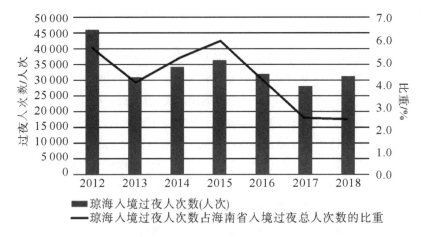

图8-1　2012—2018年琼海市入境过夜人数及其占海南省入境过夜总人数的比重

资料来源：海南省各年度统计年鉴。

（三）提振境外投资者对海南的投资信心

博鳌亚洲论坛成立之前，亚洲正笼罩在金融危机的阴霾下，海南也处在医治房地产泡沫的伤痛时期，经济发展步入低谷。特区政策优势的弱化让一部分人心生迷惘，海南是否被边缘化的话题不时被提起。博鳌亚洲论坛的举办，不仅让海南从中获得了发展的新动力，更为海南打开了一扇通向世界的重要窗口，同时有效地提振了投资者对海南的投资信心。博鳌论坛巨大的影响力和产业拉动力，使得海南以旅游产业为龙头的现代服务业作为经济发展重头戏的趋势愈发明显，使海南经济社会竞争力得到全面提升（余玮，2018）[①]。博鳌亚洲论坛与海南建设中国特色自贸港建设之间具备融合式发展的天然条件，博鳌亚洲论坛选址海南就决定了二者在对最高水平的开放形态上的追求具有高度一致性，博鳌亚洲论坛平台为中国特色自贸港"三区一中心"的建设提供了有力的支撑（王胜，2019）[②]。博鳌亚洲论坛为境外投资者提供考察海南投资市场的信息窗口，吸引境外资本进入海南进行直接投资，带动跨境人民币需求。

二、中国（海南）国际热带农产品冬季交易会

"冬交会"的名称由首届的"全国（海口）冬季农副产品交易会"到2006年中国（海南）国际热带农产品冬季交易会，体现了"冬交会"在国内

---

① 余玮.博鳌小镇变身为亚洲大外交的鳌头［J］.党史纵览，2018（7）：4-8.

② 王胜.用好博鳌亚洲论坛平台服务中国特色自由贸易港建设［J］.今日海南，2019（3）：17-19.

外不断扩大的影响力;主办方由最初的中华全国供销合作总社和海南省人民政府、1999 年新增国家国内贸易局、农业部全国菜篮子工程办公室,到如今的中国农业农村部、中国国际贸易促进委员会、中华全国供销合作总社和海南省人民政府共同主办,体现了"冬交会"服务范围的不断扩大。

首届"冬交会"1998 年 11 月 13 日在海口市 DC 城开幕,至今已成功举办 23 届,是全国唯一的热带农业展会。海南是国家唯一的热带岛屿省份,发展热带特色农业得天独厚,"冬交会"是展示海南"三农"的重要窗口,对推进海南热带特色现代农业提质增效,促进农民增收,增强农产品品牌影响力和市场竞争力具有重要意义,同时也是"一带一路"和"海上丝绸之路"国家农业交流合作的重要平台。冬交会已成为融农产品交易、农业休闲旅游为一体的经济盛会。2019 年 4 月,农业农村部与海南省政府签署《共同推进海南全面深化农业农村改革开放备忘录》,支持海南建设现代种业硅谷示范区、国家热带农业科学中心、农业绿色发展先行区、热带现代农业(海洋渔业)发展引领区和"一带一路"农业国际合作交流基地。

"冬交会"用 23 年的时间在成交额、成交产品种类、农业投资项目、国际化程度、信息化程度等方面全面实现了质的飞跃,做到了让海南农民种有目标、卖有对象、销有市场。海南"冬交会"的展会规模和品牌影响力越来越大,布展规模从 5 500 多平方米扩大到 8 万多平方米,参展客商从零散小商贩到大型采购集团,影响范围从广东雷州半岛到"一带一路"沿线 30 多个国家,参展农产品由 216 种增加到上万种,从鲜活农产品到高端养生品,国际化程度不断提高,市场化办会日趋成熟。

2019 年冬交会于 12 月 12—16 日在海南国际会展中心举行。本届冬交会以"开放合作、绿色发展、乡村振兴"为主题,设置了"一带一路"沿线国家展区、国际农产品品牌馆、农业产业扶贫展销馆、中国农业品牌馆及农业装备展区四大展馆、34 个展区,总面积约 80 000 平方米。展会同时举办热带果蔬采购大会、专业买卖家洽谈会、农业投资项目招商推介会、华南贫困地区农产品产销对接活动、海南农产品网上交易暨专业采购团洽谈签约仪式、全国供销合作社系统合作高峰论坛暨农业招商项目推介会等十二大重点活动。"冬交会"通过扩大全国范围内的农副产品对外销售、吸引境外资本投资海南农业农村发展项目、带动境外参展商客在海南旅游观光等方式,增加了跨境人民币结算需求。

(一)扩大农副产品出口刺激跨境人民币结算需求

发展订单农业,打开岛外市场是海南办好"冬交会"的初心,"冬交会"

始终把落实订单作为办会的根本，"冬交会"成交额除了初期出现小幅波动和2004年"非典"造成成交额明显下滑之外，一直逐年稳定增长（见图8-2）。首届"冬交会"参展单位103个，参展农产品216种，全国27个省、区、市约1 500名代表到会参展，签订合同236宗，合同成交量113.41万吨，成交金额48.83亿元。"冬交会"取得圆满成功，时任分管农业的副省长韩至中用"三个想不到"总结了首届"冬交会"："想不到客商之多，超过预期；想不到客商踊跃，洽谈认真；想不到成果显著，销售无虞。"2019年，为期5天的展会共签订农产品订单总额774.5亿元，创下历史新高。"冬交会"的外贸成交额也非常可观，2003年外贸成交额3 163.1万美元，占成交总额的3.8%；2018年外贸成交额3.88亿美元，占成交总额的3.81%。

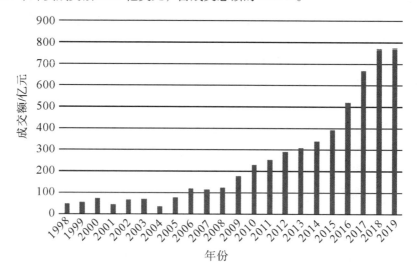

图8-2　1998—2019年"冬交会"成交额

注：作者将2001年、2003年、2006年和2007年的外贸额并入总成交额。

资料来源：根据海南省农业农村厅官网资料整理而得。

"冬交会"专业买卖家洽谈会中，前期通过线上的专业买卖家系统进行买家与卖家的洽谈预约，现场开展"一带一路"国际买家、买家团体及国内各大商超、批发市场采购商、分销商团体与海南各大农业龙头企业、农民合作社"一对一"形式的买卖家洽谈会，促成现场签约、采购订单落实等。在海南农产品网上交易暨专业采购团洽谈签约仪式上，组织国内外专业采购团、全国重点批发市场和连锁超市集团的采购商开展海南农产品网上交易活动，与海南省重点生产企业、农民合作社代表洽谈和签约。2019年"冬交会"开通了"线上冬交平台"，实现线上线下无缝对接，为各参展农业企业、参会农业批发市场等客商打造"永不落幕"的供需信息交流合作平台，实现了365天展会影响力持续发酵。

"冬交会"举办之初，就吸引了境外客商前来参展（见表8-3）。如今，"冬交会"已成为落实国家"一带一路"建设战略构思、加强并扩大与海上丝绸之路等周边国家经贸往来与合作的重要平台。2013年6 000多名客商和嘉宾中，有境外企业276家，分别来自马来西亚、意大利、澳大利亚、哈萨克斯坦等15个国家和地区，参展产品达1 400多种，参展企业达157家，现场交易额1 600多万元人民币，同比增长60%。2014年"冬交会"邀请境外客商590多人，分别来自意大利、澳大利亚、东盟各国、蒙古等20多个国家和地区。2018年"冬交会"有34个国家和地区的138家企业带来400种产品在"一带一路"国际馆参展。2019年"冬交会"新开设的"一带一路"沿线国家馆备受关注，来自32个国家和地区的382个企业展出近千种特色农产品，各项订单成交额达22亿元。相比于一般贸易和出口贸易方式下的进出口，通过会展经济带动的外贸更有利于采取会展举办地的货币进行贸易结算，尤其是在举办地货币的国际接受度比较高的情况下。

表8-3　历届"冬交会"境外参展情况

年份	境外经济体数量/个	境外客商数量/个
1999	28	—
2006	22	276
2007	44	513
2008	42	600
2013	15	—
2014	20	590
2018	34	—
2019	32	—
2020	31	110

注：表中数量为估计值而非精确值。

资料来源：根据海南省农业农村厅官网资料整理而得。

（二）吸引外资流入海南农业投资项目

"冬交会"历来是海南农业产业招商引资的主战场，涉及种植业、畜牧业、海洋渔业、农产品加工业、休闲农业等领域（见表8-4）。2016年全省有农业招商项目 106 个，投资金额 440.32 亿元，分别与来自马来西亚、香港、北京、广东、新疆等国家与地区的公司签约，其中上亿元项目有 12 个，特别是琼海市阳江镇政府和海南广力教育实业有限公司签订的琼海市阳江镇山柚生产加工基地项目，以及海南海恳果业集团股份有限公司与新疆兵团九鼎集团签订的热带水果购销与种植合作项目，投资额都高达 20 亿元。2017 年"冬交会"签约投资项目 40 个，金额 451.52 亿元，其中具有约束效力的合同金额达到 346.52 亿元，占比 76.7%。受海南省政府推出以"共享农庄"为抓手，全面推进美丽乡村政策的影响，建设大项目的趋势明显，2017 年海南省签约投资额超亿元的项目就有 17 个。在 2019 年农业投资项目招商推介会中，海南省农业农村厅、海南省农村信用社共同负责组织国内外融资机构、投资商和重点龙头企业代表参加，向它们推介海南现代农业发展情况及农业招商引资项目。

表 8-4　"冬交会"农业投资项目情况

年份	投资额/亿元	签约农业投资项目数量/个
2010	95.7	90
2011	118.7	78
2012	180	121
2013	184.36	93
2014	251	82
2016	440.32	106
2017	451.52	40
2018	436.97	32
2019	—	41
2020	23.07	79

数据来源：根据海南省农业农村厅资料整理而得。

　　海南农业招商项目的资金国际化程度不断提高。2016 年来自意大利、荷兰、日本、马来西亚、乌克兰、蒙古国等国外的客商慕名前来参加招商，其中海南永基文昌鸡有限公司与马来西亚穆达美瓦食品私人有限公司签订合作协议，共同建设的 1.35 万亩（1 亩 ≈ 666.67 平方米）的海南紫贝源生态乡村旅游观光园项目，总投资额达 5.5 亿元人民币。海南润达现代农业股份有限公司与荷兰卓越农业联盟签署中荷设施农业示范区项目合作协议，总投资 9 500 万元人民币；在"海南'一带一路'农展馆项目招商推介会"上，海口市秀英区政府推介"海南'一带一路'农展馆"项目，项目占地发 122 亩，首期建设 8 万平方米，64 个展区，投资约 60 亿元。境外资本投资海南农业项目直接带动了跨境直接投资人民币结算需求。

（三）带动海南农业休闲和乡村旅游发展

习近平总书记在党的十九大会议上提出了"实施乡村振兴战略"，并且强烈要求坚持优先发展农业农村，为解决"三农"问题指明了方向。发展共享农庄、农业休闲旅游成为海南省落实乡村振兴战略，建设田园综合体和美丽乡村的重要抓手和突破口（杨奕嘉，2019①；徐可润，2019②）。2012 年共有招商休闲农业项目 11 个，总投资 12.81 亿元；2013 年休闲农业与乡村旅游成为推介会招商新亮点，推介会推出 14 个休闲农业项目，均以生态环境优势和纯朴的乡村生活方式为亮点进行招商，将投资重点指向乡村。一方面，外资注入海南农业休闲和乡村旅游项目直接带动了海南跨境直接投资人民币结算，另一方面，农业休闲和农村旅游项目的建设也带动了海南国际旅游业的进一步发展，推动了海南旅游业和关联产业的跨境贸易人民币结算。

三、国际海洋产业博览会

国际海洋产业博览会（下文简称"海洋展"）由中国国际贸易促进会（以下简称"中国贸促会"）主办，海南省贸促会、海南省商务厅承办，是海南入选中国贸促会"一省一展会"的唯一支持展会，已成为国际级、国际性的海洋经贸盛会，2018 年海南海洋展被列入"国务院印发海南自贸试验区总体方案"。2018 年展会按照"市场化、专业化、国际化、信息化"的要求，创新办展理念，积极探索政府引导、企业经营、最终实现完全市场化的办展模式，引进了全国最大的会展民营企业振威展览股份参与招商招展，在展会规模、展馆布局和展区内容规划上均有较大突破。展出面积由上届的 13 200 平方米扩大至 33 000 平方米，由一个馆增加到三个馆，在突出海洋渔业展区的基础上，新增海洋旅游展区、海洋生物医药展区、海洋能源及化工展区、海洋交通展区、海洋科技、智慧海洋及教育（军民融合）展区，展示内容涵盖海洋产业的各个方面。这届展会的配套活动丰富多彩，展会期间开展了蔚蓝经济国际论坛、产品采购对接会、水产品品尝推介会等配套活动。

展会国际化程度提升明显，2017 年有包括美国、俄罗斯、韩国、泰国在内的 15 个国家和地区的约 50 家涉海企业参加展会；2018 年共有美国、法国、

---

① 杨奕嘉.乡村振兴战略背景下海南共享农庄发展现状及对策 [J]. 热带农业科学，2019（2）.

② 徐可润.海南省乡村旅游的发展现状和优势 [J]. 当代旅游（高尔夫旅行），2019（1）.

德国、俄罗斯、马来西亚等 29 个国家和地区的 412 家涉海企业参展参会，其中世界 500 强企业有 5 家。2018 届展会国内外专业观众及买家达到 3 000 人以上，共有 18 家单位参与了签约仪式，总签约金额 21.8 亿元。

作为中国海洋面积最大的省份，海南省已逐步形成了海洋渔业、滨海旅游业、海洋交通运输业、海洋油气业四大支柱产业。2017 年全省海洋经济生产总值为 1 250 亿元，同比增长 9%，占地区生产总值的 28%；计划到 2022 年突破 2 000 亿元，占地区生产总值比例达 35%。在 2019 年 3 月财新博鳌圆桌论坛上，东中西部区域发展和改革研究院学术委员、亚洲金融合作协会秘书长杨再平"建议以海南自由贸易港建设为契机，打造聚能海洋经济的海南国际海洋金融中心"。杨再平认为，具体可从八个方面进行展望：一是面向未来高科技含量高附加值海洋经济的国际金融中心；二是聚能海洋经济的国际金融中心；三是对全世界开放包容的国际金融中心；四是海洋金融信息与最佳实践及思想交流的国际金融中心；五是借全岛自由贸易港建设东风营造适合海洋金融生存发展的国际金融中心；六是围绕海洋经济特殊需求而在供给侧不断创新的国际金融中心；七是专注海洋经济的金融机构大规模聚集的国际金融中心；八是海洋金融资产得以有效交易而充分流动的国际金融中心。

全国海洋经济三次产业的结构比例为 5：47：48，海南省该结构比例为 22：23：55，即第一产业比重较高，第二产业发展滞后、比重较低，丰富的热带海洋旅游业的发展使得海南省海洋经济在服务业中的比重高于全国整体水平 7 个百分点，从这个角度上看，海南省海洋经济在服务业领域的发展有利于推动跨境人民币结算。

四、中国海南（屯昌）农民博览会

中国海南（屯昌）农民博览会（简称"农博会"）于 2018 年 5 月 18 日至 22 日在海南屯昌农博城举办。海南省贸促会负责农博会国际农产品展销馆的招展和展位管理等工作。2018 年农博会国际农产品展销馆展出面积 336 平方米，标准展位 32 个，海南省贸促会成功邀请了来自越南、泰国、马来西亚、巴基斯坦、印度、印度尼西亚、加纳、乌干达、韩国及法国 10 个国家的 24 家企业参展本次农博会有展品 330 余种，特色展品包含咖啡、榴梿饼、大理石艺术装饰品、木质首饰、鳄鱼皮革产品、黄铜雕像艺术品等热带农产品和农业加工品，现场成交金额 60 余万元人民币，参展期间，客流量共计 12 万余人次。"农博会"主要通过扩大农副产品出口、带动海南热带农业旅游和休闲发展，刺激跨境人民币结算需求，分析机制类似于前文"冬交会"的有关思路，在此不赘述。

第九章 海南省国际运输业的跨境贸易人民币结算需求

　　国际运输服务贸易主要是指以国际运输服务为交易对象的贸易活动，是在不同国家的当事人之间进行的，由一方向另一方提供运输服务，以实现货物或旅客在空间上的跨境位移，由另一方支付约定的报酬的交易活动。国际运输服务贸易是国际货物贸易的衍生需求，和社会生产力的发展同步。地理大发现之后迅猛发展的国际贸易有力带动了国际运输服务贸易的发展，国际运输公司生产经营活动的开展成为连接全球经济活动的主要力量，现代化国际运输服务贸易，尤其是国际海洋运输服务已成为实现经济全球化的承载基础。中国是世界第一大出口国和第二大进口国，加快发展国际运输业为中国加快构建全方位对外开放新格局，提升国家竞争力提供了重要保障。然而，中国运输服务贸易长期处于逆差状态（见图9-1、图9-2）。2010年之前我国运输服务贸易逆差均高于整体服务贸易逆差水平，近年来随着出境游的迅猛发展，运输服务贸易逆差才显著低于整体服务贸易逆差水平。

　　虽然我国运输服务贸易长期处于逆差状态，但是我国运输服务贸易的出口额和进口额均快速增长。从图9-3可以看出，我国运输服务贸易出口额占我国服务贸易出口总额的比重在2008年达到峰值26.2%之后，趋于稳定的状态，2018年该比重为15.9%；运输服务贸易进口额占我国服务贸易进口总额的比重在1997年达到峰值35.9%，2011年之后由于我国居民出境旅游迅猛增长，该比重逐步降低，2018年该比重为20.6%。

　　从本书第五章的表5-6可以看出，2016年国际运输服务贸易额占海南省服务贸易总额的24.53%，其中海南国际运输服务贸易出口额和进口额分别占其服务贸易总出口额和总进口额的43.36%和15.5%，是海南省最大的服务贸易出口行业和第三大服务贸易进口行业。国际运输服务贸易的发展非常有助于海南省货物贸易发展、增加就业、提升出口创汇能力。在当今人民币国际化的战略背景下，国际运输服务贸易的发展也为跨境贸易人民币结算提供了机遇。

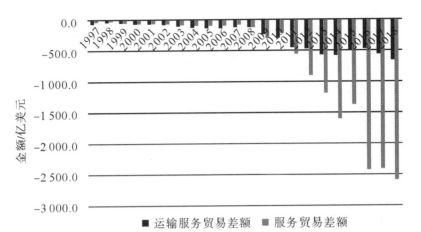

图 9-1　中国运输服务贸易差额

（数据来源：1997—2014 年的数据来源于《中国服务贸易统计 2015》，2015—2018 年的数据来源于国家外汇管理局。）

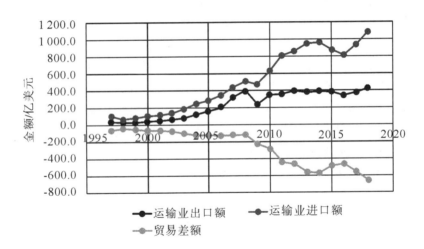

图 9-2　中国运输服务贸易额

（数据来源：1997—2014 年的数据来源于《中国服务贸易统计 2015》，2015—2018 年的数据来源于国家外汇管理局。）

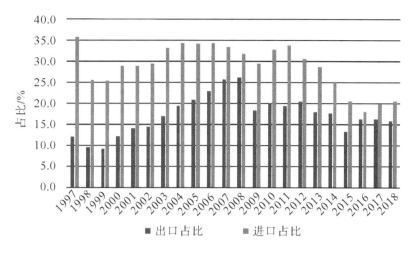

图 9-3　中国运输服务出口和进口份额

数据来源：1997—2014 年的数据来源于《中国服务贸易统计 2015》，2015—2018 年的数据来源于国家外汇管理局。

第一节　海南省国际运输贸易发展现状分析

一、海南省国际运输贸易政策

2015 年 3 月 28 日，国家发展改革委、外交部、商务部联合发布了《推动共建丝绸之路经济带和 21 世纪海上丝绸之路的愿景与行动》（以下简称《愿景与行动》）。互联互通建设是"丝绸之路经济带"和"21 世纪海上丝绸之路"的重要内容，海南作为"21 世纪海上丝绸之路"的重要战略支点，国际运输建设为我国加强和"一带一路"沿线国家和地区的贸易、投资、人文交流等往来提供重要条件。《愿景与行动》提出，要加强海口和三亚等沿海城市港口建设，充分发挥海南的中转补给功能。因此，海南国际运输行业迎来新机遇，海南相关部门提出将海南打造成为海上丝绸之路中转航空枢纽的建议，构建南海枢纽，致力于打造三个中转枢纽："内地—海南—东盟"中转枢纽、"俄罗斯、日韩—海南—东南亚"中转枢纽、"海上丝绸之路"中转枢纽。

2018 年 7 月，交通运输部为贯彻落实习近平总书记在庆祝海南建省办经济特区 30 周年大会上的重要讲话精神和《中共中央 国务院关于支持海南全面深化改革开放的指导意见》精神，支持海南高质量建设现代综合交通运输体系，积极探索建设自由贸易试验区和中国特色自由贸易港，打造深化交通运输改革开放试验区、交通强国建设先行区，推进海南交通运输全面深化改革扩大开放，制定实施方案。内容包括：①支持海南构建现代化综合交通基础设施网络，服务海南现代化经济体系建设，指导海南高标准、高定位、高起点编制综合交通运输体系中长期发展规划，积极对接粤港澳大湾区交通规划，加快构建适度超前、互联互通、安全高效、智能绿色的综合交通网络；②支持海南在国际海运领域全面对外开放。加强海运管理政策和制度创新，积极推进海南在国际海运及相关辅助业务市场全面对外开放，大力提升运输及相关服务便利化水平，努力营造良好营商环境，促进海南现代航运服务业快速发展；③创新邮轮、游艇管理政策，促进国际旅游消费中心建设；④完善南海救援保障体系，服务国家重大战略实施，以保障运输和管控安全风险；⑤指导海南港航管理机制创新，推动琼州海峡港航一体化发展；⑥支持海南加快交通运输生态文明建设；⑦大力推进"放管服"改革，支持深化人才发展等机制改革。

2019 年 1 月，为贯彻落实《国务院办公厅关于印发推进运输结构调整三年行动计划（2018—2020 年）的通知》（国办发〔2018〕91 号），海南省制定了相关推进运输结构调整工作的实施方案，明确了到 2020 年海南省大宗货物运输量明显提高，港口铁路集疏运量、集装箱多式联运量和航空货运量明显增长等体现海南运输结构改善的发展目标。2019 年 8 月，国家发展改革委印发《西部陆海新通道总体规划》，支持洋浦港吸引国内外货源发展国际中转运输业务，将其培育成为区域国际集装箱枢纽港。

2020 年 6 月 1 日，中共中央、国务院印发《海南自由贸易港建设总体方案》，将推动运输来往自由便利作为建设海南自由贸易港的一项重要制度设计，提出海南自贸港要实施高度自由便利开放的运输政策，推动建设西部陆海新通道国际航运枢纽和航空枢纽，加快构建现代综合交通运输体系。具体包括：建立更加自由开放的航运制度；建设"中国洋浦港"船籍港；支持海南自由贸易港开展船舶登记；研究建立海南自由贸易港航运经营管理体制及海员管理制度；进一步放宽空域管制与航路航权限制，优化航运路线，鼓励增加运力投放，增开航线航班；提升运输便利化和服务保障水平；为船舶和飞机融资提供更加优质高效的金融服务，取消船舶和飞机境外融资限制，探索以保险方式取代保证金。

海南自由贸易区（港）正式上升为国家战略之后，中央在推动海南国际运输自由化方面给予了极大的政策支持，这一方面有利于提高海南国际运输服务贸易的竞争力，另一方面也为国际货物贸易、人员流动等提供了高效便捷的物流配套服务。

二、海南省外贸进出口运输方式结构

海南独特的岛屿地理条件决定了海南货物和人员入离岛以水路运输和航空运输为主的格局（见表9-1）。在2018年海南省外贸企业进出口运输方式中，通过水路运输的进出口规模为534.2亿元，占比62.93%；通过航空运输的进出口规模为287.85亿元人民币，占比33.91%，航空运输具有快捷、高效的绝对优势，对时间要求严格的高价值货物运输具有很强的竞争力；水路和航空运输共占所有进出口规模的96.84%；得益于2004年粤海铁路的开通和琼州海峡轮渡作业的发展和完善，公路运输和铁路运输在海南进出口运输方式中也占有少量份额。出口方面，海南货物出口九成以上通过海洋航运的方式离岛；进口方面，则由航空运输和海洋航运平分秋色。

表 9-1　2018 年海南省进出口运输方式统计数据

运输方式	进出口		出口		进口	
	规模/亿元	占比/%	规模/亿元	占比/%	规模/亿元	占比/%
水路运输	534.2	62.93	273.7	92.0	260.5	47.3
铁路运输	0.75	0.09	0.75	0.3	0	0.0
公路运输	20.4	2.40	4.1	1.4	16.3	3.0
航空运输	287.85	33.91	13.47	4.5	274.4	49.8
邮件运输	0.00	0.00	0.00	0.0	0.00	0.0
其他运输	5.78	0.68	5.65	1.9	0.13	0.0

资料来源：海口海关。

从表9-2可以看出，水路运输是海南最稳定、最主要的外贸运输方式，水路在大宗散货、低价值货物运输中具有明显优势，1995—2012年水路承运海南省外贸运输重量年均增长15.4%，所占比重呈现逐步上升趋势，2018年和2019年同比变化很小，波动不大。2018年铁路运输、公路运输同比增长明显，但2019年铁路运输同比下降，公路运输仍在海南进口贸易方面有显著增长，可见海南应充分利用轮渡作业提高其跨海运输能力，并将外贸范围借由广东、广西等地辐射到香港、澳门和东南亚等地区。2019年邮件运输在海南进口贸易中爆发式增长，同比增长115倍，这应该得益于海南进口跨境电商的快速发展。

表 9-2　海南省进出口运输方式增长情况

运输方式	进出口同比增长/%		出口同比增长/%		进口同比增长/%	
	2018 年	2019 年 1—11 月	2018 年	2019 年 1—11 月	2018 年	2019 年 1—11 月
水路运输	-0.92	14.93	-3.33	6.37	1.74	23.88
铁路运输	384.03	-26.56	384.03	-82.67	0.00	0.00
公路运输	166.69	72.09	348.56	-46.53	142.16	101.55
航空运输	92.92	-19.63	176.95	84.64	90.09	-24.90
邮件运输	-95.54	12 919.23	0.00	0.00	-95.54	11 524.89
其他运输	-11.80	20.20	-13.78	22.29	0.00	-64.73

资料来源：海口海关。

从 2018 年海南省经营国际运输业务的企业性质来看，涉外企业所占的比重高达 58.11%，民营企业和私营企业所占比重为 28.9%（见表 9-3）。整体而言，涉外企业的财务风险管理意识和能力较强，具有较高的优化财务管理意识。

表 9-3　2018 年海南省国际运输贸易企业性质

企业性质	美元值 /亿美元	同比增长 /%	占比 /%
国有企业	15.04	27.33	9.91
外商投资企业	88.16	29.51	58.11
中外合作企业	1.24	-1.77	0.82
中外合资企业	61.37	44.69	40.45
外商独资企业	25.54	4.73	16.84
民营企业	24.25	1.65	15.99
集体企业	4.67	-36.69	3.08
私营企业	19.58	18.80	12.91
其他企业	0.002 3	1 027.87	0.00

资料来源：海口海关。

鉴于上述分析，我们将重点梳理海南国际海洋运输业和国际航空运输业的发展现状、存在的问题及跨境贸易人民币结算需求与前景。

第二节　海南省国际海洋运输贸易及跨境贸易人民币结算分析

一、我国和海南国际海洋运输基本情况

全国政协委员、交通运输部原副部长徐祖远在 2017 年的两会上指出，海上运输承担了我国 90% 以上的外贸货物运输量以及 98% 的进口铁矿石、91% 的进口原油、92% 的进口煤炭和 99% 的进口粮食运输量。国际海洋运输作为我国交通运输服务业的支柱产业，已成为我国加快发展外向型经济的重要支撑，在国民经济中发挥重要作用[①]。然而，与我国货物贸易大国地位大相径庭，中国虽然是海运服务贸易大国，却不是世界海运服务贸易强国，长期以来，我国运输服务贸易一直处于逆差状态（见图 9-2）。虽然 2001 年加入世贸组织以来，我国海洋运输服务贸易获得了长足的发展，但相较于欧美发达国家，中国海洋运输服务贸易的发展仍然长路漫漫（李凌峰，2018）[②]。

中国运输服务贸易逆差基本来自海运中的货运服务，主要原因有：其一，我国海运专业化和产业化发展水平较低，运力不足，国际营销网络不健全，航运企业大面积亏损，经营状况不佳；其二，在国际贸易中的谈判地位不强，缺乏安排运输的主动权，尤其是高端服务业水平与发达国家相比竞争力较弱；其三，我国海运企业承运我国进出口货运量的份额偏低，约占总货量的 1/4（王宏森，2017）。此外，业界人士指出，欧洲、日本和美国的原油进口采用的是 FOB（装运港船上交货）条款，出口采用 CIF（目的港码头交货）条款，而中国的进口商和出口商则与上述国家和地区的传统做法完全相反。由于航运公司无法介入贸易合同的签订，只能被动地等待市场上拥有话语权的租船方租用船舶承运货物，因此我国航运业难以承运"国货"。

从整体上看，中国海洋运输服务贸易产业体系日趋成熟，具体表现在：①我国海洋运输企业的国际竞争力不断提高。根据 Alphaliner 的运力数据显示，截至 2019 年 6 月，中国（不含香港、澳门、台湾）的班轮公司入列全球 100 大集装箱班轮公司运力排名的是：中远海运集运排第 3 位；安通控股排第 15 位；中谷物流排第 16 位；海丰国际排第 18 位；中外运集装箱运输运输有限公

---

① 《中国港口》编辑部. 聚焦全国两会港航话题 [J]. 中国港口，2017（3）.
② 李凌峰. 国际海洋运输服务贸易与货物贸易的相关性研究 [D]. 华东师范大学，2018.

司排第 22 位；宁波远洋排第 33 位；大连信风海运排第 48 位；锦江航运排第 56 位；上海海华轮船排第 66 位；太仓港集装箱海运有限公司排 68 位；达通国际航运排第 81 位；广西鸿祥船务排第 84 位；大连集发环渤海集运排第 86 位；日照海通排第 94 位。②我国港口吞吐量的世界排名靠前。2018 年全球港口排名中，中国十大港口入围全球排名前 20：上海港以 4 201 万 TEU 的集装箱吞吐量居全球第一，这是上海港连续第九年稳居全球第一；宁波舟山港排第 3 位，深圳港排第 4 位，广州港排第 5 位，中国香港排第 7 位，青岛港排第 8 位，天津港排第 10 位，厦门港排第 15 位；中国台湾高雄港排第 16 位；大连港排第 17 位。

2006 年之后，海南省共有海口、洋浦和八所三个港口达到沿海规模以上港口标准，即吞吐量 1 000 万吨以上的沿海港口。从图 9-4 可以看出，海口港货物吞吐量自 2008 年以来快速增长，八所港货物吞吐量则增长缓慢，两个港口货物吞吐量的差距不断扩大，洋浦港货物吞吐量自 2006 年起超过八所，且增幅不断扩大，稳居海南省第二大货物运输港口的位置。根据海南省统计局的统计数据，2018 年海南省港口货物吞吐量为 1.828 亿吨，其中海口港 1.188 亿吨，洋浦港 4 206 万吨，八所港 1 396 万吨，分别占海南省港口货物吞吐量的65%、23% 和 7.6%。20 世纪 80 年代中期以来，海口港的货物吞吐量占海南省货物吞吐量的比重迅速提高（见图 9-5），海口港货物吞吐量占我国沿海主要港口货物吞吐量的比重也不断提高，从 1999 年的 0.641% 提高到 2018 年的1.288%；八所港货物吞吐量占我国沿海主要港口货物吞吐量的比重则从 1999年的 0.361% 下降至 2018 年的 0.151%。2019 年前三季度，海南省完成港口货物吞吐量 14 745 万吨，同比增长 7.7%，其中外贸吞吐量 2 749 万吨；集装箱业务量快速增长，完成 195.24 万标准箱。

根据中国客户网的统计，截至 2018 年年底，海南省约有在注册经营的货运代理企业、船务（货运）企业 113 家，其中，儋州市有 88 家企业，如洋浦昌鸿物流有限公司、洋浦凯航海运有限公司、洋浦永隆海运有限公司、洋浦鹏远船务有限公司、洋浦中兴运船务有限公司、洋浦恒和船务有限公司、洋浦利帆船务有限公司；海口市有 25 家企业，如海南海峡航运股份有限公司、海口永昌兴船务有限公司、海南福海船务有限公司等，海南大多数船务企业的经营范围涵盖国际海洋运输业务。

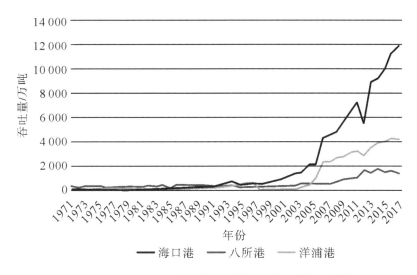

图 9-4　1971—2018 年海南省规模以上港口货物吞吐量

数据来源：海南省统计年鉴 2019。

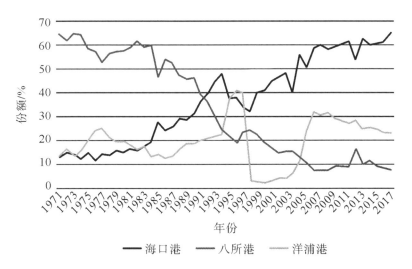

图 9-5　1971—2018 年海南省规模以上港口货物吞吐量份额

数据来源：海南省统计年鉴 2019。

二、国际海洋运输对跨境贸易人民币结算的推动作用机制

国际海洋运输对跨境贸易人民币结算的推动作用主要通过两种机制：第一种机制，国际海洋运输服务贸易与货物贸易之间存在显著的正相关关系，提高

我国海运专业化和产业化发展水平可以为我国货物贸易提高供经济、高效、便捷的运输服务，促进我国货物贸易的进一步发展，利用当前跨境贸易人民币结算成果争取货物贸易更多地以人民币结算；第二种机制，我国海洋运输企业如果充分利用我国第二大货物贸易经济体地位承运更多国货走出国门，不仅可以有效缓解我国运输服务贸易持续扩大的逆差，增强我国国际海洋运输企业的出口创汇能力和市场竞争力，而且能争取更多的运费、佣金、仓储费、理舱费等附属费用以人民币结算。

（一）国际海洋运输推动跨境贸易人民币结算机制之一

Deardorff（2001）以运输服务贸易为例探讨服务贸易自由化对货物贸易和服务贸易自身的重要作用①。假设商品 S 需要从本国 H 运往外国（地区）F，固定运输成本 c 是一个常数，取决于各国（地区）在运输服务贸易中的相对比较优势，这就意味着固定运输成本是由各国（地区）运输技术和要素价格决定的常数，即 I 国（地区）的固定运输成本为 $c^I(A^I, w^I)$。假设最初 H 国（地区）只允许商品 S 由国（地区）内船公司承运，那么固定运输成本就是 $c^H(A^H, w^H)$，服务贸易自由化趋势推动 H 国（地区）开放国际运输部门，允许 F 国（地区）或者第三国（地区）I 的船公司承运商品 S，那么固定运输成本就是 $c^F(A^F, w^F)$ 或 $c^I(A^I, w^I)$。只要 $c^F(A^F, w^F)$ 或 $c^I(A^I, w^I)$ 低于 $c^H(A^H, w^H)$，那么商品 S 就会由国（地区）外船公司承运。

现在考虑到运输技术更加复杂化，假定单位运输成本取决于商品 S 的运输数量和运输距离，则运输总费用应该为固定运输成本与可变成本之和：

$$C^I = c_0 + c_1 Q^S + c_2 D_{HF} + c_3 Q^S D_{HF} \qquad (9-1)$$

式（9-1）中，参数 c_i 类似于上文的固定运输成本 c，取决于一国运输技术和要素价格：

$$c = (c_0, c_1, c_2, c_3) = (c_0(A, W), c_1(A, W), c_2(A, W), c_3(A, W))$$

$$(9-2)$$

式（9-2）中，c_0 为固定成本，与运输数量和运输距离无关，例如船只购置开支；c_1 为每单位商品的运输成本，例如装货和卸货成本；c_2 为每单位运输距离的成本，例如船员工资；c_3 为同时取决于运输数量和运输距离的成本，比如运输途中的能耗等。归纳起来，I 国（地区）的运输成本主要取决于四大因素：运输数量、运输距离、I 国（地区）的技术水平、I 国（地区）的要素价格：

① Alan V Deardorff. International provision of trade services, trade, and fragmentation [J]. The world bank policy research working paper, 2001 (2): 2548.

$$C^l = C(Q^S, D; A^l, w^l) \tag{9-3}$$

每单位数量商品的运输成本定义为

$$s^l = C^l/Q^S = C(Q^S, D; A^l, w^l)/Q^S = s^l(D) \tag{9-4}$$

假设最初跨国（境）间不存在运输服务贸易，承运人只能在本国（地区）范围内提供运输服务，那么从外国（地区）F 进口到本国（地区）H 的商品只能通过 F 国（地区）的承运人将货物运至 F 国（地区）的出境口 B，再由 H 国（地区）的承运人将这批货物运回目的地。则自给自足下的全程运输成本为

$$
\begin{aligned}
C^{autarky} &= C^F(Q^S, D_{FB}; A^F, w^F) + C^H(Q^S, D_{BH}; A^H, w^H) \\
&= (c_0^F + c_0^H) + (c_1^F + c_1^H)Q^S + c_2^F D_{FB} + c_2^H D_{BH} + c_3^F Q^S D_{FB} + c_3^H Q^S D_{BH}
\end{aligned} \tag{9-5}
$$

将式（9-5）带入式（9-4）中，可得自给自足下的平均运输成本为

$$
\begin{aligned}
s^{autarky} &= \left[C^F(Q^S, D_{FB}; A^F, w^F) + C^H(Q^S, D_{BH}; A^H, w^H) \right]/Q^S \\
&= \frac{c_0^F + c_0^H}{Q^S} + (c_1^F + c_1^H) + \frac{c_2^F D_{FB} + c_2^H D_{BH}}{Q^S} + (c_3^F D_{FB} + c_3^H D_{BH})
\end{aligned} \tag{9-6}
$$

如果现在服务跨境贸易得以自由化，则货物全程可只由同一个来自 F 国（地区）或 H 国（地区）或第三方 L 国（地区）的承运人负责运输，且此时路线选择不必须经过 F 国（地区）的出境口 B，而是 F 国（地区）和 H 国（地区）之间成本最低的路线。则运输贸易自由化情形下的平均运输成本为

$$s^{free} = s^L(D_{FH}) = \frac{c_0^L}{Q^S} + c_1^L + \frac{c_2^L D_{FH}}{Q^S} + c_3^L D_{FH} \leqslant \min\left[s^F(D_{FH}), s^H(D_{FH}) \right] \tag{9-7}$$

运输服务自给自足情形下和自由贸易情况下的平均运输成本差额为

$$
\begin{aligned}
s^{autarky} - s^{free} &= s^F(D_{FB}) + s^H(D_{BH}) - s^L(D_{FH}) \\
\text{第一部分：} &= \left[s^F(D_{FB}) - s^L(D_{FB}) \right] + \left[s^H(D_{BH}) - s^L(D_{BH}) \right] \\
\text{第二部分：} &+ \left(\frac{c_2^L}{Q^S} + c_3^L \right)\left[D_{FB} + D_{BH} - D_{FH} \right] \\
\text{第三部分：} &+ \left(\frac{c_0^L}{Q^S} + c_1^L \right)
\end{aligned} \tag{9-8}
$$

我们可以将式（9-8）中运输服务自给自足情形下和自由贸易情况下的平均运输成本差额分解为三大部分，并逐一分析其经济含义。

第一部分，基于比较优势的运输成本下降效应。由于 L 国（地区）的承运人拥有比 F 国（地区）或 H 国（地区）的承运人更明显的比较优势，故根

据式（9-7）可知，$s^F(D_{FB}) - s^L(D_{FB}) \geqslant 0$，$s^H(D_{BH}) - s^L(D_{BH}) \geqslant 0$。

第二部分，因运输距离缩短带来的运输成本下降效应。由于 L 国（地区）的承运人可以选择最近运输路线，因此 $D_{FB} + D_{BH} - D_{FH} \geqslant 0$，运输距离缩短往往可以降低运输成本。

第二部分，固定成本节约带来的运输费用下降。从数值上看，$\dfrac{c_0^L}{Q^s} + c_1^L > 0$；从经济意义上看，运输贸易自由化可以减少各国（地区）单独的运输行业固定投入，在全球范围内提高运输业的投入产出效率。

此外，贸易自由化还可以通过实现运输规模经济效应、减少边境摩擦、提高运输效率、减少货物在装卸过程中的破损、促进全球运输规则的统一、促进关联产业发展等方面实现帕累托改善，因此无疑 $s^{autarky} - s^{free} > 0$。

运输成本显著影响国际货物贸易已成为国内外学者的广泛研究共识，并形成地理经济学的理论体系。随着集装箱等现代物流技术的成熟，国际海洋运输的迅速发展，国际海洋运输成本大幅降低，从而推动了国际货物贸易的发展。

（二）国际海洋运输推动跨境贸易人民币结算机制之二

国际海洋运输服务包括三类活动：其一，货物和乘客的国际海洋运输，即一旦货物或乘客登上一国（地区）出发港的船只直到该船只抵达另一国（地区）的目的港；其二，海洋附属服务，即任何与货物在港口和船只上相关的服务；其三，港口服务，即与港口船只管理相关的服务（Fink et al., 2001）①。通过构建数理模型分析影响国际海洋运输费用定价的因素。推导过程如下：

假设商品 k 从出口国（地区）I 的装运港 i 通过 I 国（地区）的船公司班轮运输至进口国（地区）J 的目的港 j。P_{ijk} 代表以 I 国（地区）货币表示的班轮运输费用，由于国际海洋运输市场是垄断竞争市场，我们假设当前国际海洋运输市场结构符合古诺竞争模型，因此 P_{ijk} 取决于国际海洋运输的边际成本 MC 和利润加成 Φ：

$$P_{ijk} = \Phi(I,\ J,\ k)MC(i,\ j,\ k) \tag{9-9}$$

式（9-9）表明，班轮运输费用的利润加成是 I 和 J 之间的运行路线和商品性质 k 的函数。对式（9-9）取自然对数，可得：

$$p_{ijk} = \varphi(I,\ J,\ k) + mc(i,\ j,\ k) \tag{9-10}$$

小写字母形式的变量表示相应变量的自然对数。

---

① CARSTEN FIN, AADITYA MATTOO, ILEANA CRISTINA NEAGU. Trade in international maritime services ［J］. The world bank policy research working paper, 2001 (1)：2522.

我们进一步对边际成本项进行分解：

$$mc_{ijk} = \alpha_J + \lambda_k + \gamma T_{ijk} + \delta d_{ij} + \eta q_{iJ} + \rho CR_I + \varphi^1 PS_I^1 + \varphi^2 PS_I^2 \quad (9\text{-}11)$$

式（9-11）中，α_J 反映了进口国（地区）J 不同海关的通关成本存在差异，例如中国不同海关的通关便利化程度存在显著差异。λ_k 反映出运输货物 k 的形态（重量、质地、规格）会影响运输价格。T_{ijk} 反映了集装箱运输方式的技术革新效应，由于集装箱运输能显著提高运输效率，因此我们认为 γ 为负数。d_{ij} 表示装运港 i 到达目的港 j 的地理距离，显然，二者距离越远，运费就越高，因此 δ 应该为正数。q_{iJ} 表示装运港 i 和进口国（地区）J 之间的总贸易额，该数值越大，运输平均价格越低，这表明运输价格存在规模经济效应，因此 η 应为负值。

CR_I、PS_I^1 和 PS_I^2 是衡量出口国（地区）I 限制国际海洋运输自由化的三个政策指标，其中 CR_I 是个亚变量，如果 I 国（地区）明确禁止他国船只运输本国（地区）产品出口，则取值 1。PS_I^1 为测量 I 国（地区）限制外国（地区）提供货物分拣服务的指标，PS_I^2 衡量了 I 国（地区）的港口服务费用对外来船只而言是必须开支，通常认为 ρ、φ^1 和 φ^2 应为正值。

他们假定，利润加成项 $\varphi(I, J, k)$ 取决于以下四个变量：

$$\varphi(I, J, k) = \mu_k + \tau CR_I + \psi^1 A_{IJ}^1 + \psi^2 A_{IJ}^2 \quad (9\text{-}12)$$

式（9-12）中，μ_k 反映了不同商品特性对利润加成函数的影响。CR_I 与式（9-11）相同，由于 I 国（地区）明确禁止他国（地区）船只运输本国（地区）产品出口直接削弱了 I 国（地区）的国际航运竞争化程度，保护了该国船公司的垄断地位，推高了该国（地区）船公司的利润加成系数，因此预测 τ 为正值。A_{IJ}^1 和 A_{IJ}^2 刻画了出口国（地区）I 的班轮运输企业之间在承运出口国（地区）I 和进口国（地区）J 之间的路线时是否签署有关行业协议，A_{IJ}^1 表示如果存在固定价格协议则取值为 1，A_{IJ}^2 表示如果存在其他非固定价格的合作协议则取值为 1。由于这种利益同盟的达成有利于维护出口国（地区）I 的船公司拥有垄断地位，推高了利润加成系数，因此预测 ψ^1 和 ψ^2 为正值，且 $\psi^1 > \psi^2$。

将式（9-11）和（9-12）代入式（9-10），可得

$$p_{ijk} = \alpha_J + \beta_k + \gamma T_{ijk} + \delta d_{ij} + \eta q_{iJ} + \omega CR_I + \varphi^1 PS_I^1 + \varphi^2 PS_I^2 + \psi^1 A_{IJ}^1 + \psi^2 A_{IJ}^2 + \varepsilon_{ijk}$$

$$(9\text{-}13)$$

由式（9-13）可知，国际海洋运输费用的影响因素包括：运输技术、运输距离、运输量、政策开放度、分拣服务费、港口服务费、行业合作情况。各因素越有利于降低运费，运输公司越有竞争力和定价权，也越有利于在各环节以人民币征收费用。

第三节　海南省国际航空运输贸易分析

美国在 1978 年通过了《航空公司放松管制法案》(*The US Airline Deregulation Act*) 开始放松国内航空运输管制。1992 年,美国同荷兰签订全球首个双边"天空开放"协议,目前美国已与 100 多个国家和地区签订"天空开放"协议,全球范围内的双边航空运输协议有 2 万多个,国际航空运输不断自由化。

我国航空运输服务贸易起步晚,规模小,国际市场份额小。2002 年,中国开始施行《外商投资民用航空业规定》,打开外商投资政策壁垒,中国国际航空运输自由化进程加快。2000—2013 年,中国国际航空运输服务贸易出口额占国际服务贸易出口总额的 26%,同期日本该数值为 30%,德国为 41%,美国则达到 57%(丁勇、陈凯,2015)①。从表 9-4 可以看出,2000—2012 年,中国航空运输服务贸易的 RCA 指数值在 0.9 左右,表明中国的国际航空运输服务比较优势还不大。美国的 RCA 指数保持在 2 以上,拥有较强的国际竞争力;从 TC 指数上看,中国除了 2006 年和 2007 年为正值,即国际航空运输贸易为顺差,其余均为逆差,近年来逆差呈扩大之势,表明我国航空运输的国际贸易竞争力有走弱之势;2000—2008 年,美国 TC 指数徘徊在 0 附近,说明美国国际航空运输贸易总体处于平衡状态,2007 年之后美国国际航空运输贸易顺差不断扩大,国际竞争力不断提高。

表 9-4　2000—2012 年中国和美国国际航空运输贸易竞争力指数

年份	RCA 指数		TC 指数	
	中国	美国	中国	美国
2000	0.98	1.93	-0.30	-0.04
2001	0.97	1.93	-0.36	-0.07
2002	1.05	1.92	-0.31	-0.04
2003	0.92	2.00	-0.17	-0.07
2004	0.98	2.07	-0.10	-0.07

---

① 丁勇,陈凯. 国际航空运输服务与货物贸易的相关性研究 [J]. 郑州航空工业管理学院学报,2015(10):39.

表9-4(续)

年份	RCA 指数		TC 指数	
	中国	美国	中国	美国
2005	0.93	2.12	-0.09	-0.02
2006	0.85	1.94	0.11	-0.02
2007	0.84	1.99	0.06	0.03
2008	0.79	2.23	-0.06	0.08
2009	0.90	2.02	-0.09	0.11
2010	0.99	2.07	-0.21	0.12
2011	0.92	2.14	-0.25	0.14
2012	0.89	2.23	-0.35	0.13

数据来源：丁勇，陈凯. 国际航空运输服务与货物贸易的相关性研究［J］. 郑州航空工业管理学院学报，2015（10）：39.

近年来，我国国际航空运输发展迅速。根据中国民航局《2018 年民航行业发展统计公报》的统计数据，2018 年我国民航行业完成运输总周转量 1 206.53 亿吨千米，同比增长 11.4%，其中，港澳台航线完成 17.51 亿吨千米，同比增长 8.8%；国际航线完成运输总周转量 435.02 亿吨千米，同比增长 12.0%。全行业完成旅客周转量 10 712.32 亿人千米，同比增长 12.6%，其中，港澳台航线完成 165.05 亿人千米，同比增长 11.3%；国际航线完成旅客周转量 2 822.61 亿人千米，同比增长 14.0%。全行业完成货邮运输量 738.51 万吨，同比增长 4.6%，其中港澳台航线完成 23.48 万吨，同比下降 2.8%；国际航线完成货邮运输量 242.72 万吨，同比增长 9.3%。全行业实现营业收入 10 142.5 亿元人民币，同比增长 18.5%。截至 2018 年年底，我国共有运输航空公司 60 家，其中，国有控股公司 45 家，民营和民营控股公司 15 家。在全部运输航空公司中，全货运航空公司 9 家。我国航空公司国际定期航班通航 65 个国家的 165 个城市。截至 2018 年年底，我国签订双边航空运输协定 126 个，其中亚洲有 44 个（含东盟），非洲有 27 个，欧洲有 37 个，美洲有 11 个，大洋洲有 7 个。

为支持海南自贸区、自贸港建设，海南省委、省政府积极部署，海南省交通运输厅积极沟通加密海南直达全球主要客源地的国际航线，2019 年 12 月 23 日，海口—韩国清州成为海南省正式开通的第 100 条境外航线，12 月 25 日和 30 日，海南航空开通了海口—莫斯科、海口—金边两条境外新航线。拓展境外航线加密航班有利于推进"把海南打造成面向太平洋、印度洋的航空区域门户枢纽"的战略定位目标。便捷的交通无疑是外国游客进入海南的重要条件，海南省境外航线基本围绕旅游客源市场而开拓，目前海南省执飞的境外航线覆盖东盟十国和蒙古、韩国、日本、俄罗斯、乌克兰、哈萨克斯坦、印度、澳大利亚、意大利、英国等 20 个国家以及我国港澳台地区的 62 个城市。根据海南省交通运输厅的数据显示，2019 年 1~11 月，全省境外航线累计完成起降18 738 架次，同比增长 22%；旅客吞吐量累计完成 233.33 万人次，同比增长28.1%；货邮吞吐量累计完成 4 674 吨，同比增长 92.3%。海南四小时八小时飞行经济圈基本成型，海南民航业进入高质量发展阶段，也为海南自贸港建设架起了一条条联通世界的空中桥梁。

近年来，海南省利用领导出访、重要外宾来访、友城交往、外国驻华使领馆交流等契机，积极参与海南境外航线的开拓，促成开通海口或三亚至泰国曼谷、普吉，越南岘港、金兰，新加坡，马来西亚槟城、吉隆坡，柬埔寨金边、暹粒等空中直航航线，提升了海南空中国际互联互通水平，推动了海南省与沿线国家和地区在医疗健康、旅游、服务贸易、离岸金融、热带高效农业等领域的交流合作。当前海南省国际友城数量已增至 63 对，这对海南提升国际开放程度、密切彼此之间各领域的交流合作具有积极意义。

从表 9-1 和表 9-2 可以看出，2018 年国际航空运输方式在海南省货物进出口贸易中所占的份额已达三成。图 9-6 为 1985 年以来海南省民航货物和旅客平均运输距离，1992 年之前，海南省民航货物和旅客平均距离大概只辐射到广东、福建、广西、香港等周边地区，1992 年之后民航运输距离迅猛提高并稳步增加，2018 年海南省民航货物和旅客平均距离分别为 5 517 千米和3 920 千米，同比增长 61.1%和 92.8%，大概分别是海口到俄罗斯和哈尔滨的飞行距离。同时，海南省民航对货物辐射的距离大于对游客的辐射距离。

2018 年全国共有 235 个机场，美兰机场的旅客吞吐量为 2 412.4 万人次，占同期全国机场旅客吞吐量的 1.9%，排第 17 位；货邮吞吐量为 16.9 万吨，占同期全国机场货邮吞吐量的 1%，排第 17 位。2018 年，海南省海航集团运输周转量在全国 60 家航空公司中排名第四，占我国民航运输总周转量的16.1%；完成飞行小时 185.19 万小时，完成运输总周转量 194.42 亿吨千米，比上年增长 15.5%，完成旅客运输量 1.09 亿人次，比上年增长 10.3%，完成货邮运输量 86.14 万吨，比上年增长 10.1%。

2018 年世界旅游业理事会（WTTC）发布报告 *Creating a Tourism Destination from an Airport Hub*，报告认为，航空路线开发是旅游业成功发展的

关键因素之一。经过多年富有战略性的航线开辟和利用，全球范围内的航空枢纽城市通过延长过境旅客的停留时间成为最终旅游目的地，从而带动城市旅游业的发展，当然这依赖于以下要素的综合作用：①具有强大的航空公司体系，这些航空公司必须资金雄厚，且声誉良好；②拥有强劲的入境旅游目的地吸引力；③出众的航空连接度、充足的基础设施和有力的股东关系制度框架；④机场和所在城市之间的高度垂直一体化和长期视界。

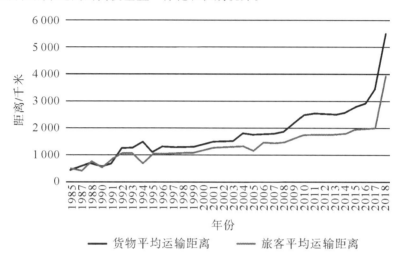

图 9-6　1985—2018 年海南省民航平均运输距离

数据来源：《海南省统计年鉴 2019》。

1991—2010 年，中国航空运输业技术效率呈现上升的趋势，纯技术效率比较平稳，规模效率呈现上升的趋势，尤其是 2003 年之后中国航空运输业规模效率有大幅度增长，且汇率波动是影响国际航空效率的经济因素之一（张乾，2016）[①]。因为我国航空公司的成本（购买飞机、租赁飞机、贷款、燃油等）大都以美元结算，而航空公司的利润（载客和货运的售价等）大都以人民币结算，所以人民币对美元的汇率变动会影响我国航空公司的经济效益。比如，当人民币对美元升值时，我国航空公司就可用人民币结算的利润来偿还用美元结算的成本部分，那么国内航空公司的利润就相对增加了，也就是说航空公司的盈利能力增强了。积极推动我国在国际航空运输贸易中以人民币结算有两方面的内容：一是在成本方面，即在飞机的购买、租赁、贷款、燃油、维修

[①]　张乾. 国际航空运输自由化和航空公司效率关系实证研究［D］. 天津：中国民航大学，2016.

等方面尽量争取以人民币结算；二是在利润方面，更多地争取国际航空货物运输和旅客运输费用以人民币结算。

海南省国际航空发展对跨境贸易人民币结算的推动机制有三个：第一，岛屿经济特征决定了国际航空运输对海南省发展国际旅游业不可或缺。一方面，国际旅游业直接为航空公司和机场提供广泛就业机会和创收来源，另一方面，入境游客在海南境内进行的各种消费支出，为跨境贸易人民币结算提供了有利条件。第二，国际航空运输和跨境商品贸易具有显著正相关关系，航空运输服务更加快捷、高效，国际航空运输帮助全球范围内的商品进一步充分发挥各自比较优势进行国际贸易（Deardorff，2001），对货物贸易具有积极的推动作用。稳固的贸易基础本身就为跨境贸易人民币结算提供了机会，而且通过航空运输出口的商品往往是高附加值、低重量的具有强劲比较优势的产品，更有利于争取以出口地货币结算。第三，国际航空运输产生的"接触反应"强化了全球不同公司之间进行有效的网络沟通和协作，提高了城市品牌效应等，促进境外人员、资本、信息流入，从而为跨境人民币结算带来机遇。

第十章　跨境贸易人民币结算对服务贸易的推动作用

2009 年 7 月，中国人民银行印发《跨境贸易人民币结算试点管理办法实施细则》，经 2010 年 6 月和 2011 年 8 月两次扩大试点，跨境贸易人民币结算业务范围涵盖货物贸易、服务贸易和其他经常项目。从图 10-1 可以看出，

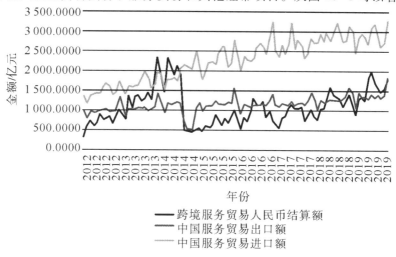

图 10-1　2012—2019 年中国服务贸易及其跨境人民币结算金额趋势图

注：①跨境服务贸易人民币结算额数据序列为经常项目中除了货物贸易以外的服务贸易和其他经常项目的跨境贸易人民币结算金额，由于其他经常项目交易额很小，可以忽略不计，故我们以该序列数据全部作为我国跨境服务贸易人民币结算金额。②2014 年 12 月跨境服务贸易人民币结算额数据缺失。③2012 年和 2013 年中国服务贸易进出口金额根据国家外汇管理局发布的季度数据估测出各月份的数据，估测方法为：计算出 2014—2019 年各月份在相应季度的比重的数据序列，取每季度中各月份所占比重数据序列中方差最小的两个月份的比重平均值作为 2012 年和 2013 年相应月份的估测比重，进而对 2012 年和 2013 年的季度数据进行拆分。

数据来源：中国服务贸易数据来源于国家外汇管理局网站；跨境服务贸易人民币结算额来源于 Wind 数据库。

2012 年至 2014 年上半年，我国服务贸易跨境人民币结算额稳步提高，2014 年 8 月我国跨境服务贸易人民币结算额骤降至 497 亿元，环比下降 74.1%，同比下降 61.1%，原因是从 2014 年 8 月开始我国调整服务贸易统计口径，无货物报关的转口贸易，由服务贸易调整至货物贸易统计，因此 2014 年 8 月我国服务贸易出口环比下降 38.8%，这直接减少了跨境贸易人民币结算在服务贸易领域的统计口径。

从图 10-2 可以看出，2015 年到 2016 年 3 月，我国服务贸易的跨境人民币结算比重明显高于货物贸易，货物贸易跨境人民币结算的比重最高时为 37%。2016 年 3 月之后，我国货物贸易跨境人民币结算的比重持续走低，在 10% ~ 15% 徘徊；与此同时，我国服务贸易跨境人民币结算的比重曲折上升，最高时达到 46%，这说明，我国在服务贸易领域推行跨境人民币结算初步显示出较好的前景。

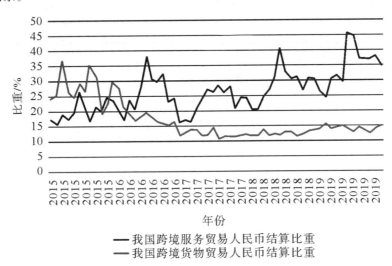

图 10-2　2015—2019 年我国跨境贸易人民币结算比重

数据来源：Wind 数据库。

本章主要运用计量经济模型探讨跨境人民币结算对服务贸易的推动作用。由于我国尚未发布分地区跨境服务贸易人民币结算数据，因此我们只能通过全国加总数据来探讨二者的因果关系，进而根据计量分析结果总结海南省的相关发展启示。

第一节　计量经济模型的构建

国内外学者普遍认为，跨境贸易人民币结算最直接的经济效益是汇率风险锁定效应。徐雪（2009）、Lee et al.（2014）、Joseph et al.（2014）、Batten et al.（2016）、阙澄宇和马斌（2017）、Cao（2018）认为，跨境贸易人民币结算有助于我国外贸企业有效规避因货币金融危机所产生的汇率风险，跨境贸易人民币结算的发展可以提高汇率变化对出口贸易调节的效用，但人民币结算贸易促进作用的发挥还面临市场和制度约束。姚宇驰（2013）认为，欧债危机为我国借机扩大跨境人民币结算范围，提升人民币国际地位提供了难得的机遇。张梦露和吴凤（2015）的实证分析认为，欧洲主权债务危机通过贸易渠道、金融渠道以及非接触途径向中国传导，我国应通过推进人民币跨境结算业务、加速人民币国际化进程等金融措施加以应对。Qiu et al.（2016）、栗亮和盛雯雯（2017）、张明和王永中（2018）等人认为，中国对外经济具有较高的汇率敏感度，短期内跨境贸易人民币结算有效减轻了金融危机爆发后美元贬值对我国外汇储备、对外贸易和投资的不利影响。

较之有形货物，服务产品更具异质性，且多数服务产品具有不可储存、不可复制、不可移动等特性，服务市场结构、产业格局等也与货物市场迥然不同，这些因素决定了服务贸易结算货币的选择有其新的特点。跨境贸易人民币结算可在服务贸易领域独树一帜，寻得新的突破。当前我国已签署 15 个自由贸易区协定，涉及我国和 22 个经济体之间的服务贸易开放承诺，详细研究服务贸易协定对成员方之间的经济效应及其对跨境贸易人民币结算的推动作用很有必要。虽然国内外学者对服务贸易结算货币选择的有关研究相当匮乏，但我们仍然可以借鉴学界已取得的大量有关国际货物贸易本币结算的经济效应研究成果，探究跨境人民币结算对我国服务贸易的经济效应，这不仅可以填补学术界在这一领域的研究空白，而且对我国发展服务贸易、完善我国对外贸易结构，并为当前跨境贸易人民币结算破解发展困局提供有益思考。

一、计量模型

和货物贸易一样，跨境人民币结算对服务贸易最直接的经济效益是规避汇率波动风险，当然服务贸易规模是跨境服务贸易人民币结算的贸易基础，因此，我们提出三点假设：假设 1，我国跨境服务贸易人民币结算额和人民币汇率具有显著因果关系；假设 2，我国跨境服务贸易人民币结算额和我国服务贸易进口额具有显著因果关系；假设 3，我国跨境服务贸易人民币结算额和我国服务贸易出口额具有显著因果关系。

我们以目前在现代金融、经济领域广泛应用的 Granger 因果检验这一计量分析工具构建计量模型，首先考察我国跨境服务贸易人民币结算额和人民币汇率之间的 Granger 因果关系，以此分析我国跨境服务贸易人民币结算的汇率风险规避效应；然后分析我国跨境服务贸易人民币结算额和我国服务贸易进、出口额之间的 Granger 因果关系，以此分析我国跨境服务贸易人民币结算额和服务贸易发展之间的统计学因果关系。

Granger（1969）[①]、Granger（1969）[②] 引入信息集的概念，从事件发生的时序性界定了 Granger 因果关系的概念：如果事件 Y 的发生有助于预测事件 X 的发生，那么事件 Y 就是事件 X 的 Granger 原因，从统计学上讲就是，如果事件 Y 是事件 X 的 Granger 原因，那么当期的事件 Y 就有助于预测下一期 X 的概率分布。潘慧峰和袁军（2016）认为，Granger 因果检验的出发点不在于哲学（或经济学）意义的因果关系，而是统计学意义上的预测关系，这种预测关系示范具有经济学上的意义需要进行深入的经济学理论分析，具备经济学理论支持的 Granger 因果关系可以补充经济学意义的因果关系。[③] 这就是说事件 Y 是事件 X 的 Granger 原因和事件 Y 是事件 X 的经济学原因之间是一种必要不充分条件关系，只有当事件 Y 是事件 X 的 Granger 原因，且事件 Y 是事件 X 的经济学原因具备理论依据时，我们才能得出事件 Y 是事件 X 的经济学原因这样的分析结论。国际贸易结算货币选择理论认为，贸易规模、汇率风险是影响国际结算货币选择的重要经济因素，因此，我们构建的跨境服务贸易人民币结算和我国服务贸易规模、人民币汇率之间的 Granger 因果检验模型，可以作为相关经济分析的有力计量支撑。

二、数据

由于我们无法在公开渠道中获取 2014 年 8 月前经服务贸易统计口径调整后的数据，因此我们不得不放弃 2012 年 1 月至 2014 年 7 月这 31 个月度的数据

---

① GRANGER C WJ. Investigating causal relations by econometric model and cross-spectral methods [J]. Econometrica, 1969 (3)：424-438.

② GRANGER C W J. Testing for causality：a personal view [J]. Journal of economic dynamics and control, 1980 (2)：329-352.

③ 潘慧峰，袁军. Granger 因果检验的文献回顾 [J]. 科学决策，2016 (9)：58-94.

样本。本章计量模型的样本数据均来自 Wind 数据库。表 10-1 为各变量的描述性统计特征，其中 EX 表示人民币对美元汇率，E 表示中国服务贸易出口额，I 表示中国服务贸易进口额，RMB 表示中国服务贸易以人民币结算额，T 表示中国服务贸易进出口总额。

表 10-1　各变量描述性统计

	E	EX	I	RMB	T
均值	1 202.368	6.607 349	2 590.044	1 019.603	3 792.397
中位数	1 196.500	6.659 450	2 606.500	1 035.500	3 795.500
最大值	1 824.000	7.085 100	3 299.000	2 015.000	5 110.000
最小值	502.000 0	6.114 300	1 766.000	435.000 0	2 538.000
标准差	217.914 5	0.302 699	362.590 0	378.188 7	532.440 8
偏度	−0.867 719	−0.267 539	−0.027 221	0.468 745	−0.199 24
峰度	6.093 127	1.827 292	2.352 027	2.542 416	2.974 080
Jarque-Bera 检验	35.641 01	4.707 733	1.198 028	3.083 434	0.451 800
P 值	0.000 000	0.095 001	0.549 353	0.214 013	0.797 798
样本量	68	68	68	68	68

从表 10-1 可以看出，变量 EX 和 E 的 Jarque-Bera 检验拒绝数据序列服从正态分布的原假设；变量 I，RMB，T 的 Jarque-Bera 检验接收数据序列服从正太分布的原假设。格兰杰检验要求时间序列必须具有平稳性，否则可能会出现虚假回归问题。因此在进行格兰杰因果关系检验之前，我们首先应对各数据序列的平稳性进行单位根检验（unit root test），我们运用 Eviews 软件，对各序列进行增广的迪基—富勒检验（ADF 检验）来判断数据平稳性。只有在所有数据序列都平稳且存在同阶协整关系时，才能进行格兰杰因果关系检验。

表 10-2 为各变量平稳性检验结果。变量 E 和 RMB 的原始序列数据存在单位根，数据不是平稳序列，但所有变量都服从一阶单整，这说明我们可以对变量的一阶差分进行格兰杰因果关系检验。

表 10-2　各变量平稳性检验

变量	ADF 统计量	P 值	平稳性
E	−2.542 732	0.307 4	非平稳

表10-2(续)

变量	ADF 统计量	P 值	平稳性
D（E）	-5.108 822	0.000 5	平稳
EX	-4.922 148	0.000 9	平稳
D（EX）	-6.452 518	0.000 0	平稳
I	-5.820 601	0.000 0	平稳
D（I）	-10.450 44	0.000 0	平稳
RMB	-2.555 769	0.301 5	非平稳
D（RMB）	-12.573 99	0.000 1	平稳
T	-6.575 614	0.000 0	平稳
D（T）	-4.619 058	0.002 5	平稳

（三）格兰杰因果关系检验结果

表10-3列出了各变量之间的格兰杰因果关系检验结果，滞后两期。

表10-3　各变量之间的格兰杰因果关系检验结果

Null Hypothesis	Obs	F-Statistic	Probability
EX does not Granger Cause E	65	2.020 33	0.141 53
E does not Granger Cause EX		1.797 23	0.174 57
I does not Granger Cause E	65	1.172 14	0.316 69
E does not Granger Cause I		0.010 26	0.989 80
RMB does not Granger Cause E	65	0.439 81	0.646 22
E does not Granger Cause RMB		0.354 36	0.703 08
T does not Granger Cause E	65	0.800 31	0.453 93
E does not Granger Cause T		0.148 96	0.861 92
I does not Granger Cause EX	65	5.725 53	0.005 30
EX does not Granger Cause I		2.326 66	0.106 37
RMB does not Granger Cause EX	65	6.981 37	0.001 88
EX does not Granger Cause RMB		2.443 16	0.095 49
T does not Granger Cause EX	65	9.062 48	0.000 36
EX does not Granger Cause T		1.612 69	0.207 87

表10-3(续)

Null Hypothesis	Obs	F-Statistic	Probability
RMB does not Granger Cause I	65	5. 410 13	0. 006 92
I does not Granger Cause RMB		0. 440 24	0. 645 94
T does not Granger Cause RMB	65	0. 441 87	0. 644 91
RMB does not Granger Cause T		2. 364 16	0. 102 73

第二节　计量经济模型的分析及其对海南省服务贸易发展的启示

我们对表10-3的格兰杰因果关系结果逐一进行分析：①人民币对美元汇率和中国服务贸易出口之间不存在显著的格兰杰因果关系，说明我国服务贸易出口对汇率波动的敏感性不强；②中国服务贸易进口和中国服务贸易出口之间不存在显著的格兰杰因果关系，说明我国服务贸易进出口之间的联动性不强，这与货物贸易有着显著的区别；③中国服务贸易出口额和跨境服务贸易人民币结算额之间不存在显著的格兰杰因果关系，说明我国服务贸易出口基数的扩大并没有显著带来人民币结算额的增长，跨境服务人民币结算额的增长也没有显现出对服务贸易出口的贸易促进效应；④中国服务贸易总额和中国服务贸易出口额之间不存在显著的格兰杰因果关系，说明我国服务贸易总额的增长主要是由进口额增长带来的；⑤在1%的显著性水平下，中国服务贸易进口增长是人民币汇率波动的格兰杰原因，但人民币汇率波动不是中国服务贸易进口增长的格兰杰原因，这说明中国服务贸易进口的用汇供需变化显著影响了汇率价格，但是中国服务贸易进口额的增长对汇率波动的敏感度不高；⑥跨境服务贸易人民币结算额变化和人民币汇率波动存在双向格兰杰因果关系，说明跨境服务贸易人民币结算业务具有明显的汇率风险规避效应；⑦中国服务贸易总额变动是人民币汇率波动的格兰杰原因，而人民币汇率波动不是中国服务贸易总额变动的格兰杰原因，分析类似于⑤；⑧跨境服务贸易人民币结算额变动是中国服务贸易进口额变动的格兰杰原因，但中国服务贸易进口额变动不是跨境服务贸易人民币结算额变动的格兰杰原因，这说明中国服务贸易人民币结算对服务贸易进口具有显著的汇率规避效应，但服务贸易进口扩大并没有对跨境人民币结算显现贸易基础作用；⑨中国服务贸易总额变动和服务贸易跨境人民币结算额变动之间不存在显著的格兰杰因果关系。

我们提出的三个命题假设中，假设 1 我国跨境服务贸易人民币结算额和人民币汇率具有显著因果关系得到计量支持；假设 2 得到部分支持，中国服务进口增长是人民币汇率波动的格兰杰原因，但人民币汇率波动不是中国服务贸易进口增长的格兰杰原因；假设 3 得不到计量支持，中国服务贸易出口额和跨境服务贸易人民币结算额之间不存在显著的格兰杰因果关系。

本章格兰杰因果关系检验结果说明我国对外服务贸易企业采用跨境贸易人民币结算最主要的经济动机是规避汇率风险，这对服务贸易进口商而言更为明显。该研究结论对海南省服务贸易发展的启示是，海南省服务贸易的汇率敏感性如何？尤其是海南省服务贸易进口对汇率波动的敏感性程度如何？如果海南服务贸易进口对汇率波动敏感，那么就应该充分发挥跨境贸易人民币业务的汇率风险规避功能，帮助相关企业减少汇率风险，提高他们使用人民币结算的积极性。鉴于目前海南服务贸易月度数据尚未公开，我们利用格拉斯曼法则、麦金农法则对海南省服务贸易的汇率敏感性进行初步探究。

从贸易伙伴上看，2019 年海南省有服务贸易伙伴共 123 个，其中排前五位的国家（地区）均是发达经济体，分别为美国、中国香港、新加坡、英国、韩国，合计占海南省服务贸易总额的 45.96%（见图 10-3）。2017 年排前五位的国家和地区是中国香港、美国、俄罗斯、英国、加拿大，合计占服务贸易总额的 52.26%。其中，服务进口排前五位的国家和地区是美国、中国香港、爱尔兰、英国、新加坡，合计占服务贸易进口总额的 59.73%；服务出口排前五位的国家和地区是中国香港、俄罗斯、中国台湾、加拿大、英国，合计占服务贸易出口总额的 59.46%。发达经济体的汇率相对稳定，外汇储备相对充足，企业外汇管理意识普遍较强，有通过结算货币组合规避汇率波动风险的意识，更愿意接受部分货款以人民币结算。

和货物贸易相似，不同服务行业的汇率敏感性也存在显著差异，一般认为，拥有较强市场定价权的服务出口商对汇率波动的敏感度低，而服务产品同质化程度高、市场竞争激烈的服务出口商对汇率波动的敏感度高。以我国国际旅游服务贸易为例，从第一章的文献综述部分我们可以发现，国际旅游服务贸易对汇率波动具有较高的敏感性，海南省服务贸易企业应根据贸易伙伴、行业特许等尽量争取跨境服务贸易人民币结算，充分发挥跨境贸易人民币结算的风险规避效应，维护自身经济利益。鉴于目前相关数据不可得，我们将在未来的研究中测度我国服务贸易细分行业的汇率敏感性，以期得到更有力的研究结论。

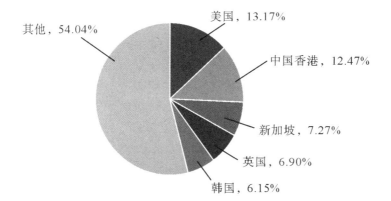

图 10-3　2019 年海南省服务贸易前五大伙伴

数据来源：海南省商务厅。

第十一章 结语

　　海南省从 1988 年建省至今已有 30 多年。30 多年来，海南省一路磕磕绊绊，历经跌宕起伏，在最初空前的躁动、狂热中栽了大跟头，在迷茫、沉痛和反思中，经过中央和省政府几代领导人以及所有热切关心海南发展的海内外人士的集体智慧思考和探索，海南的发展思路逐渐清晰。20 世纪末，海南省委、省政府提出"一省两地"的发展战略，并逐步明确"生态立省""海洋强省"的发展思路，重点发展热带高效农业、海洋经济和旅游业等绿色、可持续发展产业。自此，海南省坚持着生态红色底线，逐步走出一条具有鲜明海南特色的现代化发展之路。

　　近十年来，中央不断给予海南发展国际服务贸易的优惠政策。2009 年海南省国际旅游岛战略上升为国家战略，2016 年 2 月海南被国务院确定为 15 个服务贸易创新发展试点地区之一，并在 2018 年 8 月成为全面深化服务贸易试点，2018 年 6 月国务院同意海南等 17 个省市（区域）为深化服务贸易创新发展试点，2018 年 4 月 11 日，中共中央、国务院明确在海南全岛建设自由贸易试验区，探索建设中国特色自由贸易港。2020 年 6 月 1 日中共中央、国务院印发《海南自由贸易港建设总体方案》中央明确将服务贸易投资自由化作为海南省建设高水平、高标准外向型经济的重点方向，并辅以服务贸易跨境资金流动便利化，为海南省高质量发展国际服务贸易提供有力金融支持。

　　本书通过大量翔实的数据、资料分析，得出三点主要研究结论：

　　第一，海南省服务业和服务贸易发展总体表现为"结构优，规模弱，发展快"的特点。从数据上看，海南省的服务业增加额、服务贸易总额、国际旅游收入、国际会展收入、新兴服务贸易总额等规模类指标在全国的排名靠后，但是服务业增加值占 GDP 的比重、服务贸易占对外贸易的比重、服务贸易发展增长率等结构类、增长率类指标在全国处于领先地位。一方面，我们需要正视海南省在发展服务业、服务贸易方面起步晚、基础弱的客观事实，坚持稳扎稳打、循序渐进的发展原则，尊重经济发展"从无到有，从有到强，从强到优"的基本规律，杜绝盲目冒进思维，为服务贸易发展留够充足的时间；另一方面，海南省在发展服务业和服务贸易方面拥有得天独厚的区位优势、资源优势和政策优势，近年来也表现出巨大的发展潜力，尤其是 2019 年在全国服务贸易大逆差的背景下，海南省服务贸易实现顺差和两位数增长，表现出鲜明的海南特色。随着中央、海南省政府和民众对海南发展定位不断取得高度共识，海南省服务贸易的发展势必继续保持强劲势头。

第二，海南省服务贸易外汇便利化程度不断提高，不断为海南省服务贸易发展提供金融服务保障。促进贸易投资便利化已成为一国增强国际贸易竞争力的非价格竞争手段，外汇便利化是贸易投资便利化的重要内容。近年来，国家外汇管理局给予海南省多项发展服务贸易的外汇便利政策支持，便捷、高效的外汇便利化措施极大降低了海南服务贸易企业的生产经营成本，提高了海南服务贸易企业的服务质量，显著增强了海南省服务贸易的国际竞争力。

第三，格兰杰因果关系检验结果表明，我国服务贸易市场主体具有明显的外汇风险规避需求。海南省服务贸易可充分发挥跨境贸易人民币结算业务的汇率风险规避功能，特别是对于国际旅游、国际会展等国际服务贸易，一方面，由于生产和消费都在海南省境内，因此国际旅游贸易、国际会展的发展天然有利于推行跨境贸易人民币结算；另一方面，海南在国际旅游、国际会展业提供方面与境外的新加坡、泰国、马来西亚等国的旅游会展产品具有同质化倾向，海南国际旅游业和国际会展业的发展对汇率具有较强的敏感性，市场汇率风险规避需求强烈。此外，海南省在高端服务贸易方面的跨境人民币结算占比大，相关方面应进一步巩固和培育市场，提高境外服务商的人民币接受意愿。

在推动海南省服务贸易与跨境贸易人民币结算良性互动的过程中，各方需要迫切思考的严峻问题是，海南省服务贸易领域的金融改革怎样避免重蹈历史覆辙。20 世纪 90 年代初房地产泡沫破灭使得海南省一度成为全国的"金融重灾区"，时至今日金融风险仍是讨论海南金融开放时避不开的话题。各方应该思考，怎样破解 20 世纪 90 年代"海南覆辙"折射出的中国金融市场化改革的"市场化悖论"①。从 2018 年 4 月 14 日中共中央、国务院发布的《中共中央 国务院关于支持海南全面深化改革开放的指导意见》来看，党中央特别重视海南在全面深化改革的进程中加强金融审慎和风险防范，从 2020 年 6 月 1 日中

---

① 导致中国金融改革出现"市场化悖论"的要害在于，国家试图在保持金融控制的前提下推进金融市场化改革，即国家在金融改革过程中试图兼顾"金融控制"和"市场化"两个目标，但在对国有商业银行进行市场化改革的进程中，这两个目标就像鱼和熊掌，不可兼得。参考，张杰. 中国金融改革的"市场化悖论"：基于海南案例的分析 [J]. 金融研究，2007（8）：64-15.

共中央、国务院印发《海南自由贸易港建设总体方案》可以看出，中央对于海南加快金融开放改革有了更为具体明确的制度设计，充分展示了党中央和海南省政府对海南在风险可控的前提下试水国际金融改革的制度自信。

从技术层面来看，推动海南省服务贸易的人民币结算并不算复杂、高深的金融创新，却关乎海南省服务贸易在国际市场的竞争力、人民币境内外资金池循环机制构建、人民币的境外持有意愿、人民币跨境支付交易系统的交接等一系列关键问题，因此结合海南发展优势，重点推动海南在服务贸易领域的跨境人民币结算对海南自贸港建设中的金融开放进程必不可少。我们相信，随着海南省逐步探索、稳步推进中国特色自由贸易港建设，海南省服务贸易将在更深、更广的领域中取得长足发展，为跨境贸易人民币结算提供坚实贸易基础；跨境贸易人民币结算的纵深发展在为海南对外贸易提供金融支持的同时，也为海南探索建立离岸人民币市场和全国其他地区的金融改革积累发展经验。

参考文献

一、英文参考文献

ALAN V DEARDORFF, 2001. International provision of trade services, trade, and fragmentation [M]. The World bank policy research working paper, 02: 2548.

ALBERTO GIOVANNINI, 1988. Exchange rates and traded goods prices [J]. Journal of international economics, (24): 45-68.

AMITI M, S WEI, 2004. Fear of service outsourcing: is it justified? [J]. IMF working papers, 10.

ANYU LIU, DORIS CHENGUANG WU, 2019. Tourism productivity and economic growth [J]. Annals of tourism research, 76: 253-265.

ARIU A, BREINLICH H, CORCOS G, et al. 2019. The interconnections between services and goods trade at the firm-level [J]. Journal of international economics, 116: 173-188.

ARNOLD J M, JAVORCIK B S, MATTOO A, 2011. Does services liberalization benefit manufacturing firms? Evidence from the Czech Republic [J]. Journal of international economics, 85 (1): 136-146.

ARNOLD J, BEATA M, JAVORCIK S, et al., 2015. Services reform and manufacturing performance: evidence from India [J]. The economic journal, 126: 1-39.

DANIELS P W, 2000. Export of services or servicing exports? [J]. Geografiska annaler, 82 (1): 1-15.

DANIELS P W, 1993. Services industries in the world economy [M]. Oxford: Blackwell.

DAVID HARRISON, 1994. Tourism and prostitution: sleeping with the enemy? [J]. Tourism munugrment, 15 (6): 435-343.

E DE KADT, 1979. Tourism: passport to development? [M]. Oford: Oxford University Press.

FABER B, GAUBERT C, 2019. Tourism and economic development: evidence from Mexico's coastline [J]. American economic review, 109 (6): 22-23.

FEENSTRA R, G HANSON, S LIN, 2002. The value of information in international trade: gains to outsourcing through Hong Kong [J]. NBER working (11).

FREYA HIGGINS-DESBIOLLES, 2006. More than an industry: the forgotten power of tourismas a social force [J]. Tourism management, 27: 1192-1208.

FRIBERG RICHARD, 1998. In which currency should exporters set their prices? [J]. Journal of international economics, 45: 59-76.

GRANGER, C W J, 1969. Investigating causal relations by econometric model and cross-spectral methods [J]. Econometrica (3): 424-438.

HAIDER MAHMOOD, TAREK TAWFIK YOUSEF ALKHATEEB, 2017. Testing asymmetrical effect of exchange rate on saudi service sector trade: a non-linear auto-regressive distributive lag approach [J]. International journal of economics and financial issues (1): 73-77.

HARTMANN, PHILIPP, 1998. The Currency of deno mination of world trade after european monetary union [J]. Journal of the Japanese and International Economics, 1998 (12): 424-454.

HOUTHAKKER H, S MAGEE, 1969. Income and price elasticities in world trade [J]. Review of economics and statistics, 51: 111-125.

JAIME MARQUEZ, 2005. The aggregate of elasticities or the elasticity of the aggregates: US trade in services [J]. Federal reserve board, 21 (1).

KALDOR N, 1978. The effect of devaluations on trade, in further essays on applied economics [M]. London: Duckworth.

L RUBALCABA, D GAGO, 2001. Relationships between services and competitiveness: the case of spanish trade [J]. The service industries journal, taylor & francis journals, 21 (1): 35-62.

LINDA S GOLDBERG, CéDRIC TILLE, 2008. Vehicle currency use in international trade [J]. Journal of international economics (2): 177-192.

MARIUS VAN NIEUWKERK, 1979. The covering of exchange risks in the Netherlands' foreign trade: a note [J]. Journal of international economics, 9 (1): 89-93.

MATHIESON A, WALL G, 1982. Tourism: economic, physical and social impacts [M]. New York: Longman: 41.

MCKINNON RONALD, 1979. Money in international exchange: the convertible currency system [M]. London: Oxford University Press.

MIN JIANG, TERRY DELACY, NICKSON PETER MKIRAMWENI, DAVID HARRISON, 2011. Some evidence for tourisim alleviating poverty [J]. Annals of tourism research, 38 (3): 1181-1184.

NUSBAUMER J, 1987. Services in the Global Market [M]. Boston: Kluwer.

PAUL KRUGMAN, 1980. Vehicle currencies and the structure of international exchange [J]. Journal of money, credit and banking (12): 513-526.

PREISSL B, 2007. The German service gap or: re-organising the manufacturing services puzzle [J]. Metroeconomica, 58.

RAOUL V BIANCHI, MARCUS L STEPHENSON, 2013. Deciphering tourism and citizenship in a globalized world [J]. Tourism management, 39: 10-20.

REARDON T, VOSTI S A, 1995. Links between rural poverty and the environmentin developing countries: asset categories and investment poverty [J]. World development, 23 (9): 1495-1506.

RUSSELL D, STABILE J, 2003. Ecotourism in practice: trekking the highlands of makira island, solomon islands [M]. New York: Cognizant Communication Corporation: 38-57.

S A B PAGE, 1981. The choice of invoicing currency in merchandise trade [J]. National institute economic review, 98 (1): 60-72.

S A B PAGE, 1977. Currency of invoicing in merchandise trade [J]. National institute economic review, 81 (8): 77-81.

S DONNENFELD, I ZILCHA, 1991. Pricing of exports and exchange rate uncertainty [J]. International economics review, 32 (11).

SCHERR S J, 2000. A downward spiral? Research evidence on the relationship between poverty and natural resources degradation [J]. Food policy, 25 (4): 479-498.

STEPHEN CARSE, JOHN WILLIAMSON, GEOFFREY E WOOD, 1980. The financing procedures of British foreign trade [M]. Cambridge: Cambridge University Press.

SUSANNE BECKEN, FABRIZIO CARMIGNANI, 2016. Does tourism lead to peace? ［J］. Annals of tourism research, 61：63-79.

SVEN GRASSMAN, 1973. A fundamental symmetry in international payments pattern ［J］. Journal of International Economics （3）：105-106.

UNCTAD, 2016. World investment report 2016：investor nationality：policy challenges ［R］. New York and Geneva.

YIN-WONG CHEUNG, RAJESWARI SENGUPTA, 2013. Impact of exchange rate movements on exports：an analysis of Indian non-financial sector firms ［J］. Journal of international money and finance, 39：231-245.

二、中文参考文献

蔡兰, 2011. 海南会展业发展的 SWOT 分析及对策研究 ［J］. 知识经济 （4）：5-6.

蔡礼彬, 谢思环, 2013. 世界经济论坛和博鳌亚洲论坛运营模式对比探究 ［J］. 西部论坛 （11）：76-84.

曹俊, 2016. 关于推进海南国际旅游岛个人本外币兑换特许业务的研究 ［J］. 海南金融 （1）：85.

陈岚, 黄耀骥, 2007. GATS 框架下商业存在模式研究综述 ［J］. 江西金融职工大学学报 （12）.

陈丽萍, 2014. 基于 SWOT 分析的海南海洋会展业发展研究 ［J］. 经济研究导刊 （21）：58-59.

陈宪, 1995. 国际服务贸易 ［M］. 上海：立信会计出版社.

邓爱民, 2011. 中国出境旅游需求决定因素的实证研究 ［J］. 宏观经济研究 （12）：79-83, 88.

何彪, 武慧慧, 2017. 海南会展产业与"一带一路"倡议融合发展研究 ［J］. 经济论坛 （11）：35-37.

何元贵, 胡晓艳, 2014. 实际有效汇率与"口碑效应"：加拿大旅游服务贸易逆差例证 ［J］. 贵州财经大学学报 （3）：74-81.

刘红霞, 2016. 英国会展业发展及其对海南的启示 ［J］. 乌鲁木齐职业大学学报 （1）：39-42.

刘洪铎, 陈晓珊, 2018. 中国跨境服务贸易人民币结算的发展潜力 ［J］. 金融论坛 （5）.

刘茜茜, 江军, 2014. 海南会展也发展条件分析 ［J］. 全国商情理论研究 （16）：41-42.

卢孔标，2018. 海南自由贸易区（港）金融开放的逻辑、挑战与建议［J］. 银行家杂志（7）.

潘慧峰，袁军，2016. Granger 因果检验的文献回顾［J］. 科学决策（9）：58-94.

庞玉兰，2017. "一带一路"背景下海南省发展会展产业分析［J］. 北方经贸（4）：16-19.

史振卿，2012. 海南会展业的发展构想［J］. 旅游纵览（6）：76-77.

汪尧田，周汉民，1992. 关税与贸易总协定总论［M］. 北京：中国对外经济贸易出版社.

王积富，2007. 贸易便利化与贸易外汇真实性审核结合问题研究［J］. 甘肃金融（5）.

王璐瑶，葛顺奇，2019. 投资便利化国际趋势与中国的实践［J］. 国际经济评论（7）.

王胜，2019. 用好博鳌亚洲论坛平台服务中国特色自由贸易港建设［J］. 今日海南（3）：17-19.

王亚菲，2008. GATS 模式 4 服务贸易的统计范围与数据来源研究［J］. 统计研究（2）.

王祯祥，2004. 济南市会展经济发展问题思考［J］. 中共济南市委党校学报（1）：122-124.

徐可润，2019. 海南省乡村旅游的发展现状和优势［J］. 当代旅游（高尔夫旅行）（1）.

薛荣久，张汉林，1995. 国际服务贸易［M］. 北京：中国大百科全书出版社.

杨奕嘉，2019. 乡村振兴战略背景下海南共享农庄发展现状及对策［J］. 热带农业科学（2）.

余玮，2018. 博鳌：小镇变身为亚洲大外交的鳌头［J］. 党史纵览（7）：4-8.

张凌云，房蕊，2011. 日本出国旅游需求与人均 GDP 关系实证研究：兼议对我国出境旅游发展的启示［J］. 旅游科学（3）：24-34.

张燕玲，2018. 海南自贸区：人民币自由兑换的最佳试验区［J］. 中国金融家（7）.

赵东喜，2011. 人民币汇率与中国入境旅游需求关系研究［J］. 北京第二外国语学院学报（9）：48-53.

中国人民银行辽源市中心支行课题组，2018. "放管服"改革背景下个人外汇管理与便利化探讨 [J]. 吉林金融研究（10）：17.

周萍，2008. 对外汇服务促进贸易投资便利化的思考 [J]. 当代经济（7）：20-21.

曹翔，2014. 海南旅游服务贸易国际竞争力及其影响因素实证研究 [J]. 旅游研究（3）.

陈珂，2008. 国际服务贸易与海南旅游业的发展 [J]. 新东方（7）：28-30.

戴翔，张二震，2014. 人民币汇率变动是否影响了中国服务出口增长 [J]. 金融研究（11）.

邓富华，霍伟东，2017. 自由贸易协定、制度环境与跨境贸易人民币结算 [J]. 中国工业经济（5）.

邓富华，2016. 自由贸易区对人民币国际化的影响 [J]. 国际贸易论坛（10）.

邓昕，符瑞武，2010. 海南省跨境贸易人民币结算前景和推动措施 [J]. 青春岁月（5）.

董直庆，夏小迪，2010. 我国服务贸易技术结构优化了吗 [J]. 财贸经济（10）：77-84.

何智霞，2013. 国际旅游岛背景下海南发展国际服务贸易的策略 [J]. 现代经济信息（8）.

康承东，2001. 我国服务贸易国际竞争力分析 [J]. 国际贸易问题（11）：46-51.

李斌，段娅妮，彭星，2014. 贸易便利化的测评及其对我国服务贸易出口的影响 [J]. 国际商务：对外经济贸易大学学报（1）：5-14.

李慧中，2009. 比较优势与国际服务贸易动因：一个区分不同贸易模式的新研究 [J]. 国际贸易研究（1）.

李静萍，2002. 影响国际服务贸易的宏观因素 [J]. 经济理论与经济管理（11）：14-17.

李晓钟，张小蒂，2004. 我国对外服务贸易国际竞争力分析 [J]. 福建论坛（人文社会科学版）（7）：35-38.

李智超，2017. 海南和台湾旅游服务贸易国际竞争力测度比较分析 [J]. 经贸实践（3）.

吕云龙，吕越，2017. 制造业出口服务化与国际竞争力 [J]. 国际贸易问题（5）：25-34.

彭瑞林，2007. 海南：在热带农业和服务贸易上做足文章 [J]. WTO 经济导刊 (C1).

师秀霞，2016. 论 GATS 服务供给模式四下临时移民的困境及出路 [J]. 法制与社会 (3).

宋加强，王强，2014. 现代服务贸易国际竞争力影响因素研究 [J]. 国际贸易问题 (2)：96-104.

唐潇丹，2013. 对海南省跨境人民币结算试点的效应分析及创新思考 [J]. 商 (25).

万红先，2005. 入世以来我国服务贸易国际竞争力变动分析 [J]. 国际贸易问题 (5)：43-47.

王健朴，1997. 发展海南特区国际旅游服务贸易的思考 [J]. 海南大学学报（人文社会科学版）(1).

王晓莹，2011. 国际合作背景下海南旅游服务贸易的机遇与挑战 [J]. 产业与科技论坛 (1).

文善恩，王永利，2011. 海南国际旅游岛建设中的外汇服务便利化研究 [J]. 海南金融 (1).

杨延海，2013. 提升海南旅游服务贸易国际竞争力分析 [J]. 江苏科技信息 (20).

殷凤，2007. 世界服务贸易发展趋势与中国服务贸易竞争力研究 [J]. 世界经济研究 (1)：7.

翟羽，2018. 海南旅游服务贸易的现状与对策探析 [J]. 农村经济与科技 (6)：54-55.

张雨，2012. 我国服务贸易出口技术含量升级的影响因素研究 [J]. 国际贸易问题 (11)：111-121.

郑吉昌，夏晴，2004. 服务贸易国际竞争力的相关因素探讨 [J]. 国际贸易问题 (12)：16.

庄惠明，黄建忠，陈洁，2009. 基于"钻石模型"的中国服务贸易竞争力实证分析 [J]. 财贸经济 (3)：83-89.

庄丽娟，陈翠兰，2009. 我国服务贸易与货物贸易的动态相关性研究 [J]. 国际贸易问题 (2)：54-60.

何智霞，2013. 海南旅游服务贸易的现状及对策 [J]. 当代经济 (22).

李世杰，余升国，2020. 服务贸易创新发展试点与海南自由贸易港建设内

洽机制探讨 [J]. 南海学刊 (3)：20-29.

王建朴, 1998. 海南特区扩大开放与国际服务贸易 [J]. 特区展望 (3)：22-23.

王健朴, 1998. 海南特区国际服务出口贸易战略初探 [J]. 特区经济 (7)：37-39.

张杰, 2007. 中国金融改革的"市场化悖论"：基于海南案例的分析 [J]. 金融研究 (8)：64-15.